本研究得到国家社会科学基金青年项目（批准号：16CJY015）资助

优化人力资本配置研究
Youhua Renli Ziben Peizhi Yanjiu

周灵灵　赵艺婷　等著

西南财经大学出版社
Southwestern University of Finance & Economics Press
中国·成都

图书在版编目(CIP)数据

优化人力资本配置研究/周灵灵等著.—成都:西南财经大学出版社,
2023.5

ISBN 978-7-5504-5766-9

Ⅰ.①优⋯　Ⅱ.①周⋯　Ⅲ.①人力资本—优化配置　Ⅳ.①F241

中国国家版本馆 CIP 数据核字(2023)第 083371 号

优化人力资本配置研究

周灵灵　赵艺婷　等著

策划编辑:何春梅
责任编辑:周晓琬
责任校对:肖　翀
封面设计:墨创文化
责任印制:朱曼丽

出版发行	西南财经大学出版社(四川省成都市光华村街55号)
网　址	http://cbs.swufe.edu.cn
电子邮件	bookcj@ swufe.edu.cn
邮政编码	610074
电　话	028-87353785
照　排	四川胜翔数码印务设计有限公司
印　刷	四川五洲彩印有限责任公司
成品尺寸	170mm×240mm
印　张	15
字　数	274千字
版　次	2023年5月第1版
印　次	2023年5月第1次印刷
书　号	ISBN 978-7-5504-5766-9
定　价	78.00元

前　言

　　探寻经济发展的有效路径，是经济学研究的永恒话题。党的十九大明确提出我国经济已由高速增长阶段转向高质量发展阶段，党的十九届五中全会将高质量发展作为"十四五"乃至更长时期经济社会各方面发展的主题，党的十九届六中全会进一步明确要求推动高质量发展，党的二十大强调高质量发展是全面建设社会主义现代化国家的首要任务。在全面建设社会主义现代化国家新征程中，如何更好地坚持以推动高质量发展为主题，不断提升发展质量和效益，是亟需破解的重大理论和实践问题。不同研究者提出的政策建议虽有差异，但对人力资本的认识则基本一致，认为人力资本积累是促进高质量发展的重要动力源泉。问题的关键还在于，积累只是人力资本的一个方面，事实上人力资本配置状况对经济发展也至关重要，这正是本书所要关注和探讨的议题。

　　凯恩斯曾感慨："长期是对当前事务的误导。从长期来看，我们都将死去。如果在暴风雨季节经济学家们只能告诉我们，当暴风雨过去以后大海就会恢复平静，那么他们的工作就太过简单，太过无用了。"[1]受其学说影响，西方主流宏观经济学往往相对重视短期问题，偏重需求侧管理，但作为经济持续健康发展的另一面，供给问题也不容忽视，尤其是对中国这样的大国而言。人力资本配置属于经济的供给侧因素，这也是我国深入推进供给侧结构性改革的题中之义。理论上，人力资本在部门、行业和地区之间不同的配置状态会带来迥异的经济增长效应。一个要素若能合理配置到生产率最高的地方，对经济增长的作用无疑是最

---

　　① 凯恩斯. 货币改革论 [M]. 方福前，译. 北京：商务印书馆，2020.

大的。反过来讲，一个经济体如果未能配置好其拥有的人力资源，那么即便具备较高的人力资本水平，经济发展潜力也不能得到充分释放。

本书立足我国经济社会发展实际，从理论和实证层面系统分析人力资本配置的典型问题。在基本思路上，我们先通过梳理经典文献，从经济学视野来审视人力资本配置，然后分析我国人力资本配置的现状及问题，并分别从宏观、中观和微观层面进行探讨。具体而言，本书通过理论建模和数值模拟，从宏观层面探讨人力资本配置与内生经济增长的关系，中观层面主要着眼于人力资本配置与区域创新发展，微观层面则聚焦企业和劳动者这两类主体。进一步地，在微观企业层面，主要探讨人工智能快速发展背景下，智能替代对企业人力资本配置的影响，以及人力资本配置与企业技术创新的关系。在微观劳动者层面，主要分析人力资本配置与劳动就业质量的关系，重点关注以教育、健康和技能为主要表征的人力资本是如何影响就业质量变动的。鉴于人力资本供给侧与产业需求侧的结构性失衡问题长期存在，本书还探讨了人力资本供需缺口及其提升路径，适当兼顾人力资本积累方面的问题。最后，本书将视野拓展到全球，探讨百年未有之大变局下的人力资本配置。毕竟，如何在新的历史条件下提升我国在全球配置人力资本的能力，不仅关乎国际竞争力的持续提升，也是构建新发展格局的重要着力点。

本书是周灵灵主持的国家社会科学基金青年项目主要成果，共分为九章，由周灵灵确定研究思路、章节纲目和基本观点认识。各章执笔人分别为：第一章——周灵灵、游鸿，第二章——周灵灵，第三章——游鸿、周灵灵，第四章——李欣泽、樊仲琛，第五章——周灵灵、赵艺婷，第六章——赵艺婷，第七章——赵艺婷、苏亚琴、周灵灵、郭睿，第八章——周灵灵，第九章——周灵灵。初稿完成后，由周灵灵审校并修改定稿。

尽管我们全力深化相关研究，但仍难免存在不尽完备之处，恳请广大读者批评指正，以便将研究工作不断引向深入。我们衷心感谢西南财经大学出版社何春梅女士和周晓琬女士。她们专业细致、热心周到的编辑服务工作让本书得以顺利出版。

最后，请允许我们借用《约翰-克利斯朵夫》的结尾作为本书前言的尾声，对作者来说，自己的作品就像是自己的孩子。

圣者克利斯朵夫渡过了河。他在逆流中走了整整的一夜。现在他结实的身体像一块岩石一般矗立在水面上，左肩上扛着一个娇弱而沉重的孩子。圣者克利斯朵夫倚在一株拔起的松树上；松树屈曲了，他的脊骨也屈曲了。那些看着他出发的人都说他渡不过的。他们长时间地嘲弄他，笑他。随后，黑夜来了。他们厌倦了。此刻克利斯朵夫已经走得那么远，再也听不见留在岸上的人的叫喊。在激流澎湃中，他只听见孩子的平静的声音，——他用小手抓着巨人额上的一绺头发，嘴里老喊着："走罢!"——他便走着，伛着背，眼睛向着前面，老望着黑洞洞的对岸，削壁慢慢地显出白色来了。

早祷的钟声突然响了，无数的钟声一下子都惊醒了。天又黎明！黑沉沉的危崖后面，看不见的太阳在金色的天空升起。快要倒下来的克利斯朵夫终于到了彼岸。于是他对孩子说：

"咱们到了！唉，你多重啊！孩子，你究竟是谁呢?"

孩子回答说：

"我是即将来到的日子。"

作者
2022 年 11 月

目　录

第一章　经济学视野中的人力资本配置 / 1

第一节　人力资本的基本内涵 / 1

第二节　经济增长理论中的人力资本配置 / 4

第三节　本书研究重点和主要内容 / 13

第二章　中国人力资本配置现状及问题 / 15

第一节　人力资本配置的部门和行业偏向 / 15

第二节　人力资本配置的城乡和区域不均衡特征 / 20

第三节　影响人力资本配置的制度性因素 / 27

第四节　本章小结和展望 / 30

第三章　人力资本配置与内生经济增长 / 33

第一节　职业选择缘何重要? / 33

第二节　基于职业选择的内生经济增长模型 / 34

第三节　模型均衡求解与数值分析 / 38

第四节　主要结论和政策启示 / 49

第四章　人力资本配置与创新驱动发展 / 51

第一节　问题的提出 / 51

第二节 研究脉络和理论框架 / 54

第三节 数据介绍与基本描述 / 63

第四节 人力资本配置与创新驱动发展的实证检验 / 68

第五节 主要结论和政策启示 / 77

第五章 智能替代与企业人力资本配置 / 79

第一节 智能替代与劳动力市场变革 / 79

第二节 智能替代引发的企业人力资源流动 / 82

第三节 企业人力资本配置状况的变化 / 87

第四节 企业人力资本配置变化的潜在影响 / 92

第五节 主要结论和政策启示 / 96

第六章 人力资本配置与企业技术创新 / 98

第一节 强化企业科技创新主体地位 / 98

第二节 企业人力资本结构配置合理度 / 99

第三节 企业人力资本配置如何影响技术创新? / 106

第四节 主要结论和政策启示 / 115

第七章 人力资本配置与劳动就业质量 / 117

第一节 就业质量的基本内涵 / 117

第二节 人力资本如何影响就业质量? / 119

第三节 人力资本错配如何影响就业质量? / 143

第四节 主要结论和政策启示 / 165

第八章 人力资本供需缺口与提升路径 / 169

第一节 人力资本需求若干新特点 / 169

第二节　中国技能型人力资本供需缺口 / 172

第三节　高技能人才职业发展状况及问题 / 180

第四节　如何提升技能型人力资本? / 184

第九章　百年未有之大变局下的国际人力资本战略 / 189

第一节　百年未有之大变局与全球人力资本竞争 / 189

第二节　国际移民的流动分布及构成状况 / 191

第三节　国际人才的流动分布和竞争态势 / 201

第四节　中国的出国留学和国际人才引进 / 207

第五节　提高中国在全球配置人力资本的能力 / 212

参考文献 / 217

第一章 经济学视野中的人力资本配置

第一节 人力资本的基本内涵

一、人力资本概念的演进

从学说史来看，人力资本的基本思想较早可以追溯到 18 世纪，现代人力资本理论主要由 Mincer[1]、Schultz[2] 和 Becker[3] 等人阐释并推广。人力资本概念引入主流经济理论很大程度上归功于 Gary S. Becker，他在 1964 年出版的 "Human Capital" 一书中构建了人力资本主题的统一理论框架，认为学校教育和在职培训是两种最明显的人力资本积累方式[4]。自然地，Becker 的人力资本概念主要是指学校教育和在职培训。直到 20 世纪 80 年代中期，经济增长及相关研究一直延续着这种传统。对学校教育和在职培训经济回报的测算也一直是劳动经济学和教育经济学研究的核心议题[5]。基于数据可得性，在经济增长计量文献里，人力资本通常用人均受教育年

① MINCER J. Investment in human capital and personal income distribution [J]. Journal of political economy, 1958, 66 (4)：281-302.

② SCHULTZ T W. Capital formation by education [J]. Journal of political economy, 1960, 68 (6)：571-583. SCHULTZ T W. Investments in human capital [J]. American economic review, 1961, 51 (1)：1-17.

③ BECKER G S. Investment in human capital：A theoretical analysis [J]. Journal of political economy, 1962, 70 (5)：9-49.

④ BECKER G S. Human capital [M]. Chicago：University of Chicago Press, 1964.

⑤ CARD D. Estimating the return to schooling：Progress on some persistent econometric problems [J]. Econometrica, 2001, 69 (5)：1127-1160.

限来衡量①。

20 世纪 80 年代以来，内生增长理论（endogenous growth theory）相继涌现，强调人力资本外部性对经济增长特别是长期经济增长的关键作用，进而形成了扩展的人力资本概念②。扩展的人力资本概念涵盖了健康（包括生理健康和心理健康），因为健康不仅使劳动者工作效率更高，还可以提高个人对知识和技能的掌握能力，进而影响经济增长③。在此视角下，探讨医疗条件、疾病以及环境污染等对经济增长的影响的文献大量出现④，基本结论是这些因素会显著影响劳动生产率。

总之，在经典文献中，人力资本被看作是个人拥有的能够创造个人、社会和经济福祉的知识、技能、能力及素质的集合，是内涵深广的研究对象。与其他形式资本明显不同的是，人力资本一般是通过教育、健康和培训投入来获得。

二、知识和人力资本：联系与区别

知识与人力资本是两个联系特别紧密的概念。Lucas⑤ 将经济增长源泉归于个人的人力资本积累以及人力资本外部性，并将人力资本定义为一般技能水平。但是，正如 Mankiw⑥ 指出的，个人的生命毕竟有限，可以积累的人力资本必然存在上限，且个人的人力资本会随其身体死亡而从社会上消失，因此个人的人力资本积累难以作为经济永续增长的源泉。鉴于此，

---

① BARRO R J. Economic growth in a cross section of countries [J]. Quarterly journal of economics, 1991, 106 (2): 407-443. ACEMOGLU D, GALLEGO F, ROBINSON J. Institutions, human capital and development [J]. Annual reviews of economics, 2014, 6: 875-912.

② FAGGIAN A. Human capital in encyclopedia of the city [M]. New York: Routledge, 2015. SAVVIDES A, STENGOS T. Human capital and economic growth [M]. Stanford: Stanford University Press, 2009.

③ BUCCI A, KLAUS P, PRSKAWETZ A. Human capital and economic growth: The impact of health, education and demographic change [M]. New York: Palgrave Macmillan, 2019.

④ ACEMOGLU D, JOHNSON S. Disease and development: The effect of life expectancy on economic growth [J]. Journal of political economy, 2007, 115 (6): 925-985. HANNA R, OLIVA P. The effect of pollution on labor supply: Evidence from a natural experiment in Mexico City [J]. Journal of public economics, 2015, 122: 68-79.

⑤ LUCAS R. On the mechanics of economic development [J]. Journal of monetary economics, 1988, 22: 3-42.

⑥ MANKIW G. The growth of nations [J]. Brookings papers on economic activity, 1995, 26 (1): 275-326.

Mankiw 区分了知识和人力资本，将知识定义为技术和科学发现的总和（写在教科书、学术期刊以及网站等载体上的内容），将人力资本定义为通过学习获得了部分知识的人类大脑，认为知识（而非人力资本）可以无限积累更为合理（尽管某些领域的知识积累可能也存在上限）。故而，在考察长期经济增长中人力资本的作用时，我们应更多地集中于理解知识积累过程，这就需重新定义人力资本积累。具体来说，在个人层面，人力资本投资可以解释为个人花在学习和生产知识上的时间、精力和金钱等，知识可以无限制地累积且不会减少，而人力资本投资可以生产知识，这样人力资本便是在无限制积累。

　　基于 Mankiw① 的区分可以看出，经典的内生增长文献往往单独强调知识与人力资本的某一方，而很少将两者结合起来。一种理论侧重于个人人力资本，隐含地假设在不创造新知识的情况下人力资本会永续增长②。显然，如果知识存量固定，人力资本增长率最终会下降为零。另一种方法则将知识积累作为经济增长引擎，但将人力资本视为既定③，或者视为外生④，隐含地假设了人类可以不通过学习就直接运用前沿技术，这与现实不符。事实上，随着技术不断进步，人类往往需要更长时间的学习才能运用这些新技术，譬如，驾驶马车和驾驶飞机所需的培训成本差别很大。总之，对长期经济增长而言，知识创造和个人人力资本积累都非常重要，二者不可或缺，人力资本与知识不能割裂。

---

　　① MANKIW G. The growth of nations [J]. Brookings papers on economic activity, 1995, 26（1）：275-326.

　　② LUCAS R. On the mechanics of economic development [J]. Journal of monetary economics, 1988, 22：3-42. TAMURA R. Income convergence in an endogenous growth model [J]. Journal of political economy, 1991, 99（3）：522-540.

　　③ ROMER P M. Endogenous technological change [J]. Journal of political economy, 1990, 98（5）：71-102. GROSSMAN G M, HELPMAN E. Quality ladders in the theory of growth [J]. Review of economic studies, 1991, 58（1）：43-61. AGHION P, HOWITT P. A model of growth through creative destruction [J]. Econometrica, 1992, 60（2）：323-351.

　　④ JONES C. R&D-based models of economic growth [J]. Journal of political economy, 1995, 103（4）：759-784.

第二节　经济增长理论中的人力资本配置

经济增长理论是现代宏观经济学的核心内容，主要包括新古典增长理论和内生增长理论。新古典增长理论代表人物罗伯特·索洛（Robert Solow）已于 1987 年荣获诺贝尔经济学奖，内生增长理论代表人物保罗·罗默（Paul M. Romer）则于 2018 年荣获诺贝尔经济学奖。新古典增长理论与内生增长理论存在明显的继承关系，后者可看成是对前者的继承和发扬，二者的区别主要体现在以下几个方面。

第一，在新古典增长理论中，当人均收入低于稳态水平时，经济会出现增长，当人均收入达到稳态值时，经济停止增长。此时，只能假设存在外生的技术进步率才能保证经济持续增长。内生增长理论则认为，经济增长源于内生而非外部力量，人力资本、创新和知识积累是经济增长的根本动力。

第二，内生增长理论摒弃了新古典增长理论的部分假设。一方面，内生增长理论的核心观点是知识和技术存在"非竞争性"①，知识一旦生产出来，每个人都可以免费地使用它获益，即生产知识只存在固定成本，没有可变成本，这意味着知识的边际生产成本为零。但是，在完全竞争假设下，产品边际生产成本为零意味着产品价格为零，这导致的逻辑矛盾便是：谁来生产知识？显然，只有存在适当的经济激励时，才有人愿意生产知识。这就需要摒弃完全竞争假设，使知识生产者拥有一定程度的垄断力量，获取正利润来弥补生产成本。摒弃完全竞争假设后，市场配置就不再像新古典增长理论预示的那样满足帕累托最优。另一方面，由于采用线性假设（资本边际产出不递减），内生增长理论缺少转型动态，这意味着初始的技术水平差异会导致不同经济体的收入水平存在永久差异。而在新古典增长理论中，初始的资本存量差异只有短期影响，最终所有经济体的收入差异会不断缩小，即存在收敛趋势。

第三，在政策含义方面，二者之间非常明显的区别是，内生增长理论存在人口规模效应，认为更大的人口规模会导致更高的增长率，恒定的人

---

① 例如，甲对知识的使用，如使用某个食谱或数学公式，并不妨碍乙同时使用该知识。

口增长率将导致爆炸式增长路径，这与新古典增长理论恰恰相反，新古典增长理论认为人口增长会降低人均收入水平。

应当注意的是，不能简单地认为内生增长理论一定优于新古典增长理论，这取决于所要研究的具体问题。一般来说，如果探讨跨国收入差异和经济发展，新古典增长模型依然是基本的分析框架，当前许多前沿研究属于此类，例如 Itskhoki 和 Moll[①] 的研究。如果是探讨影响经济持续增长的因素，那么采用内生增长模型作为分析框架会更合宜些。

一、新古典增长理论中的人力资本配置

按照新古典增长理论，经济增长通过资本和劳动力投入以及外生的所谓全要素生产率来解释。在新古典增长模型中引入职业选择和企业家时，多数文献会同时假设存在金融摩擦（financial frictions），进而分析人力资本配置效率对经济增长的影响。

这方面比较有代表性的文献如，Banerjee 和 Newman[②] 假设企业融资规模受到企业家财富多寡的约束，因为融资需要提供抵押品。初始财富会决定个人的职业选择行为，初始财富较多的人选择成为企业家，初始财富少的人选择成为工人。同时，职业选择不仅影响个人的当期收入，还会通过储蓄行为影响下一期的财富分配状况。当财富分配过于平均化时，企业家人数较少，这不利于经济增长。换言之，一定程度的财富不平等有利于改善人力资本配置效率，促进经济增长。在 Buera 等人[③]的模型中，假设个人在每一期基于当期成为企业家的比较优势以及融资机会，选择在服务部门与生产部门经营企业，或者选择成为工人。当存在融资抵押品约束时[④]，融资受到企业家财富的约束。金融摩擦扭曲了物质资本和人力资本配置，对经济增长产生不利影响。特别地，规模较大的部门（如制造业），融资需求通常也比较大，更容易受到金融摩擦的影响。

---

① ITSKHOKI O，MOLL B. Optimal development policies with financial frictions［J］. Econometrica，2019，87（1）：139-173

② BANERJEE A V，ANDREW N Occupational choice and the process of development［J］. Journal of political economy，1993，101（2）：274-298.

③ BUERA F J，KABOSKI J P，SHIN Y. Finance and development：A tale of two sectors［J］. American economic review，2011，101（5）：1964-2002.

④ 因为融资合约有执行成本，融资需要抵押品。

二、内生增长理论中的人力资本配置

20 世纪 80 年代中期以来，经济学家在经济增长模型中明确引入了技术因素，使经济增长的决定因素在模型中变得明确，新古典增长理论中的全要素生产率黑盒子被打开。AK 模型是最简单的内生增长模型，但是，它和其他更复杂的内生增长模型具有相同的数学结构。Rebelo[①] 关于内生经济增长的主要见解是：要使经济永恒增长，必须存在一个或多个生产要素可以无限期累积且不发生边际收益递减。AK 模型直接假设资本不会出现边际产出递减，进而产生内生增长。在此基础上，更具体的内生增长模型构建了不同的微观机制为 AK 模型奠定微观基础，寻找要素边际产出递减被抵消的具体原因，例如，可以源自资本的正外部性[②]，或者源自技术进步的产品数量创新模型[③]，抑或 Aghion 和 Howitt[④] 的产品质量创新模型（亦称为质量阶梯模型或熊彼特增长模型）。

内生增长理论内生化了新古典增长理论中的技术进步率，在生产函数中明确定义技术。其中，Lucas[⑤] 把人力资本作为内生增长动力，认为人力资本积累和人力资本存在的正外部性会使经济持续增长，人力资本投资与人力资本正外部性抵消了边际产出递减的影响。Romer[⑥] 的分析与之相似，将人力资本换成物质资本。综合来看，Romer、Aghion、Howitt 以及 Grossman 和 Helpman 的主要贡献是，将垄断竞争、研发活动明确纳入经济增长模型，将技术定义为新产品数量或产品质量，并将技术创新与致力于研发的努力直接联系起来。

尽管内生增长理论有多种版本，但有一个基本共识是，在知识生产领

---

① REBELO S. Long-run policy analysis and long-run growth [J]. Journal of political economy, 1991, 99 (3): 500-521.

② ROMER P M. Increasing returns and long-run growth [J]. Journal of political economy, 1986, 94 (5): 1002-1037. LUCAS R. On the mechanics of economic development [J]. Journal of monetary economics, 1988, 22: 3-42.

③ ROMER P M. Endogenous technological change [J]. Journal of political economy, 1990, 98 (5): 71-102.

④ AGHION P, HOWITT P. A model of growth through creative destruction [J]. Econometrica, 1992, 60 (2): 323-351.

⑤ LUCAS R. On the mechanics of economic development [J]. Journal of monetary economics, 1988, 22: 3-42.

⑥ ROMER P M. Increasing returns and long-run growth [J]. Journal of political economy, 1986, 94 (5): 1002-1037.

域工作的人员比例增加将促进经济增长。在提高经济增长率的讨论中，内生增长理论所强调的人力资本、知识经济等概念被广泛使用。然而，早期的内生增长文献虽然都或多或少认识到企业家在创新过程的作用，但无论是在产品数量创新模型、产品质量创新模型，还是基于资本外部性的模型中并未明确考虑企业家群体在经济增长过程中承担的角色（比如人力资本配置效率）。一个基本事实是，在多数情况下，企业家是那些本可以选择其他职业而非企业家的人，换言之，企业家群体的存在是企业家进行职业选择的结果，是人力资本配置的均衡结果。为填补相应的研究缺口，随后的文献对此进行了相应扩展。

（一）基于研发活动的内生增长理论

基于 Romer 的内生增长模型，Jaimovich 和 Rebelo[①] 引入个人职业选择[②]，即成为企业家或者工人（worker），设定研发活动投入为企业家数量及其努力，分析了资本所得税对经济增长率的影响，发现税收对经济增长的影响是非线性的。在 Aghion 和 Howitt[③] 产品质量创新模型框架下，García-Peñalosa 和 Wen[④] 假设存在两种不同能力的个体，只有高能力的人可以进行职业选择（成为企业家或者工人），并经研究发现，收入税有利于提高经济增长率，理由是收入税为企业家提供了保险，使更多人愿意从事风险较大的创新活动。

在此基础上，Morimoto[⑤] 构建了一个存在 Romer 式创新的世代交叠模型，其中，个人可以成为企业家或工人（worker）。虽然个人在出生时的能力基本相同，但可以选择通过人力资本投资获得企业家能力，进而成为企业家。在均衡中，两种职业的终生效用相同[⑥]。Morimoto 研究发现，旨在鼓励创新的研发补贴如果过高，会阻碍经济增长。原因在于，尽管研发补贴促进了企业家创新，但同时增加了劳动力需求，进而提高工人工资，使

① JAIMOVICH N, REBELO S. Nonlinear effects of taxation on growth [J]. Journal of political economy, 2017, 125 (1)：265-291.

② 职业选择是人力资本配置的重要形式。

③ AGHION P, HOWITT P. A model of growth through creative destruction [J]. Econometrica, 1992, 60 (2)：323-351.

④ GARCÍA-PEÑALOSA C, WEN J. Redistribution and entrepreneurship with Schumpeterian growth [J]. Journal of economic growth, 2008, 13 (1)：57-80.

⑤ MORIMOTO T. Occupational choice and entrepreneurship：Effects of R&D subsidies on economic growth [J]. Journal of economics, 2018, 123：161-185.

⑥ 否则会存在职业套利，导致所有人都成为企业家或者工人。

得选择工人职业更具吸引力，这会减少企业家数量。因此，研发补贴数量对经济增长的影响呈倒 U 形。

（二）基于人力资本外部性的内生增长理论

一般来说，人力资本在不同行业产生的人力资本外部性有所不同。当人力资本在某行业中的社会回报高于私人回报时，配置到该行业的人力资本便对经济增长生成了正外部性，这种正外部性是经济增长的内生驱动因素[①]。

Schmitz[②] 的研究是基于经济增长理论模型来探讨企业家作用的代表性文献。其研究认为，内生的企业家活动是经济增长的关键因素，经济增长是由企业家的模仿活动驱动，特定行业的企业家模仿活动产生的新知识会直接惠及与之技术上"接近"的行业。Murphy 等人[③]认为，企业需要通过企业家来组织生产，当由能力更高的人担任企业家时，企业生产效率更高。尽管个人能力（人力资本）禀赋存在差异，但每个人都可选择成为企业家、寻租者或者工人。若高能力者创办企业，会产生较高的人力资本正外部性来促进经济增长；但是，若高能力者成为寻租者，则只会重新分配财富，对经济增长产生负面影响。职业选择取决于人力资本在不同部门的回报，而回报与部门规模、市场规模与薪酬合同设计等因素有关。实证分析发现，在不少国家和地区，寻租活动往往更能吸引人才，从而导致经济停滞。Philippon[④] 构建了一个存在物资资本外部性与人力资本外部性的内生增长模型，其中，个人选择成为企业家、金融家或者工人，个人在出生时人力资本相同，但成为企业家需要积累更多人力资本，并承担一定成本。虽然企业家活动存在生产正外部性，但企业需要金融家提供的金融服务，因为存在金融摩擦。Philippon 认为，如果物资资本正外部性作用更大，则应对金融部门进行补贴；而如果人力资本正外部性作用更大，则应补贴生产部门，他结合美国数据发现，这两种外部性的作用恰好势均力敌。

---

① LUCAS R. On the mechanics of economic development [J]. Journal of monetary economics, 1988, 22: 3-42

② SCHMITZ J. Imitation, entrepreneurship, and long-run growth [J]. Journal of political economy, 1989, 97 (3): 721-739.

③ MURPHY K M, SHLEIFER A, VISHY R W. The allocation of talent: Implications for growth [J]. Quarterly journal of economics, 1991, 106 (2): 503-530.

④ PHILIPPON T. Financiers versus engineers: Should the financial sector be taxed or subsidized? [J]. American economic journal: Macroeconomics, 2010, 2: 158-182.

三、人力资本配置与企业家精神

不同的职业选择（人力资本配置的重要形式）会对人力资本积累及其更新迭代产生深远影响，同时也会影响到企业家精神，进而对经济发展产生影响。从文献看，不少研究者将企业家精神归因于禀赋异质性，大致可以分为以下三类。

一是能力异质性。Lucas[①]采用能力异质性假设，构建了一个企业家职业选择动态模型，用以解释企业规模分布。具体而言，他假定个体之间存在的能力差异会导致不同的职业选择结果，职业选择包括成为企业家或者工人（worker）。Poschke[②]提供了关于能力与企业家之间关系的新理论和证据，他将企业家才能定义为搜寻、保持良好项目并拒绝不良项目的能力。他发现创业的可能性与一个人的受教育程度以及就业时的工资之间存在 U 形关系，原因在于企业家在开办企业前的生产率存在较大的不确定性。这种 U 形关系意味着，就业时工资相对较高或者较低、学历较高或者较低的个人更有可能成为企业家，并在创业活动中花费更多时间。Jiang 等人[③]基于能力异质性构建了一个包含职业选择的内生增长模型，认为企业家人数和能力的增加产生了促进经济增长的产品多样性效应，反之则会阻碍经济增长。

二是财富异质性。Banerjee 和 Newman[④]基于财富异质性假设，考察了个人在企业家和工人（worker）两种职业之间的选择与财富分配的相互作用。他们发现，如果资本市场不完善（存在金融摩擦），当个人开办企业需要较多自有资金，贫穷的个人会选择成为工人，富裕的个人则成为监督工人的企业家。因此，在静态均衡中，个人职业选择完全取决于初始的自有财富条件分布；而在动态均衡中，财富分布本身变为内生。该理论认为，初始的财富分布会影响长期增长。譬如，初始的财富分布过于平均，

① LUCAS R. On the size distribution of business firms [J]. Bell journal of economics, 1978, 9 (2)：508-523.

② POSCHKE M. Who becomes an entrepreneur? Labor market prospects and occupational choice [J]. Journal of economic dynamics and control, 2013, 37 (3)：693-710.

③ JIANG N, WANG P, WU H. Ability-heterogeneity, entrepreneurship, and economic growth [J]. Journal of economic dynamics and control, 2010, 34 (3)：522-541.

④ BANERJEE A V, NEWMAN A F. Occupational choice and the process of development [J]. Journal of political economy, 1993, 101 (2)：274-298.

会导致企业家数量较少，进而陷入贫困陷阱；反之则会实现快速经济增长。基于微观数据，Hurst 和 Lusardi① 考察了个人财富与成为企业家的关系，发现个人财富多少与是否成为企业家之间在多数情况下没有正相关关系，但是当个人财富位于财富分布顶端（95%以上）时，二者显著正相关。在考虑企业启动资金差异后，居住在房价大幅上涨地区的家庭比其他地区的家庭更不可能创业。因此，他们认为财富对企业家形成的作用机制是财富为开办企业提供了流动性保障。换言之，当企业突然需要资金时，富裕的企业家可以个人先垫资来满足资金需求。

三是两种异质性同时存在。Lloyd-Ellis 和 Bernhardt② 假设个人在两个特征上存在异质性：最初的财富继承与开办企业的成本，基于此建模分析财富分布与信贷约束和企业家技能分布之间的相互作用的动态过程。当高能力的企业家相对较多时，会出现"传统"发展过程，其中宏观经济变量的演变符合经验规律，收入不平等符合库兹涅茨曲线。相反，如果高能力的企业家较为稀缺，则会出现长期的震荡的"分配周期"。在此基础上，Buera 等人③ 沿用了类似假设，模型相对更为复杂，个人的职业选择是动态的，每期基于时变的自身能力与财富状况重新进行职业选择。

四、经济基本面对人力资本配置的反作用

从经济学理论逻辑来看，不同职业所能获得的潜在收益差异是影响个人职业选择的关键因素，理性的个人会选择从事具有最高私人收益的活动作为自己的职业。在许多研究中，社会的职业收益（或回报）结构正如Baumol④ 假设的那样，是外生给定的，在此基础上考虑职业回报结构对人力资本配置效率的影响。然而，不同职业活动的相对收益之间的这种联系（亦即回报结构）由什么因素决定，应该是更为重要的问题。

---

① HURST E, LUSARDI A. Liquidity constraints, household wealth, and entrepreneurship [J]. Journal of political economy, 2004, 112（2）：319-347.

② LLOYD-ELLIS H, BERNHARDT D. Enterprise, inequality and economic development [J]. Review of economic studies, 2000, 67（1）：147-168.

③ BUERA F J, KABOSKI J P, SHIN Y. Finance and development：A tale of two sectors [J]. American economic review, 2011, 101（5）：1964-2002.

④ BAUMOL W. Entrepreneurship：Productive, unproductive, and destructive [J]. Journal of political economy, 1990, 98（5）：893-921.

从文献看，Acemoglu[1]认为，如果个人可以在生产性部门或者非生产性部门间进行职业选择，那么回报结构决定个人的职业选择，同时，从事非生产性活动的人数比例会产生外部性，进而内生决定社会的回报结构，人力资本的行业配置又会成为决定行业平均收入的一个重要原因。非生产性活动的存在，可能给生产性部门造成负外部性，因为相对报酬是内生决定，存在多重均衡，导致迥然不同的回报结构和经济发展水平，譬如，存在恶性循环的"低生产率陷阱"。在动态模型中，过去的回报结构以及个人对未来回报结构的预期都会影响当前的行业回报结构，进而影响个人的职业选择，社会可能陷入低增长的稳态平衡增长路径（balanced growth path）。当行业回报结构被内生决定，不合理的回报结构不仅导致当前人力资本配置效率低下，还会扭曲未来的人力资本配置效率。这意味着，仅靠政策来优化人力资本配置的效果可能并不显著，社会在短期内很难跨过"低生产率陷阱"。

Eeckhout 和 Jovanovic[2]则探讨了经济全球化背景下的职业选择与经济发展问题，他们发现，如果个人可以在普通职员和管理者之间进行职业选择，劳动力市场全球化会对富国和穷国经济增长产生积极影响，而中等收入国家则获益较少。这是因为在经济全球化过程中，中等收入国家的要素价格比（factor-price ratio）变化最小，其劳动者在普通职员和管理者之间进行职业选择的价值也最小。

需要承认和重视的是，不同社会的职业回报结构不同，以及同一社会的职业回报结构的动态演化原因与机制，这些问题至今还没有较好的答案，相关研究也依然较为稀少，而且答案可能超出了经济学范畴。

五、对相关文献的简要点评

就研究主题而言，与本书相关性最大的是"资源错配（resource misallocation）与经济增长"这一支文献。尽管这方面的经典实证研究是以 Hsieh 等人为代表[3]，但从理论渊源看，早在 20 世纪 50 年代就有经济学家

① ACEMOGLU D. Reward structures and the allocation of talent [J]. European economic review, 1995, 39 (1): 17–33.

② EECKHOUT J, JOVANOVIC B. Occupational choice and development [J]. Journal of economic theory, 2012, 147 (2): 657–683.

③ HSIEH C T, KLENOW P J. Misallocation and manufacturing TFP in China and India [J]. Quarterly journal of economics, 2009, 124 (4): 1403–1448.

疾呼要"更充分有效地利用手里的资源",并初步分析了消除资源错配可能带来的潜在增长效应①。此后，Jones②和 Neary③分别从要素市场扭曲和产出的一般均衡模型、要素市场扭曲及其动态稳定性等视角出发，从理论上探讨了资源错配对经济增长的负面影响。Kwon 和 Paik④以韩国为例，借助可计算一般均衡模型（Computable General Equilibrium，CGE），实证分析了要素价格扭曲、资源配置与经济增长的关系，发现如果消除劳动力市场扭曲和资本市场扭曲，可以使 GDP 提高 3.2%，社会福利改进 5.6%。

最近的经验分析主要是由 Hsieh 和 Brandt 等人进行。其中，Hsieh 和 Klenow⑤把中国和印度作为考察对象，认为资源错配会降低全要素生产率（TFP），如果中国能消除资源错配问题，其全要素生产率将能提升 30%~50%，同样的，印度的全要素生产率将能提升 40%~60%。可见，资源错配带来的损失是很大的。随后，Hsieh 等人⑥还探讨了美国人才配置情况与经济增长的关系，认为美国近半个世纪以来的经济增长很大程度得益于人才配置的改善。Brandt 等人⑦则用中国数据分时间、空间和部门考察了要素市场扭曲的情况，认为当前资本市场扭曲加剧主要是因为政府政策过于偏向投资国有部门，这是以更具生产力的非国有部门投资的相对减少为代价。

揆诸文献可知，关于人力资本的理论研究已经比较成熟，很多方法可以用于本课题。不足之处在于，以往关于人力资本的研究仍过于偏重积累，对人力资本配置的关注还远远不够。尽管一些新古典经济增长模型和内生增长文献引入了职业选择，但这类研究在经济增长文献中仍偏少，而

---

① HARBERGER A C. Using the resources at hand more effectively [J]. American economic review, 1959, 49（2）：134-146.

② JONES R W. Distortions in factor markets and the general equilibrium model of production [J]. Journal of political economy, 1971, 79（3）：437-459.

③ NEARY J P. Dynamic stability and the theory of factor - market distortions [J]. American economic review, 1978, 68（4）：671-682.

④ KWON J K, PAIK H. Factor price distortions, resource allocation, and growth: A computable general equilibrium analysis [J]. Review of economics and statistics, 1995, 77（4）：664-676.

⑤ HSIEH C T, KLENOW P J. Misallocation and manufacturing TFP in China and India [J]. Quarterly journal of economics, 2009, 124（4）：1403-1448.

⑥ HSIEH C T, HURST E, JONES C I. et al. The allocation of talent and U. S. economic growth [R]. NBER working paper, 2013, No. 18693.

⑦ BRANDT L, TOMBE T, ZHU X. Factor market distortions across time, space and sectors in China [J]. Review of economic dynamics, 2013, 16：39-58.

且职业选择也只是人力资本配置的一个方面。总之，经典的经济增长文献或多或少强调了人力资本积累的重要作用，而相对忽略了人力资本配置效率对经济增长差异和技术进步的影响。

第三节 本书研究重点和主要内容

本书尝试融合劳动经济学、发展经济学等学科的理论和方法，立足我国经济社会发展实际，从理论和实证层面探讨人力资本配置的典型问题。具体而言，通过理论建模和实证分析，从宏观层面探讨人力资本配置与内生经济增长的关系，中观层面主要着眼于人力资本配置与区域创新发展，微观层面则聚焦企业和劳动者这两类主体。进一步地，在微观企业层面，主要探讨人工智能快速发展背景下，智能替代对企业人力资本配置的影响，以及人力资本配置与企业技术创新的关系；在微观劳动者层面，主要分析人力资本配置与劳动就业质量的关系，重点关注以教育、健康和技能为主要表征的人力资本是如何影响就业质量变动的。鉴于人力资本供给侧与产业需求侧的结构性失衡问题长期存在，本书还探讨了人力资本供需缺口及其提升路径，适当兼顾人力资本积累方面的问题。最后，本书将视野拓展到全球，探讨百年未有之大变局下的人力资本配置，毕竟，如何在新的历史条件下增强我国在全球配置人力资本的能力，不仅关乎国际竞争力的持续提升，也是构建新发展格局的重要着力点。

本书的理论模型主要集中在人力资本配置与内生经济增长、人力资本配置与创新驱动发展等章节。在分析人力资本配置与内生经济增长时，我们基于内生增长理论，在拓展 Murphy 等人[1]模型（MSV 内生经济增长模型，简称 MSV 模型）的基础上，从理论上考察存在生产型部门和服务型部门时，人力资本在行业间的配置状况与经济增长的关系。具体来讲，我们的模型是 Townsend[2] 有成本状态验证模型（Costly State Verification Model）和引入个人职业选择的 MSV 内生经济增长模型的结合。在拓展

① MURPHY K M, SHLEIFER A, VISHNY R W. The allocation of talent：Implications for growth [J]. Quarterly journal of economics, 1991, 106 (2)：503-530.

② TOWNSEND R M. Optimal contracts and competitive markets with costly state verification [J]. Journal of economic theory, 1979, 21 (2)：265-293.

MSV 模型进行理论分析时，我们充分考虑对称信息与不对称信息情形，在引入金融部门后，分别探讨帕累托最优配置和帕累托次优配置，并对相关引理和命题进行数学证明。在考察人力资本配置与创新驱动发展时，鉴于中国人力资本配置具有明显的部门偏向现象，我们将人力资本面临部门间不稳定性引发的扭曲纳入到一般均衡静态模型中，构建垄断性部门和竞争性部门的一般均衡理论框架，测算由于部门间不稳定因素导致的人力资本错配程度。

本书实证分析涉及的议题比较广，基本涵盖了人力资本配置的各个层面，所使用的数据资料也比较丰富多元。比如，使用中国经济普查数据、中国城市经济活动数据、中国专利数据和中国工业企业数据，分别从地区和微观企业层面探究人力资本错配对创新水平的影响；使用 3 000 户企业用工调查数据分析智能替代对企业人力资本配置的影响；使用沪深 A 股上市公司数据探讨人力资本配置与企业技术创新的关系；使用"家庭动态社会调查"数据和"中国雇主—雇员匹配调查"数据，分析人力资本配置与劳动就业质量问题。在探讨如何更好地在全球范围内配置人力资本这一话题时，还将大量使用联合国、经济合作与发展组织（OECD）、国际移民组织、世界经济论坛等国际组织和机构的数据。

在研究方法上，本书注重经济学基本理论与现实经济问题的有机结合，致力于诠释经济社会发展中的重要现象，尽可能形成一些具有普遍性、规律性的认识。特别地，在理论探讨和数理建模的基础上，结合相关数据进行严谨的计量经济学分析，注重变量间因果关系的探讨和结果的稳健性，力求得出的每一个判断或结论都立得住。从学科融合角度看，在内生增长理论框架下，本书实际上融合了劳动经济学、发展经济学、教育经济学等经济学分支学科的理论和工具，具有跨经济学分支学科的宽广视野。此外，本书的政策含义也比较丰富。人力资本属于经济的供给侧因素，故而本书的一些研究发现和结论对高质量发展阶段经济增长新动能的培育，以及深入推进供给侧结构性改革具有一定的参考价值。

第二章　中国人力资本配置现状及问题

现代经济增长理论表明，人力资本是影响经济增长的重要因素。在新古典增长模型中，Mankiw等人[1]引入人力资本解释跨国人均收入差距，发现人力资本与物质资本的解释力大致相当。在内生增长模型中，人力资本积累被认为是长期经济增长的内生动力[2]。从新中国发展历程看，在计划经济时期，尽管中国在物质资本和人力资本积累方面都大大领先于同等收入经济体，但这些资源却没有得到有效的配置，经济增长也没有特别杰出的表现[3]。随着改革开放的深入推进和社会主义市场经济体制的健全完善，包括人力资本在内的资源配置效率均在不断提高，其对经济增长的贡献也日益凸显。当然，中国的人力资本配置依然存在一些突出问题，有些是长期累积的历史性因素，有些则是经济社会发展过程中的客观现象。

第一节　人力资本配置的部门和行业偏向

经过长期努力，中国劳动者素质得到普遍提升，人力资本积累取得长足进展。数据显示，2021年中国高等教育毛入学率已提高到57.8%，接受过高等教育的人口已达2.4亿人，劳动年龄人口平均受教育年限则提高到了10.8年。但是，中国人力资本的分布还很不均衡，人力资本配置存在明显的部门和行业偏向。中国生产性部门的人力资本强度，要远低于非生产

---

① MANKIW G, ROMER D, WEIL D N. A contribution to the empirics of economic growth [J]. Quarterly journal of economics, 1992, 107（2）: 407-437.

② LUCAS R. On the mechanics of economic development [J]. Journal of monetary economics, 1988, 22: 3-42

③ 蔡昉. 理解中国经济发展的过去、现在和将来: 基于一个贯通的增长理论框架 [J]. 经济研究, 2013（11）: 4-16.

性部门。从国际比较看,中国生产性部门的人力资本强度远低于美国、欧盟等发达经济体,非生产性部门的人力资本强度则比美国、欧盟等发达经济体高很多。通俗点讲,美国、欧盟大学本科及以上学历劳动者相对均匀地分布在制造业、批发零售、教育、卫生和社会工作、公共管理等行业,而中国高学历劳动者大都集中在教科文卫等市场化程度较低的事业单位和受管制的电信、金融、交通及公共服务部门,以致出现全社会平均受教育年限较低和部分行业教育过度并存的现象①。这种人力资本配置的部门和行业偏向的特征,会使得生产性、非生产性部门之间发生人力资本错配,造成生产性部门面临人力资本配置无法满足提高生产效率的需求,从而阻碍经济增长②。

从 2020 年不同文化程度就业人员在国民经济各行业的分布情况(见表 2-1)来看,未上过学和小学文化程度的就业人员主要分布的行业是农、林、牧、渔业,其次是制造业、批发和零售业;初中文化程度的就业人员主要分布在制造业、批发和零售业、建筑业;高中文化程度的就业人员主要分布的行业是批发和零售业,其次是制造业以及交通运输、仓储和邮政业;大学专科文化程度的就业人员主要分布在批发和零售业、制造业以及公共管理、社会保障和社会组织;大学本科文化程度的就业人员主要分布的行业是教育,其次是公共管理、社会保障和社会组织以及制造业;研究生文化程度的就业人员主要分布的行业是教育,其次是公共管理、社会保障和社会组织以及卫生和社会工作。可见,农、林、牧、渔业就业人员的人力资本水平在国民经济各行业中是最低的,其就业人员的受教育程度仍以小学及以下为主,本科及以上学历从业人员比重很低。第三产业整体人力资本水平在三次产业中是最高的,但各细分行业的差异也很大,教育,公共管理、社会保障和社会组织,卫生和社会工作,金融业,科学研究和技术服务业等行业汇聚了众多高学历高技能人才。相形之下,住宿和餐饮业,水利、环境和公共设施管理业,居民服务、修理和其他服务业的高学历就业人员比重仍很低。例如,2020 年住宿和餐饮业大学本科及以上学历

---

① 中国经济增长前沿课题组(2014)对行业人力资本强度的定义是:"各行业大学本科以上学历劳动力比例除以该行业增加值占 GDP 的比例。"人力资本强度越大,表明该行业的人力资本使用越密集。参见:中国经济增长前沿课题组. 中国经济增长的低效率冲击与减速治理 [J]. 经济研究,2014(12):4-17.

② 李世刚,尹恒. 政府—企业间人才配置与经济增长:基于中国地级市数据的经验研究 [J]. 经济研究,2017(4):78-91. 纪雯雯,赖德胜. 人力资本配置与中国创新绩效 [J]. 经济学动态,2018(11):19-31.

从业人员只占国民经济各行业该学历层次全部就业人员的 1.3%。这样的人力资本分布状态，与行业工资水平、行业特点等因素紧密相关。毕竟，行业平均工资水平和人均工资增长均呈现出较大的差异性。缩小这些差异尚需付出诸多努力，这种不均衡状态也将在一定的历史时期内存续。

表 2-1　2020 年不同文化程度就业人员在国民经济各行业的分布

行业	未上过学/%	小学/%	初中/%	高中/%	大学专科/%	大学本科/%	研究生/%
农、林、牧、渔业	55.3	32.3	12.1	3.6	0.8	0.4	0.3
采矿业	0.2	0.6	1.0	1.3	1.2	0.8	0.7
制造业	9.9	16.8	22.1	20.0	15.3	10.4	9.2
电力、热力、燃气及水生产和供应业	0.2	0.4	0.8	1.6	2.3	2.1	1.6
建筑业	6.8	13.0	12.7	6.8	5.4	3.9	1.8
批发和零售业	8.8	12.8	18.7	22.2	15.7	8.3	3.2
交通运输、仓储和邮政业	1.4	3.8	7.2	7.4	5.4	3.2	1.3
住宿和餐饮业	3.9	6.3	8.1	6.9	3.3	1.1	0.2
信息传输、软件和信息技术服务业	0	0.1	0.5	1.7	3.9	6.1	7.0
金融业	0.1	0.2	0.6	1.7	3.9	6.6	7.9
房地产业	1.3	1.3	1.7	3.0	3.3	2.5	1.1
租赁和商务服务业	0.5	1.0	1.7	3.1	4.7	4.7	4.5
科学研究和技术服务业	0	0.1	0.3	0.8	2.2	3.7	9.2
水利、环境和公共设施管理业	2.4	1.6	0.9	0.8	0.9	0.9	0.6
居民服务、修理和其他服务业	6.2	6.4	7.0	6.8	3.5	1.5	0.4
教育	0.6	0.7	1.3	3.1	8.3	17.4	26.8
卫生和社会工作	0.7	0.6	0.7	2.5	6.4	7.9	9.9
文化、体育和娱乐业	0.3	0.5	0.7	1.4	1.6	2.0	1.9
公共管理、社会保障和社会组织	1.3	1.2	1.8	5.2	11.9	16.5	12.5
合计	100	100	100	100	100	100	100

数据来源：根据《中国劳动统计年鉴—2021》相关数据整理。

我们基于 2019 年青岛市 3 000 户企业用工调查数据，进一步从微观层面验证人力资本配置的部门和行业偏向。青岛市国民经济各行业的平均人力资本如图 2-1 所示。可见，住宿和餐饮业，制造业，水利、环境和公共设施管理业，农、林、牧、渔业，交通运输、仓储和邮政业，居民服务、修理和其他服务业的人力资本水平低于整个国民经济行业平均值，其中，住宿和餐饮业、制造业是整体人力资本水平最低的两个行业，其从业人员的平均受教育年限距离金融业、教育、科学研究和技术服务业等行业还有很大的差距。这些都再次说明，人力资本在国民经济各部门、各行业的分布还很不均衡，优质人力资本相对集中地汇聚在专业技术性较强的教育、科学研究和技术服务业和收入水平较高的金融业[①]，以及一些公共管理和公共服务部门。

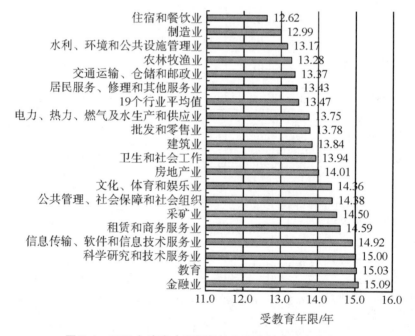

图 2-1　2019 年青岛市国民经济各行业的平均人力资本

（数据来源：根据"青岛市 3 000 户企业用工调查"数据测算绘制。这里的
人力资本是用各行业从业人员的平均受教育年限来表征）

---

① 《中国人口和就业统计年鉴 2020》数据显示，2019 年中国金融业人均工资为 131 405 元，远高于城镇单位就业人员 90 501 元的人均工资水平。

从世界范围看，人力资本在不同部门、行业间的定价失衡与错配是一种普遍现象。例如，Goldin 和 Katz[1] 发现，20 世纪 70 年代大约只有 22%的哈佛校友从事金融、管理类工作，到 20 世纪 90 年代该比例上升到了 38%；Philippon 和 Reshef[2] 发现，20 世纪 80 年代以来的金融去管制化显著改变了美国金融部门的人力资本结构，金融部门高学历人员比重显著上升，金融部门的人力资本回报率较其他部门一直在大幅提高。又比如，Célérier 和 Vallée[3] 基于法国数据，详细测度了人力资本在不同领域的工资回报。结果表明，近四十年来金融业人力资本回报的增速明显高于其他行业，在金融业内部，行业规模与人力资本回报存在互补关系，规模越大，回报越高。此外，Kneer[4] 还考察了发达国家和地区金融自由化对人力资本配置的影响，发现发达国家和地区特别是美国的金融去管制化导致金融部门的技术型劳动者比例上升，从而降低了生产部门的技术型劳动者比例，造成生产率增速下滑。

　　从中国发展实践看，近些年来中国金融业增加值占 GDP 的比重快速攀升（见图 2-2），金融业利润高企，经济呈现出一定程度的"金融化"，这无疑会影响人力资本配置状况。行业间的相对收入差距过大，会诱使高技能、高学历人群扎堆于金融部门，甚至部分高学历人才宁可在金融业做简单劳动也不愿从事实业。行业收入差距也会对优秀学子的专业选择和职业选择产生显著影响。据《华西都市报》报道，1999—2014 年四川省 32 位高考状元，毕业后大部分选择从事金融业[5]。据澎湃新闻"2016 高考状元调查问卷"结果，61.11%的高考状元想报考经济金融类专业，33.33%的青睐管理类专业，选择哲学的为 8.33%，选择历史学与教育学的仅有 2.78%，农学、医学、军事学类专业则无人问津[6]。

---

　　①　GOLDIN C，KATZ L F. The race between education and technology [M]. Cambridge：Harvard University Press，2008.

　　②　PHILIPPON T，RESHEF A. Wages and human capital in the U. S. finance industry：1909–2006 [J]. Quarterly journal of economics，2012，127（4）：1551–1609.

　　③　CÉLÉRIER C，VALLÉE B. Returns to talent and the finance wage premium [J]. Review of financial studies，2019，32（10）：4005–4040.

　　④　KNEER C. The absorption of talent into finance：Evidence from U. S. banking deregulation [R]. Netherlands Bank DNB Working Papers，2013.

　　⑤　华西都市报：《四川省历年高考第一名 七成从事金融业》，网址：http://news.huaxi100.com/show-226-642491-1.html。

　　⑥　澎湃新闻：《2016 高考状元调查④：最爱经济、管理类专业，医学无人选》，网址：https://www.thepaper.cn/newsDetail_forward_1501800_1。

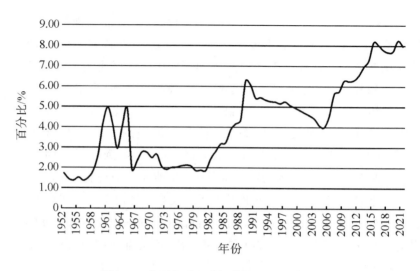

图 2-2　中国金融业增加值占 GDP 的比重

（数据来源：根据 Wind 中国宏观数据库测算绘制）

　　总之，行业报酬差异等因素会导致大量高学历人才涌入收入水平高、职业发展比较稳定的特定行业，带来人力资本"虹吸效应"。对经济发展而言，人力资本"虹吸效应"会加剧人力资本的部门和行业错配问题，不利于提升长期经济增长绩效。对劳动者自身来说，这种错配也不利于充分发挥人力资本的潜在价值，是对优质人力资本的一种浪费[①]。因此，如何调节和平衡经济"虚""实"结构、着力优化人力资本在部门和行业间的配置，是推动中国经济实现高质量发展迫切需要解决的问题。

第二节　人力资本配置的城乡和区域不均衡特征

　　在地理单元上，中国人力资本主要集聚在大中城市和经济发达地区，广大乡村和欠发达地区人力资本相对匮乏，城乡和区域人力资本的不均衡特征比较明显。

　　分城乡看，随着城乡基本公共教育服务均等化的深入推进，乡村人口文化素质得到持续提升，但乡村教育型人力资本整体上仍远不如城镇。例

---

　　① 郭睿，周灵灵，苏亚琴，等. 学历、专业错配与高校毕业生就业质量 [J]. 劳动经济研究，2019（2）：78-100.

如，根据人口普查和抽样调查数据测算，乡村劳动力平均受教育年限从
1985 年 5.47 年提高到了 2019 年 9.14 年，城镇则从 1985 年 8.23 年提高到
了 2019 年 11.44 年，尽管城乡人力资本积累都取得了长足进步，但乡村劳
动力平均受教育年限比城镇要少 2.30 年，差距依然比较大（见图 2-3）。

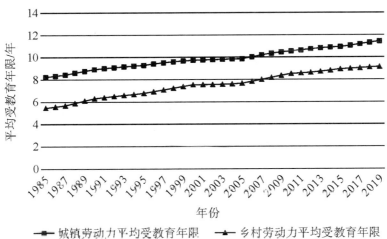

图 2-3　中国城乡劳动力平均受教育年限

（数据来源：根据中央财经大学 CHLR 乡村振兴项目数据库整理绘制）

分区域看，尽管东、中、西部地区的劳动力素质都在持续优化，但西
部地区与东部、中部地区的差距依旧很明显。仍以劳动力受教育年限为
例。数据测算显示，东部地区乡村劳动力的平均受教育年限从 1985 年 6.0
年增加到 2019 年 9.5 年；中部地区乡村劳动力的平均受教育年限从 1985
年 5.6 年增加到 2019 年 9.3 年；西部地区乡村劳动力的平均受教育年限则
从 1985 年 4.5 年大幅提升到了 2019 年 8.3 年，增加了将近 4 年，是增幅
最大的区域，这是很了不起的成就，但西部与东部、中部地区劳动力素质
的差距依旧很明显（见图 2-4）。

第三次全国农业普查数据也表明了类似的差距。我们从表 2-2 可以看
到，西部地区农业生产经营人员中，小学及以下学历占到了其总体的
53.4%，高出全国平均水平 10 个百分点（全国平均水平为 43.4%），是东
中西三大区域中最高的，其高中及以上学历从业人员比重则不到 7%，是
各区域中最低的。从调研情况看，农业科技人才和经营管理人才等乡村振
兴亟须人才面临着找不到、招不来、留不住、结构老化、知识陈旧等突出

问题。西部地区不少乡镇农技站、畜牧站等农业科技推广部门，具有大专及以上学历的农业科技推广人员比较少，基层农技人员的年龄结构也偏大，35 岁及以下的工作人员较少，存在年龄断层现象。不少农业科技工作人员是 20 世纪八九十年代从中等农业学校或职业院校毕业后，分配到乡镇农技站、畜牧站工作，他们现已临近退休或已经退休，亟须填补新生力量。

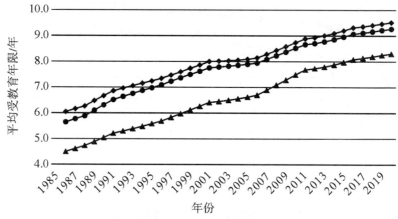

图 2-4　东中西部地区乡村劳动力平均受教育年限

（数据来源：根据中央财经大学 CHLR 乡村振兴项目数据库整理绘制）

表 2-2　农业生产经营人员受教育程度构成比例

受教育程度	全国/%	东部地区/%	中部地区/%	西部地区/%
未上过学	6.4	5.3	5.7	8.7
小学	37.0	32.5	32.7	44.7
初中	48.4	52.5	52.6	39.9
高中或中专	7.1	8.5	7.9	5.4
大专及以上	1.2	1.2	1.1	1.2

数据来源：第三次全国农业普查主要数据公报（第五号），表中为 2016 年数据。

从各省（自治区、直辖市）就业人员的人力资本情况看，北京、上海、天津、浙江、江苏、广东等东部发达省份就业人员的人力资本水平总体较高，其大学专科及以上学历就业人员的比重在各省份中处于较高水平，例如 2020 年，北京市就业人员中大学专科及以上文化程度人员比重已达 63%，而西藏、贵州、云南、广西、甘肃等西部省份的低学历就业人员比重仍然比较高。

具体而言，从 2020 年就业人员中大学专科以下文化程度人员占比指标看（见图 2-5），西藏、贵州、云南的占比均超过 85%，是就业人员总体文化程度最低的三个省份，北京、上海、天津则是低学历就业人员比重最小的三个省份。从 2001—2020 年的变化情况看，各省份大学专科以下文化程度就业人员占比均有明显下降，其中下降幅度最大的是北京，2020 年较 2001 年下降了 44.4 个百分点，下降幅度最小的是贵州，过去 20 年仅下降了 9.5 个百分点。

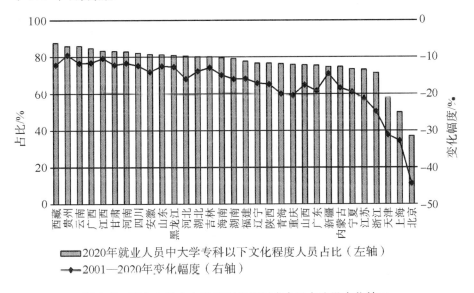

图 2-5　就业人员中大专以下文化程度人员占比及变化情况

（数据来源：根据《中国劳动统计年鉴》相关数据整理绘制）

从 2020 年就业人员中大学专科文化程度人员占比指标看（见图 2-6），北京、上海、天津、浙江等东部省份就业人员中大学专科文化程度人员比重较高，西藏、贵州、云南、广西、甘肃等省份则比较低。从 2001—2020 年的变化情况看，各省份大学专科文化程度就业人员占比均有明显提升，其中增长幅度靠前的是浙江、重庆、广东、天津、江苏，增长幅度均超过 9 个百分点，贵州、江西、吉林等省份的增幅则比较小。

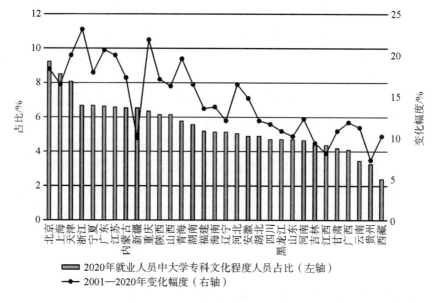

图 2-6　就业人员中大学专科文化程度人员占比及变化情况

（数据来源：根据《中国劳动统计年鉴》相关数据整理绘制）

图例：

■ 2020年就业人员中大学专科文化程度人员占比（左轴）
● 2001—2020年变化幅度（右轴）

从 2020 年就业人员中大学本科文化程度人员占比指标看（见图 2-7），北京、上海、天津、浙江等省份就业人员中大学本科文化程度人员比重较高，其中北京高达 33.5%、上海为 26.2%、天津为 22.2%，广西、云南、河南就业人员中大学本科文化程度人员占比则均低于 7%。从 2001—2020 年的变化情况看，各省份就业人员中大学本科文化程度人员的比重均有明显提升，北京、上海、天津的增长幅度最大，均超过 18 个百分点，河南、广西、贵州的增幅则比较小。

从 2020 年就业人员中研究生文化程度人员占比指标看（见图 2-8），北京市就业人员中研究生文化程度人员占比达 10.3%，处于全国最高水平，上海、天津该比重也比较高，分别为 6.0% 和 3.0%，西藏、贵州、青海、广西等省份的比重则不到 0.5%。从 2001—2020 年的变化情况看，各省份研究生文化程度就业人员占比均有不同程度的提升，比较突出的是北京、上海、天津等经济发达省份，西藏、贵州、青海、广西、甘肃等欠发达地区增长幅度较小。

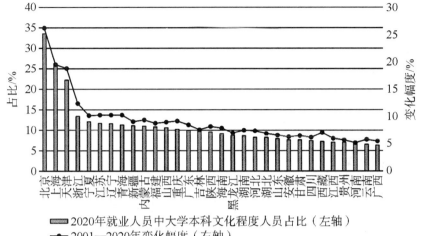

图 2-7　就业人员中大学本科文化程度人员占比及变化情况

（数据来源：根据《中国劳动统计年鉴》相关数据整理绘制）

总之，人力资本在各地区的分布依然很不均衡。除北京、上海、天津等经济发达省份大专及以上学历就业人员比重较高外，多数省份的就业人员仍以大学专科以下文化程度为主，且中西部欠发达地区就业人员的人力资本提升速度较慢。这背后既有历史累积性因素，也是市场规律作用下、人口流动集聚的客观结果。因为在现代社会，人们基本上能够从满足自身偏好出发，为改善经济状况、拓展发展空间而自由地进行迁徙。改革开放以来的一个重要特征事实便是随着工业化、城镇化的深入推进，乡村和欠发达地区人口大规模流向城镇和发达地区，寻求更好的就业和发展。数据显示，中国常住人口城镇化率从 1978 年 17.92% 大幅提高到 2021 年 64.72%，相应地，乡村人口数量和比重大幅下降。从社会经济发展趋势看，这种下降几乎是不可逆的。我们基于人口模型的预测也表明，中国城镇化水平仍将进一步提高①。

---

① 李建伟，周灵灵. 中国人口政策与人口结构及其未来发展趋势 [J]. 经济学动态，2018（12）：17-36. 向晶，周灵灵. 户籍制度改革、生育政策调整与城镇化进程 [J]. 开发研究，2021（5）：40-47.

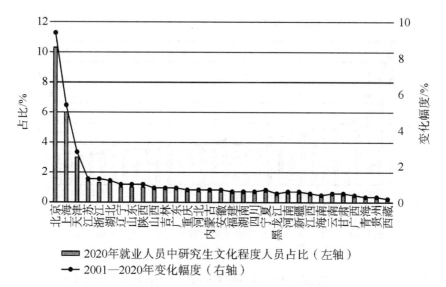

图2-8 就业人员中研究生文化程度人员占比及变化情况

（数据来源：根据《中国劳动统计年鉴》相关数据整理绘制）

　　毋庸置疑，人口流动集聚会改变城乡和区域人口结构，进而影响城乡和区域人力资本结构，毕竟人力资本是附庸于人本身的一种特殊资本。从流动人口构成看，流动人口中 16～59 岁劳动年龄人口比重从 1982 年 53.3%提高到 2015 年 84.1%，大专及以上学历人员在流动人口中的比重则由 1982 年 1.04%大幅提升至 2015 年 23.3%①。也就是说，实现了转移的人口，往往是人力资本水平较高、转移能力较强的青壮年劳动力，而尚未转移出去的劳动力，大都是转移就业中易遇到困难的群体。这样的流动格局，无疑会加剧城乡和区域人力资本分布的不均衡性，而这种流动也是市场规律发生作用的客观结果，不宜简单地采用行政手段干预，避免产生新的扭曲。

---

　　① 周灵灵. 我国人口流动的核心特质及政策启示［J］. 开发研究，2019（4）：46-54.

第三节　影响人力资本配置的制度性因素

制度经济学理论认为，制度是激励和约束人们行为的规则，好的制度可以激励人们积极劳动、节约资源，从而创造更多财富，增加人们福利，而坏的制度却能使人们懒惰、资源浪费、土地荒芜，从而国弱民穷①。总之，无论是对资源配置，还是经济增长，制度都极其重要。对人力资本而言，政府干预和管制、户籍制度、劳动力市场制度等都会影响其配置状况。

理论上，由于政府干预与管制程度、政策性扶持力度等制度性因素在各生产部门间实施的程度不同，引致各生产性部门在倒闭风险、职工报酬等方面存在差异。这些制度性因素所导致的摩擦会干扰要素市场人力资本流动的方向，造成人力资本可能从生产效率较高的部门流向生产效率较低的部门，从而产生部门间的人力资源错配，导致整个经济效率的损失②。具体地，人力资本会根据所处行业或企业面临的倒闭风险、职工报酬等条件在部门间流动，一些高垄断性、低效率的行业会因其低风险等综合因素吸引更多高水平人力资本。这种制度性不稳定因素引起的倒闭风险、职工报酬等差异长期地影响人力资本流向，可能会对经济发展造成严重负面影响。比如，人力资本错配会通过影响物质资本配置效率，间接地造成全要素生产率的损失。

户籍制度作为一项基本的国家行政制度，不仅有着源远流长的历史，对人口流动和人力资本配置也有着深远影响。早在春秋战国时期，楚国、晋国、秦国等诸侯国就已经普遍建立起户籍制度，实行"编户齐民"，并依据户籍档案信息进行赋税、兵役、徭役等活动，这一功能一直持续到近代。新中国成立以来，随着经济社会发展环境变化，户籍制度也在不断演变。1951 年 7 月，公安部公布《城市户口管理暂行条例》，这是新中国成

---

① 黄少安. 经济学为什么和怎样研究制度：关于制度经济学研究对象、目的和一般理论框架的梳理 [J]. 学术月刊，2009（5）：76-80.

② 陈言，李欣泽. 行业人力资本、资源错配与产出损失 [J]. 山东大学学报（哲学社会科学版），2018（4）：146-155. 葛晶，李勇. 行政垄断视角下人力资本错配的成因及其解释 [J]. 中南财经政法大学学报，2019（5）：43-52.

立后第一部户口管理条例，基本统一了全国城市的户口登记制度。1958 年 1 月，全国人大常委会通过《中华人民共和国户口登记条例》，第一次明确将城乡居民区分为农业户口和非农业户口两种不同户籍，奠定了中国现行户籍管理制度的基本格局。1984 年 10 月，国务院发布《关于农民进入集镇落户问题的通知》，农民可以自理口粮进集镇落户，并同集镇居民一样享有同等权利，履行同等义务，户籍严控制度开始松动。1985 年 7 月，公安部颁布《关于城镇暂住人口管理的暂行规定》，决定对流动人口实行暂住证制度和寄住证制度，允许暂住人口在城镇居留。1998 年 8 月，国务院批转公安部《关于当前户籍管理中几个突出问题的意见》，户籍制度进一步松动①。2014 年 7 月，国务院发布《关于进一步推进户籍制度改革的意见》，提出进一步调整户口迁移政策、统一城乡户口登记制度、全面实施居住证制度、加快建设和共享国家人口基础信息库等改革目标，这意味着中国实行了半个多世纪的农业和非农业二元户籍管理模式，将退出历史舞台。总体看，近些年来中国户籍制度改革在不断走向深入，取得了不少历史性突破，城市落户门槛大幅降低，城区常住人口 300 万以下城市基本取消落户限制，城区常住人口 300 万以上城市有序放宽落户条件。数据显示，2014 年以来全国有 1.3 亿农业转移人口成为城镇居民②，农民工市民化质量持续提高，城乡融合发展加快推进。

当然，与新发展阶段的新任务新要求相比，户籍制度改革仍需进一步深化，特别是要加快将非户籍常住人口纳入基本公共服务的覆盖范围，进一步提高基本公共服务的覆盖面和覆盖水平。我们基于珠三角、长三角等人口净流入地区的调研表明，非户籍常住人口对基本公共服务的需求主要体现在以下几个方面。一是住房保障方面，现有的住房保障体系是建立在户籍制度基础上，公租房、廉租房等住房保障体系尚未覆盖大部分的非户籍常住人口，非户籍常住人口在城市生活大都是以租房为主，调查显示他们在流入地的居留意愿、落户意愿增强，对住房保障的需求增大。二是公

---

① 《关于当前户籍管理中几个突出问题的意见》主要规定：实行婴儿落户随父随母志愿的政策；放宽解决夫妻分居问题的户口政策；男性超过 60 周岁、女性超过 55 周岁，身边无子女需到城市投靠子女的公民，可以在城市落户；在城市投资、兴办实业、购买商品房的公民及随其共同居住的直系亲属，符合一定条件可以落户。

② 《党的十八大以来经济社会发展成就系列报告：新型城镇化建设扎实推进 城市发展质量稳步提升》，网址：http://www.gov.cn/xinwen/2022-09-29/content_5713626.htm。

共教育方面，由于流动儿童规模较大①，随迁子女在流入地接受教育的需求不断增大，非户籍常住人口子女学前教育和义务教育面临着不同程度的入学难、入学贵问题。同时，随迁子女在接受义务教育后在流入地参加中考、高考的需求也在增大。三是就业服务方面，非户籍常住人口由于社会资本相对匮乏，更容易面临失业风险，他们对有针对性的技能培训需求较大。四是医疗卫生和社会服务方面，老年流动人口数量的增长，对城市医疗卫生和养老服务体系建设提出了挑战，随迁人口婴幼儿照护服务和医疗卫生需求也在增加。图2-9直观展示了佛山市南海区的问卷调查结果。可见，非户籍常住人口在子女入学、保障房申请、落户政策、医疗卫生、参与社区议事和管理等关键领域的满意度还不是很高。

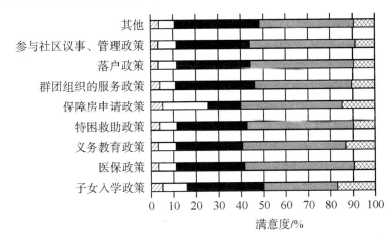

图2-9　南海区非户籍常住人口对基本公共服务的满意度

（数据来源：南海区非户籍常住人口融入基层社会治理调查。对基本公共服务的满意度根据问卷中"您对南海区政府以下选项内容的满意度"相关选项来测度）

劳动力市场作为要素市场的重要组成部分，其发展状况及市场化程度是要素市场化改革的重要方面，是建设现代化经济体系不可或缺的重要部分。当前，影响中国劳动力市场配置效率最主要的非市场因素有两个：一是户籍制度导致的城乡以及城市之间的分割，二是部门性质导致的单位所有制分

---

① 按照《中国妇女儿童状况统计资料》的统计口径，流动儿童是指流动人口中0~17周岁的儿童。

割。根据中国人民大学"劳动力市场化指数"①，尽管中国劳动力市场化指数呈现稳步提高趋势，但总体水平还比较低，劳动力市场化指数的增长主要归功于劳动力数量配置效率的提高，而劳动力数量配置指标增长的主要动力则来自户籍开放度的提高。与劳动力数量配置指数相比，近年来劳动力价格指数有所下降，影响了劳动力市场化总指数的提升幅度，说明劳动力价格机制还有待进一步理顺。

此外，还需高度重视人力资源服务体制机制对人力资本配置的影响。人力资源服务业作为现代服务业和生产性服务业的重要组成部分，其对人力资本配置的影响主要体现在改变工作搜寻方式、降低工作搜寻成本、提升就业技能与匹配质量，以及职业生涯发展和工资福利水平等方面，对劳动雇佣方的影响则主要是通过提高招聘效率和匹配质量、增强用工灵活性、缓解逆向选择等途径②。尽管近些年中国人力资源服务业的行业规模在持续扩大，人才培训、寻访、测评等高端服务业态快速发展，但在促进就业创业、提升人力资源质量、优化人力资本配置等方面仍需进一步发挥积极作用，尤其是在国际人力资源服务领域，人力资源服务业的发展空间还很大。相应地，人力资源公共服务体系和经营性服务体系的职责定位、服务范围、行为规范和管理要求等都需要不断优化。

第四节　本章小结和展望

本章重点探讨了中国人力资本配置存在的突出问题，主要体现在人力资本配置的部门和行业偏向，以及人力资本配置的城乡和区域不均衡特征。从部门和行业看，中国的高学历、高技能劳动者相对集中地汇聚在专业技术性较强的教育、科学研究和技术服务等行业和收入水平较高的金融业，以及一些公共管理和公共服务部门，农、林、牧、渔业和制造业的整体人力资本水平偏低，全社会平均人力资本较低和部分行业优质人力资本

---

①　该指数从劳动力数量配置、劳动力价格两大层面着手，基于户籍开放度、国有单位从业人数占比、最低工资和国有单位职工工资四个二级指标，采用相关数据加权计算了中国各地级市和各省、自治区、直辖市的劳动力市场化指数。参见：中国人民大学国家发展与战略研究院《中国劳动力市场化指数编制》，2019 年度研究报告，总第 15 期。

②　周灵灵. 劳动力市场中介研究回顾及展望 [J]. 劳动经济研究，2014（5）：180-190.

扎堆并存的现象较为突出，经济"金融化"和行业收入差距过大加剧了这一问题。在地理单元上，中国人力资本主要集聚在大中城市和经济发达地区，广大乡村和欠发达地区人力资本相对匮乏。就业数据显示，除少数经济发达省份大学专科及以上学历就业人员比重较高外，多数省份的就业人员仍以大学专科以下文化程度为主，且中、西部欠发达地区就业人员的人力资本提升速度较慢。当然，本章主要是从宏观和中观视角探讨人力资本配置存在的突出问题，至于微观企业层面和劳动者个体层面的人力资本配置问题，后续章节会专门论述。

总之，人力资本配置面临的问题和挑战，本质上是发展不平衡不充分的重要体现。这背后既有历史累积性因素，也是市场规律作用下、人口流动集聚的客观结果。一方面，人力资源开发体系尚未完全适应经济社会发展的需要，对高质量发展的支撑作用还有待提升。例如，欠发达地区教育和医疗卫生基础相对薄弱，城乡教育质量和医疗卫生水平还有一定差距，创新型人力资本、技能型人力资本培养体系不尽完善。另一方面，一些制度性因素也会影响人力资本的持续积累和均衡配置。例如，部分农业转移人口面临落户障碍、就业稳定性较差等问题，不利于低技能劳动者积累人力资本；基本公共服务短板不仅会制约低收入群体提升人力资本，还会影响人力资本在城乡和区域间的流动配置；劳动力价格机制也还有待进一步理顺，毕竟部门和行业收入差距是人力资本"虹吸效应"的重要诱因。

当下和未来一段时期，可重点从如下几个方面推进相关工作。一是持续深化要素市场化配置改革，加快健全统一开放的劳动力市场。深入贯彻落实中共中央、国务院《关于加快建设全国统一大市场的意见》，健全统一规范的人力资源市场体系，推动人力资源服务业高质量发展，促进劳动力和人才跨地区顺畅流动、高效配置。进一步理顺劳动力价格机制，采取有效措施适当缩小部门和行业收入差距，坚决消除劳动力市场的各种不公平和歧视现象。二是深入推进以人为核心的城镇化，着力提高基本公共服务的覆盖面和覆盖水平。在确保新市民基本权利不收紧的前提下，理顺管理服务体制和工作机制，形成各部门联动推进的有效合力，降低制度性交易成本，增强政策调控效能。健全完善基本公共服务需求表达和评价机制，探索基本公共服务多元化供给机制，让新市民享有更高质量的基本公共服务。三是扎实推进城乡融合发展，为人力资本均衡配置奠定坚实的社会经济基础。以协调推进乡村振兴战略和新型城镇化战略为抓手，坚决破除制约城乡融合发展的深层次障碍，促进城乡生产要素双向自由流动和公共资源合理配置，加快形成工农互促、城乡互补、全面融合、共同繁荣的新型工农城乡关系。四是进一步加强区域间、行业间人力资源开发领域的交流合作。可以在联络机制、信息平台、人才培养载体、职业技能竞赛、人才评价与配置等方面建立工作机制。例如，采用跨域招生招聘、联合培养、精准就业等方式，加强合作主体在乡村振兴人才实训基地、高技能人才培训基地、公共实训基地、技能大师工作室等方面共建共享，逐步搭建起政府主管部门、高等院校、职业学校、行业协会、重点企业和产业园区之间的横向联动工作框架。

第三章 人力资本配置与内生经济增长

第一节 职业选择缘何重要？

按照新古典增长理论，经济增长通过资本和劳动投入以及外生的全要素生产率来解释。在新古典增长模型中引入职业选择和企业家时，通常设定存在金融摩擦，以此为基础分析人力资本配置效率对经济增长的影响。20 世纪 80 年代中期，经济学家开始在经济增长模型中引入技术因素，使经济增长的决定因素在模型中变得明确。内生增长理论内生化了新古典增长理论中的技术进步率，在生产函数中明确地定义技术。这方面的经典文献如，Lucas[1] 把人力资本作为内生增长动力，认为人力资本积累和人力资本存在的正外部性会使经济持续增长，因为人力资本投资与人力资本正外部性抵消了边际产出递减的影响。当人力资本存在正外部性时，要达到帕累托最优配置，需对人力资本的生产和投资进行补贴，这是因为人力资本的社会回报超过了私人回报，在竞争均衡中，人力资本的数量达不到帕累托最优水平。即使私人回报较高，大量有才能的人进入金融领域对经济发展而言也并非好事，因为其他职业的社会回报可能更高[2]。

从有利于经济增长的角度考量，人力资本应该主要配置于生产性部门和研发部门。当然，有效的金融体系对经济增长也很重要，高效的金融系统可以缓解企业融资难问题，金融发展水平可以在很大程度上解释跨国收

---

① LUCAS R. On the mechanics of economic development [J]. Journal of monetary economics, 1988, 22（1）：3-42.

② MURPHY K M, SHLEIFER A, VISHNY R W. The allocation of talent：Implications for growth [J]. Quarterly journal of economics, 1991, 106（2）：503-530.

入差距①。然则，需要重视的是，20 世纪 80 年代以来，全球范围内的金融部门规模不断扩张，金融部门吸收了越来越多的高学历、高技能人才。尽管金融部门有助于经济增长，但是当金融部门挤占越来越多的优质人力资本时，其对经济增长的弊端就会显现，也即出现人力资本错配问题。

揆诸文献，目前将人力资本和金融部门合并在一个理论框架下进行探讨的文献仍比较缺乏②。鉴于此，我们结合内生增长理论和金融发展文献，构建一个包含金融部门的内生经济增长模型，探讨职业选择在经济增长过程中的作用。在模型中，劳动者个体可以选择成为工人、企业家或金融家。企业家有能力创办新企业，且企业家的人力资本具有正外部性，这种正外部性决定了经济增长率。同时，借鉴金融发展文献的做法，假设企业家面临融资约束，金融部门的存在有助于降低企业家的融资约束，在这一理论框架下，可以更为全面准确地理解金融部门对经济增长的作用。

第二节　基于职业选择的内生经济增长模型

本章基于 Murphy 等人③构建的模型（下文简称 MSV 模型），考察存在生产行业和金融行业时，人力资本在行业间的配置状况对经济增长的影响。在引入金融摩擦的方式上，则基于 Townsend④ 有成本状态验证模型（Costly State Verification Model，下文简称 CSV 模型）⑤。因此，我们的模型是 CSV 模型与 MSV 模型的结合体。

假设时间是离散无穷期的，时间 $t \in \{0, 1, 2, \cdots, \infty\}$，在每 1 期

---

① BUERA F J, KABOSKI J P, SHIN Y. Finance and development：A tale of two sectors ［J］. A-merican economic review, 2011, 101（5）：1964-2002.

② 罗润东，张明宇，王素娟. 2000 年以来人力资本研究领域国际前沿解读 ［J］. 劳动经济评论，2021（1）：1-20.

③ MURPHY K M. SHLEIFER A, VISHNY R W. The allocation of talent：Implications for growth ［J］. Quarterly journal of economics, 1991, 106（2）：503-530.

④ TOWNSEND R M. Optimal contracts and competitive markets with costly state verification ［J］. Journal of economic theory, 1979, 21（2）：265-293.

⑤ 近些年，CSV 模型在经济增长领域产生了显著影响，典型的如 Greenwood 等人（2010）的研究（简称 GSW 模型）。GSW 模型把 CSV 模型的经济机制引入新古典经济增长模型，考察金融发展对经济增长的推动作用。按 GSW 模型的解释，金融部门会降低融资合约签订的交易成本（即 CSV 模型中的状态验证成本），降低融资利率，促进投资，拉动经济增长。

中，存在若干人口，为避免储蓄导致的动态优化问题，假设每人只生存 1 期。个体都是风险中性，其职业选择是根据自身禀赋和不同选择的期望收益做比较后择优的结果。

模型的时间结构如表 3-1 所示。模型的主要参数和含义如表 3-2 所示。

表 3-1　模型时间结构

阶段 1	阶段 2	阶段 3	阶段 4	阶段 5
劳动生产率 s 给定，个人基于人力资本进行职业选择	企业家和投资者签订合同	技术冲击实现	如果企业家报告遭遇不利技术冲击，投资者让企业进行破产清算	分配利润，消费

表 3-2　模型主要参数及含义

字母	ι	Λ	w	R	F	s	ρ	c	θ
经济含义	时间	人力资本	自雇工资	利率	生产函数	社会公共技术水平	技术冲击	破产清算成本	金融部门利润比例

经济中的个体存在人力资本差异，代号取值区间在（1，$\overline{A}$］的人属于高能力群体（人力资本大于 1），其余人口的能力全部相同，标准化为 1。高能力群体的人力资本存在差异，个体 i 拥有 A_i 单位人力资本，A_i 在区间（1，$\overline{A}$］上按连续密度函数 $g(A_i)$ 取值。如果 A_i 服从均匀分布，密度函数为 $g(A_i) = \dfrac{1}{\overline{A} - 1}$。

鉴于高能力人群的职业选择面往往更广，为简便计，我们设定只有高能力群体可以成为企业家，而所有人都可以成为金融家、工人或者选择自雇。与 Shakhnov[①] 一致，假设只有低能力群体拥有物质资本，且每人拥有 1 单位物质资本。该设定保证了物质资本存量的总量充沛，即使经济中所有高能力群体都成为企业家，物质资本需求也可被满足。若某高能力个人要开办企业，由于没有物质资本，必须向社会融资，以获得资金。

对投资者而言，存在两种投资机会：一种是投资无风险资产，无风险资产的总收益率（即无风险毛利率）为 R；另一种是投资给企业家开办企

---

① SHAKHNOV K. The allocation of talent：Finance versus entrepreneurship ［J］. Review of economic dynamics，2022，46：161-195.

业。对投资者而言，其投资于企业的期望回报率必须大于或等于无风险利率，否则没有激励投资给企业家。

该经济只生产一种最终产品，最终产品市场是完全竞争，可将最终产品的价格标准化为 1，最终产品的生产可以由企业家开办企业生产，也可以由劳动者通过自雇来进行生产。比如，以生产玉米为例，既可以由规模化经营的农业企业生产，也可由家庭农场生产。假设自雇生产无须进行物质资本投资，而企业家开办企业时，必须首先进行投资，不失一般性，可以将投资标准化为 1。

基于 MSV 模型和 GSW 模型，设定最终产品的方式分别为

$$s \cdot \rho \cdot A \cdot F(H) \quad （企业家）$$
$$w \cdot A \quad （自雇）$$

其中，企业的生产方式由社会公共技术水平 s、个人技术冲击 ρ、企业家的自身人力资本 A 和劳动投入的生产函数 $F(H)$ 四者的乘积决定，H 表示企业所雇佣工人的人力资本总合，$F(\cdot)$ 为生产函数。对劳动者自雇的生产方式来说，w 表示自我雇佣生产的技术水平。另外，假设生产函数 $F(\cdot)$ 是一次连续可微、严格凹以及严格单调递增，譬如，可设 $F(H) = \ln(H)$。

与 GSW 模型类似，设企业的个体技术冲击 ρ 是二元随机变量，取值范围为 $\{0, 1\}$，设 $\Pr(\rho = 1) = p$。关于个体技术冲击，Holmstrom 和 Tirole[1] 将之解释为机器设备故障。如果 $\rho = 0$，表示机器出现故障，企业产出为 0；反之，如果 $\rho = 1$，表示机器一直保持正常运转，此时企业产出为 $s \cdot A \cdot F(H)$。

与 MSV 模型一致，假设时期 t 的社会公共技术 s 由下式决定：

$$s_t = s_{t-1} \cdot \max_{\{i\}} A^e_{i, \, t-1} \tag{3-1}$$

其中，$\max\limits_{\{i\}} A^e_{i, \, t-1}$ 表示在 $t-1$ 期自身人力资本最高的企业家的自身人力资本。这意味着，技术进步源自企业家人力资本外部性。定义技术进步率 $g_t \triangleq \ln(s_t) - \ln(s_{t-1})$，可得

$$g_t = \ln(\max_{\{i\}} A^e_{i, \, t-1}) \tag{3-2}$$

为引入金融摩擦，设技术冲击 ρ 的实现值是企业家的私人信息，投资

---

① HOLMSTROM B，TIROLE J. Private and public supply of liquidity [J]. Journal of political economy, 1998, 106 (1): 1-40.

者在企业家陈述技术冲击 $\rho = 0$ 时，存在被欺骗的可能。原因在于，如果没有机制保证企业家说真话，那么企业家在企业未遭受负面的个人技术冲击时也会谎称企业产出为 0，这样企业家就可以占有更多企业产出，而投资者则遭受损失。用机制设计理论的术语来说，在这种情况下，企业家说真话是激励不相容的。如此一来，投资者不会信任企业家的还款承诺，企业家不可能成功融资。要使企业家成功融资，必须有可行的机制来解决信息不对称问题。

在有成本状态验证模型中，存在一种简单直接的解决信息不对称问题的方法，即在企业家向投资者报告了个人技术冲击的实现值（企业家的私人信息）后，投资者如果不信任企业家，可以进行破产清算，以验证企业家信息的真实性。但是，破产清算是有成本的，设成本为 c。也就是说，投资者获取企业的真实信息有成本，这是有成本状态验证模型的具体含义。

假设劳动力市场是完全竞争的，因而企业家需为每单位所雇人力资本支付工资 w^*，即 w^* 单位最终产品。根据劳动者的参与约束，可得 $w^* = w/p$。此外，假设资本市场是完全竞争的，竞争会使得外部投资者投资企业的参与约束为等号，即企业家支付给投资者的毛利息为 $R^* = R/p$。

综上所述，人力资本为 A 的企业家的利润最大化问题为

$$y(A) = \max_{H} \{ p \cdot [s \cdot A \cdot F(H) - w^* \cdot H - R^*] + (1-p) \cdot 0 \}$$

$$(3-3)$$

其中，当企业家未遭遇负面个人技术冲击时，其利润为 $s \cdot A \cdot F(H) - w^* \cdot H - R^*$，即生产所得 $s \cdot A \cdot F(H)$，减掉工人工资 $w^* \cdot H$，以及在盈利状态下支付给外部投资者的毛利率 R^*；当企业家遭遇负面技术冲击时，企业会由于资不抵债而破产，但由于有限责任，且没有抵押品存在，企业家实际收益为 0。

应当注意的是，$y(A) \geq w \cdot A$ 是企业家的参与约束，只有满足该条件时人力资本为 A 的人才会成为企业家经营企业；如果 $y(A) < w \cdot A$，企业家的参与约束不满足，其会理性地选择成为工人，或者从事自雇劳动。

第三节　模型均衡求解与数值分析

一、对称信息

在对称信息情形下，企业家和外部投资者之间不存在不对称信息问题，且投资者是风险中性的，据此可直接计算出企业家的融资成本，如引理1所示。

引理1：当企业的个人技术冲击实现值为公共信息时，企业家的实际融资成本为 $R^* = R/p$。

证明：相对于无风险利率 R，由于存在个人技术冲击，投资者投资企业时得到只是一个可违约的债权。因此，企业债的利率必须对违约风险〔风险大小为 $(1-p)$〕进行补偿。即满足等式：$p \cdot R^* + (1-p) \cdot 0 = R$，可得 $R^* = R/p$。

举例来说，如果无风险利率 $R = 1.05$，企业债的违约概率 $1-p = 0.1$，即还款概率为 0.9，则企业家的借款利率为 $R^* \approx 1.17$，高利率是为了补偿投资者所承担的违约风险。

图 3-1 直观展示了企业家借款利率和违约风险之间的关系。由图可知，当违约风险上升时，即 $1-p$ 变大时，企业家应支付的借款利率显著上升，且上升幅度越来越大。

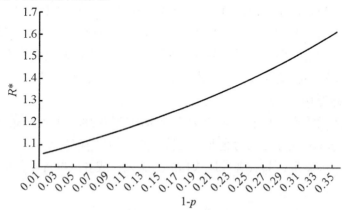

图 3-1　企业家借款利率 R^* 与违约风险 $1-p$ 的关系

如果人力资本为 A 的个人选择做企业家，其最大化目标为

$$y(A) = \max_H p \cdot [s \cdot A \cdot F(H) - w^* \cdot H - R^*] \qquad (3-4)$$

为求解该最大化问题，对上式中的 H 取一阶导数，得到一阶条件（假设为内点解）：$s \cdot A \cdot F'(H^*) = w^*$。显然，企业人力资本需求函数 $H^*(s, A, w^*)$ 由上式通过隐函数的形式决定，可表示为 $(F')^{-1}(w^*/(s \cdot A))$，其中，$(F')^{-1}$ 表示生产函数的一阶导数 F' 的反函数。

引理 2：企业家的劳动需求函数 $H^*(s, A, w^*)$，关于社会公共技术 s 和企业家人力资本 A 单调递增，关于工资 w^* 单调递减。

证明：由于 $(F')^{-1}$ 单调递减，且函数 $\dfrac{w^*}{s \cdot A}$ 公共技术 s 和企业家人力资本 A 单调递减，关于工资 w^* 单调递增，根据复合函数的微分法则，可得 $\dfrac{\partial H^*}{\partial A} > 0$，$\dfrac{\partial H^*}{\partial s} > 0$，和 $\dfrac{\partial H^*}{\partial w^*} < 0$。

为直观展示引理 2 的结论，设 $F(H) = \ln(H)$，则 $F'(H) = H^{-1}$，根据 $s \cdot A \cdot F'(H^*) = w^*$，劳动需求函数为 $H^*(s, A, w) = s \cdot A \cdot (w^*)^{-1}$。

具体结果如图 3-2、图 3-3 和图 3-4 所示。

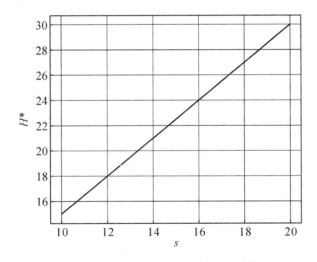

图 3-2 劳动需求 H^* 与公共技术 S 的关系

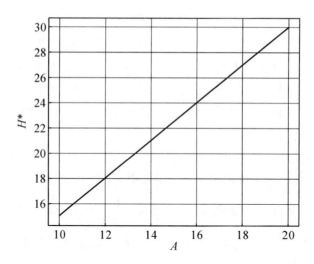

图 3-3　劳动需求 H^* 与企业家人力资本 A 的关系

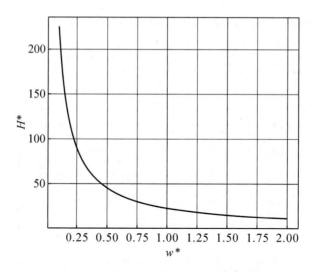

图 3-4　劳动需求 H^* 与工资 w^* 的关系

经计算可得，企业利润函数为：$y^*(s, A, w) = p \cdot \{s \cdot A \cdot F[H^*(s, A, w)] - w^* \cdot H^*(s, A, w) - R^*\}$。

引理3：企业家的利润函数 $y^*(s, A, w^*)$，关于公共技术 s 和企业家人力资本 A 单调递增，关于工资 w^* 单调递减。

证明：根据包络定理，可得 $\dfrac{\partial y^*}{\partial s} = p \cdot A \cdot F[H^*(s, A, w)] > 0, \dfrac{\partial y^*}{\partial A} =$

$p \cdot s \cdot F[H^*(s, A, w)] > 0, \dfrac{\partial y^*}{\partial w^*} = -H^*(s, A, w) < 0$。

为直观展示引理3的结论，同上，设 $F(H) = \ln(H)$ ，则 $F'(H) = H^{-1}$ ，根据 $s \cdot A \cdot F'(H^*) = w^*$ ，劳动需求函数为 $H^*(s, A, w) = s \cdot A \cdot (w^*)^{-1}$ 。利润函数为：$y^*(s, A, w) = p \cdot [s \cdot A \cdot \ln[s \cdot A \cdot (w^*)^{-1}] - w^* \cdot H^*(s, A, w) - R^*]$ 。

具体结果如图3-5、图3-6和图3-7所示。

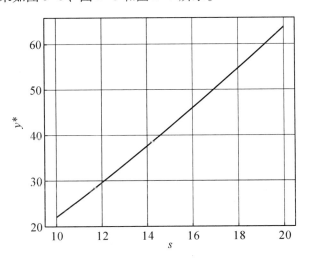

图 3-5　企业家利润 y^* 与公共技术 s 的关系

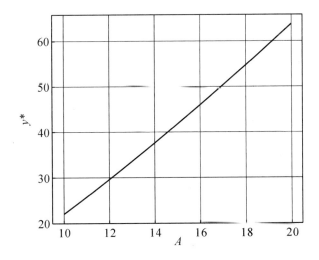

图 3-6　企业家利润 y^* 与个体人力资本 A 的关系

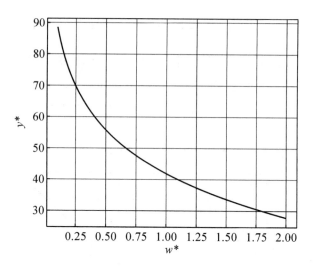

图 3-7 企业家利润 y^* 与工资 w^* 的关系

每个高人力资本个体有三种职业选择机会，即企业家、工人和自雇，后两种选择的实际收益相等，都是 $w \cdot A$。以自身人力资本为 A 的个体为例，成为企业家的收益为企业利润 $y^*(s, A, w^*)$，成为工人的收益则为 $p \cdot w^* \cdot A = w \cdot A$。因此，若企业家参与约束满足，即 $p \cdot [s \cdot A \cdot F(H^*) - w^* \cdot H^* - R^*] \geq w \cdot A$，则个体选择成为企业家，否则成为工人。

假设 1：$p \cdot s \cdot F(H^*) > w$。

推论 1：如果自身人力资本水平为 A 的人成为企业家，则人力资本水平较之更高的人也会成为企业家。

证明：这是假设 1 和引理 3 的结果，即 $\dfrac{\partial(y^* - w \cdot A)}{\partial A} > 0$。其中，在技术冲击为 1 的情形下，$y^* - w \cdot A$ 是企业家经营企业相对于其当工人时获得的额外收益，其中 y^* 是成为企业家的实际收益，而 $w \cdot A$ 是成为企业家的机会成本。换言之，任取 $A_1, A_2 \in (1, \overline{A}]$，如果 $A_1 > A_2$，则有 $y^*(s, A_1, w^*) - w \cdot A_1 > y^*(s, A_2, w^*) - w \cdot A_2$。

推论 2：存在唯一的 A^*，使得 $y^* - w^* \cdot A = 0$。此外，$\forall A \in (A^*, \overline{A}]$，有 $y^* - w^* \cdot A > 0$，而 $\forall A \in (1, A^*)$，有 $y^* - w^* \cdot A < 0$。

证明：如果企业家的参与约束为等式，即 $s \cdot A \cdot F(H^*) - w^* \cdot H^* - R^* = w \cdot A$，可得唯一的 $A^* = \dfrac{w^* \cdot H^* + R^*}{s \cdot F(H^*) - w}$，推论后半部分是推论 1 的直接结果。

为直观展示推论 1、推论 2 的结论，设 $F(H) = \ln(H)$ ，可得到图 3-8 所示的数值结果。

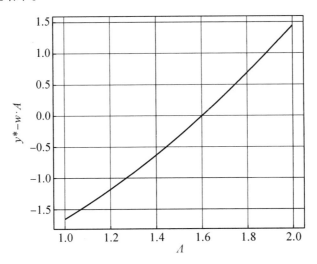

图 3-8　企业家与工人收益差与个体人力资本 A 的关系

命题 1：A^* 关于 s 递减，关于 R^* 和 w^* 递增。

证明：由推论 2 的证明过程直接可得。例如，$\dfrac{\partial A^*}{\partial R^*} = \dfrac{1}{s \cdot F(H^*) - w} > 0$。

为直观展示命题 1 的结论，同上，设 $F(H) = \ln(H)$ ，可得图 3-9 和图 3-10 所示的数值结果。A^* 与 w^* 的关系与其和 R^* 的关系相似，此处省略。

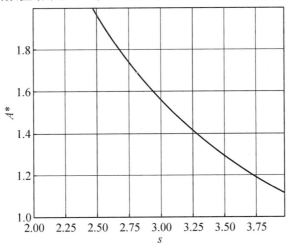

图 3-9　企业家人力资本 A^* 与公共技术 s 的关系

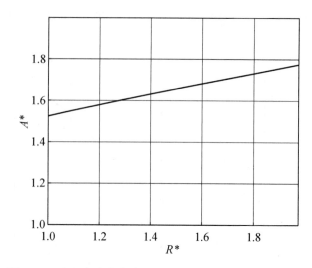

图 3-10　企业家人力资本 A^* 与企业家借款利率 R^* 的关系

二、不对称信息

由于企业家和外部投资者之间存在不对称信息问题，根据显示原理，最优融资合约必须保证企业家说真话。我们假设激励工具为破产清算，破产清算成本为 c。在这种情况下，最优合约的形式很简洁，也即投资者承诺，在企业家报告遭遇负面个人技术冲击时，进行破产清算。

命题 2：债务合约是最优融资合约。债务合约满足两个条件：当企业家报告 $\rho = 1$ 时，投资者不进行状态验证；当企业家报告 $\rho = 0$ 时，投资者企业进行状态验证，成本为 c。

证明：设企业家的真实私人信息是 ρ，其报告给投资者的信息是 ρ'，显示原理要求二者必须相等，这包含两种情形。

情形 1：如果 $\rho = 1$ 时企业家选择说谎，即 $\rho' = 0$，此时必然引起投资者进行查证，然后投资者便会知晓企业家私人信息，所以企业家没有激励隐瞒真实信息，其最优选择是说真话，即 $\rho' = 1$。

情形 2：当 $\rho = 0$ 时，企业实际已经资不抵债，处于破产状态，因而无动机告诉投资者企业处于盈利状态，即没有激励说假话。

和其他 CSV 模型一样，上述模型的纳什均衡不满足子博弈完美均衡（subgame perfect equilibrium）。具体来说，如果企业家说真话，即只在 $\rho = 0$ 的情形下选择 $\rho' = 0$，在企业真正违约后，外部投资者的最优选择是不进行破产清算,因为破产清算有成本,而此时企业实际情形是已经破产,清算徒劳无功,破产清算的净收益为负。然而,如果企业家理性预期到这一点,将失去说真话的激励,在任何状态下都选择 $\rho' = 0$。因此,这要求投资者在事前签订融资合约时做出承诺,明确地告诉企业家,其一定会在 $\rho' = 0$ 时进行破产清算,否则,合约不满足激励相容。不难发现,实际上,融资合约的设计是为了保证企业家在盈利时说真话,即不隐瞒真实收入。

引理 4:当投资者足够分散时,它们的参与约束为等号。此时,企业家的融资成本为 R^{**},即 $\dfrac{R + (1-p) \cdot c}{p}$。

引理 4 是投资者参与约束为等式时的直接结论,即 $p \cdot R^{**} - (1-p) \cdot c = R$。不难得知,等式左侧是投资企业债的期望收益,等式右侧是投资无风险资产的收益,即投资企业债的机会成本,在二者相等时,经过简单的代数计算便可使引理得证。

显然,$R^{**} > R$。进一步分析,相对于无风险资产的收益率 R,企业债的收益率可以分解为两部分:$\dfrac{R}{p}$ 和 $\dfrac{(1-\rho) \cdot c}{p}$。前者是企业债存在违约概率的风险补偿;后者的含义是,当企业违约后,投资者必须进行破产清算以保证企业家说真话,因而需要支付清算成本 c,在企业债利率中就是 $\dfrac{(1-p) \cdot c}{p}$(即信息成本)。企业家融资成本 R^{**} 与破产清算成本 c 的关系如图 3-11 所示。

基于前述假设,企业利润最大化目标函数为

$$y = p[s \cdot A \cdot F(H) - w^* \cdot H - R^{**}] \tag{3-5}$$

命题 3:如果投资者的状态验证成本 c 下降,那么企业家的融资成本会下降,导致部分工人转变为企业家,这提高了人力资本配置效率,进而促进经济增长。其中,人力资本配置最优时的状态验证成本为 0。

证明:c 下降会导致 R^{**} 降低,根据命题 1,这会降低职业选择临界值 A^*,使更多人变为企业家,经济中会出现更多的企业,社会总产出随之上升。[1]

---

① 严格地说,这依赖于生产函数 $F(H)$ 的形式和社会公共技术 s 的大小,因此,只有假设 s 足够大,企业家增多时社会总产出才会上升。

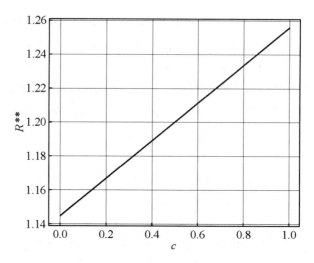

图 3-11　企业家融资成本 R^{**} 与破产清算成本 c 的关系

由上可知，由于社会公共技术 s 只由自身人力资本最高的企业家决定，c 下降不会提高技术进步率 $g(t)$ 。

三、引入金融部门

上述分析考虑的情形是投资者与企业家直接订立金融合约，这会导致较高的信息成本。实际上，金融中介的主要作用之一就是作为投资方和融资方之间的桥梁，进而显著降低交易费用。和 Diamond[①] 相同，我们假设与单个投资者相比，金融中介在状态验证上存在规模效应，因此，引入金融中介后，状态验证成本会显著下降，进而降低企业家的融资成本。然而，这一结论的成立有赖于金融部门利润占比，我们定义金融部门利润占比为 θ 。

（一）帕累托次优配置

上述分析依赖的核心假设是金融部门没有获取正利润，当金融部门具有正利润时，会出现无效率，产生帕累托次优配置。按照 MSV 模型，设定行业利润分配形式为金融部门以类似税收的方式直接拿走部分企业利润，那么，人力资本为 A 的金融家的利润为 $R_A \equiv \dfrac{A}{\int A \cdot g(A) \, \mathrm{d}A} \theta Y(\theta)$ 。其中，Y 指所有企业创造的总利润，θ（$0 \leqslant \theta \leqslant 1$）代表金融部门可得的利润份额，因此

---

① DIAMOND D W. Financial intermediation and delegated monitoring [J]. Review of economic studies, 1984, 51 (3): 393-414.

$\theta \cdot Y$ 是金融部门的利润总额。其中，$\dfrac{A}{\int A \cdot g(A) \, dA}$ 是自身人力资本量为 A 的

金融家可得的利润份额，这取决于金融家自身的人力资本。由此可知，人力资本越高的人作金融家的收益越高，金融家的参与约束为 $R_A \geqslant wA$。

结合前面的分析，金融家的利润分成会导致企业家利润下降为

$$y(\theta) = \underbrace{(1 - \theta) \cdot p}_{<p} \cdot \left[s \cdot A \cdot F(H) - w^* \cdot H - R^{**} \right] \qquad (3\text{-}6)$$

不难看出，金融部门的正利润等价于降低企业家的成功概率，这会降低企业家利润，提升成为企业家的最低人力资本门槛。

与前面分析类似，对自身人力资本为 A 的人来说，其选择金融家、企业家与工人（或自雇）中收益最大的职业。根据 MSV 模型，存在临界值 $\overline{A}$ 和 $\underline{A}$ 满足 $\overline{A} > \underline{A}$，使得自身人力资本量小于 $\underline{A}$ 的人成为工人，而大于 $\underline{A}$ 者成为金融家或企业家，具体结果取决于金融部门利润占比，即 θ 的取值。概言之，和不存在金融部门时的情形相比，随着金融部门利润占比递增，将出现如下三种情形。

情形 1：$\theta^2 > \theta \geqslant \theta^1$，此时，金融部门利润为零利润，部分人力资本水平较低（低于 $\underline{A}$）的人成为金融家。

情形 2：$\theta^3 > \theta \geqslant \theta^2 > \theta^1$，此时，金融部门利润占比较低，导致自身人力资本量大于 $\overline{A}$ 的人成为企业家，居于中间（即小于 $\overline{A}$ 但大于 $\underline{A}$）者成为金融家。

情形 3：$\theta \geqslant \theta^3$，此时，金融部门利润占比过高，导致自身人力资本量大于 $\overline{A}$ 的人成为金融家，居于中间（即小于 $\overline{A}$ 但大于 $\underline{A}$）者成为企业家。

和金融部门无利润的情形相比，当 $\theta \geqslant \theta^2$ 后，金融部门开始扭曲人力资本配置，降低社会总产出，原因在于，较高的金融部门利润意味着企业家利润下降，导致企业家变少，总产出随之下降。不过，在此情形下，由于人力资本最高者依然是企业家，人力资本错配尚不会导致社会公共技术下降。更糟糕的情形是在当 $\theta \geqslant \theta^3$ 后，此时人力资本最高的人变为金融家，技术进步率随之下降。

相对于没有金融部门的情形，即使金融部门规模扩张会降低信息成本 c，进而促进经济增长，然而，如果金融部门利润过高，则会扭曲人力资本配置，导致人力资本错配效应，进而抑制经济增长。总体而言，金融发

展对经济增长的影响是非线性的，可分为三种情形。

情形1：在金融部门零利润的条件下，随着信息成本 c 下降，此时金融部门规模增大、金融家增多，会使企业家也增多，进而促进经济增长。

情形2：若金融部门利润增加以致人力资本错配效应开始占优，则企业家变少，短期社会总产出也随之下降。但若此时自身人力资本最高者尚是企业家，则技术进步率不会下降，长期经济增长也不会受损。

情形3：若金融部门利润进一步增加，使得自身人力资本最高者成为金融家，则技术进步率会遭受负面冲击，短期与长期经济增长均会受损。

总的来说，后两种情形均为金融发展导致的无效率情形。由上述分析可知，如果金融部门利润较高，则金融部门对人力资本配置与经济增长的影响变得较为复杂，生成了两种完全相反的作用力，即正面的信息成本下降效应与负面的人力资本错配效应。不难发现，当金融部门利润占比过高时，高质量人才会选择成为金融家，导致严重的人力资本错配效应，进而会抑制经济增长。

（二）最优金融管制水平

最优金融管制水平，即对社会而言最优的 θ^*，取决于状态验证成本 c 是否与 θ 相关。如果二者无关，最优金融管制刚好使得所有金融中介利润为0。

对于状态验证成本 c 是否与 θ 相关，符合现实的设定是二者负相关。当 θ 更高时，会有更多高人力资本的人才进入金融行业，这可能会导致金融行业效率提升。在这种情况下，最优的 θ^* 值取决于函数 $c(\theta)$ 的具体形式。数学上，可表示为

$$\max_{\theta} y\,(\theta) = (1-\theta) \cdot$$

$$\{p \cdot [s \cdot A \cdot F\,(H^*) - w^* \cdot H^* - (R + (1-p) \cdot c\,(\theta))/p]\} \quad (3\text{-}7)$$

定义 $B \equiv p \cdot [s \cdot A \cdot F(H^*) - w^* \cdot H^*] - R$。对比上文可知，这正是 $c = 0$，$\theta = 0$ 时的企业家利润。B 的取值与 θ 无关。上式可简化表达为

$$\max_{\theta} y(\theta) = \underbrace{(1 - \theta)}_{\text{与}\theta\text{负相关}} \cdot \underbrace{[B - (1 - p) \cdot c(\theta)]}_{\text{与}\theta\text{正相关}} \quad (3\text{-}8)$$

（3-8）式中，第一部分与 θ 负相关，第二部分与 θ 正相关。对其取对数，然后可得一阶条件为 $\dfrac{(1 - p) \cdot (\theta^* - 1) \cdot c'(\theta^*)}{B - (1 - p) \cdot c(\theta^*)} = 1$。

以上即是对最优金融管制水平的刻画。直观地讲，最优金融管制是两

种相反作用力共同作用的结果。一方面，提高 θ 会直接降低企业利润，产生负面作用；另一方面，θ 上升后，金融部门效率上升，会降低企业融资成本，使得企业利润增加，产生正面作用。最优金融管制水平的选择，使这两种效应在边际上相等。

命题5：最优金融管制水平，即对社会而言最优的 θ^*，取决于状态验证成本 c 是否与 θ 相关。如果二者负相关，则最优金融管制水平由 $\dfrac{(1-p) \cdot (\theta^* - 1) \cdot c'(\theta^*)}{B - (1-p) \cdot c(\theta^*)} = 1$ 决定。

如果假设 $c(\theta) = \bar{c} - \theta$，则可以计算出：$\theta^* = \dfrac{(1-p) \cdot (1 + \bar{c}) - B}{2 \cdot (1-p)}$。

不难看出，当 $\bar{c}$ 较高时，引入金融部门的作用更大，会有更高的 θ^*。这与直观经验一致。进行恰当赋值后，更直观的数值结果如图3-12所示。

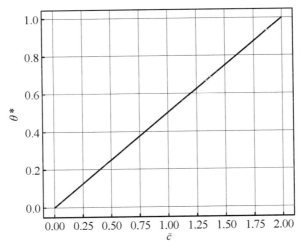

图3-12　**最优金融管制水平 θ^* 与金融部门作用的关系**

第四节　主要结论和政策启示

本章构建了一个包含金融部门的内生经济增长模型，从对称信息、不对称信息、引入金融部门等视角探讨了相关作用机制，并进行数值分析。研究发现，金融部门对人力资本配置与经济增长的影响存在两种完全相反的作用力，即正面的信息成本下降效应与负面的人力资本错配效应，当金融部门利润过高时，会导致较为严重的人力资本配置扭曲，对经济增长产生较强的不利影响。

毋庸置疑，人力资本在知识的生产和运用过程中具有十分重要的作用①，特别是随着研发生产率的下降，这种作用会变得更加突出。最近，Bloom 等人②通过分析半导体行业、农业、医药和制造业数据，发现"创意"（ideas）越来越难找寻了，获取新知识的研发费用越来越高。这意味着，研发活动的劳动生产率在下降，保持经济增长引擎持续稳定工作的代价越来越高。原因在于，与任何其他生产投入一样，知识生产存在边际产出递减。和以往相比，如今要想推进科技前沿，研发人员需要掌握越来越庞大的知识体系，需要在高校或科研院所学习更长的时间，研究团队需要包括更多不同领域的专家，这无疑会增加研发成本。在这种情况下，若想保持经济持续增长和繁荣，必然需要大量增加研究投入来抵消研发生产率的下降，否则，经济增速下滑会成为必然。

对此，一方面，要进一步提高人力资本投资水平。可以通过教育补贴、在职培训和医疗保健计划等来加强人力资本积累，着力改善人口的教育、健康和技能状况，促进劳动生产率提升。另一方面，要着力优化人力资本在行业、部门间的配置，提升人力资本配置效能。这是提高潜在增长率、保持经济平稳健康发展的有效举措。因为有研究表明，我国人力资本错配对全要素生产率的影响随着时间推移有所增加③。在政策设计上，可以通过税收手段降低部分非生产部门的工资溢价，吸引更多优质人力资本进入生产部门，进行生产活动来"做大蛋糕"。例如，持续优化政府职能、缩减寻租空间，通过财税工具适当调节某些垄断行业的高收入。与此同时，适当支持和补贴高科技企业，吸引优秀人才到新兴行业进行创新创造活动。尤为重要的是，要采取更大力度培养和锻造一支高素质企业家队伍，培育、保护和激发企业家精神，为各类人才创新创业营造"人尽其才、才尽其用"的良好环境。

---

① ACEMOGLU D, AUTOR D. What does human capital do? A review of Goldin and Katz's the race between education and technology [J]. Journal of economic literature, 2012, 50 (2): 426-463.

② BLOOM N, JONES C I, REENEN J V, et al. Are ideas getting harder to find? [J]. American economic review, 2020, 110 (4): 1104-1144.

③ YAN C. Misallocation of human capital and productivity: Evidence from China [J]. Economic research-Ekonomska Istraživanja, 2019, 32 (1): 3342-3359.

第四章 人力资本配置与创新驱动发展

第一节 问题的提出

创新驱动发展战略是新形势下我国经济实现高质量发展的重要国家战略。特别是，面对美国的技术封锁和突如其来的新冠病毒感染疫情等冲击，我们必须"把创新摆在国家发展全局的核心位置"，以创新驱动经济发展，持续涵养经济增长动能。人力资本积累和配置是影响创新的重要因素[①]，精确识别并测度中国人力资本配置状况，探究人力资本配置对区域创新发展的影响机制，研判促进区域人力资本流动的方向和举措，对我国实施创新驱动发展战略具有重大意义，是实现经济高质量发展的必然要求和题中之义。

本书第二章在分析中国人力资本配置现状及问题时，指出中国人力资本配置存在明显的部门和行业偏向，因此，构建符合中国现实的人力资本配置一般均衡理论框架，探究并理解人力资本配置与创新驱动发展的内在逻辑至关重要。

基于上述考虑，我们综合中国就业人员受教育水平、经济整体技术水平等指标，提炼出以下几个特征事实：第一，随着时间推移，中国就业人员受教育水平逐步上升，与此同时，中国专利申请数和受理数均呈指数级增长（见图4-1）；第二，随着时间推移，中国工业部门全要素生产率与就业人员受教育水平也都在逐年上升（见图4-2）；第三，在工业行业内部，按照国有企业就业人数和国有部门增加值占比划分为垄断性部门和竞

---

① SCHUMPETER J A. The theory of economic development ［M］. Cambridge：Harvard University Press，1934.

争性部门，垄断性部门就业人员的平均受教育年限远高于竞争性部门就业人员的平均受教育年限，但垄断性部门的劳动生产率要低于竞争性部门的劳动生产率（见图4-3和图4-4）。综上，我们发现在过去十多年里，中国人力资本积累已经带来创新水平和创新能力的提升，但依然存在阻碍人力资本要素自由流动的因素，导致人力资本要素市场发生扭曲，使得人力资本从效率较高的部门流向效率较低的部门，进而导致较为严重的经济效率损失。

鉴于此，我们基于一个纳入部门间不稳定因子的两部门人力资本错配模型，测算并分析各地区人力资本错配的程度，在此基础上，分别在地区层面和企业层面实证检验人力资本配置对创新驱动发展的影响。与既有文献相比，我们的研究主要在以下两个方面进行了扩展：第一，首次考察了部门间不稳定因素所引起的人力资本错配程度，拓展了现有的中国人力资本错配成因研究；第二，首次分别在地区和企业层面上探究了人力资本配置对创新驱动发展的影响，为降低人力资本错配、提升创新绩效提供科学依据。

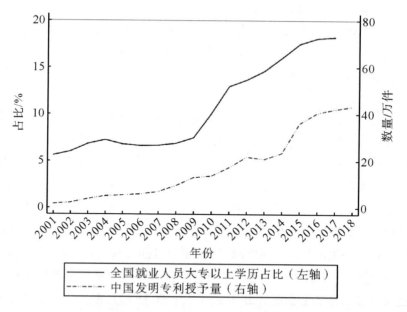

图 4-1　中国就业人员大专及以上学历占比和发明专利授予量

（数据来源：《中国统计年鉴》及 WIPO Statistics Database）

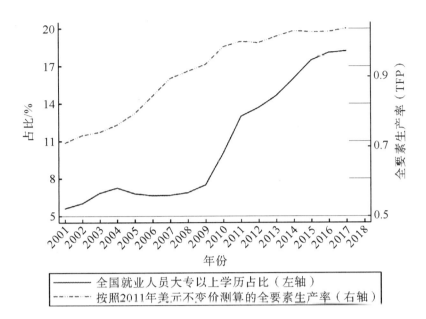

图 4-2　中国就业人员大专及以上学历占比与全要素生产率

（数据来源：《中国统计年鉴》和 PWT9.1 资料库）

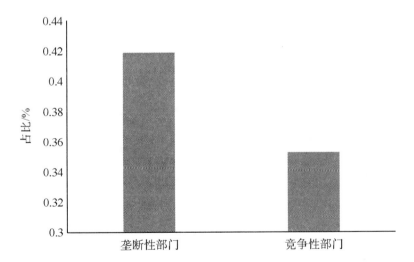

图 4-3　中国工业行业垄断性部门与竞争性部门的高学历就业人员占比

（数据来源：2004 年中国经济普查数据）

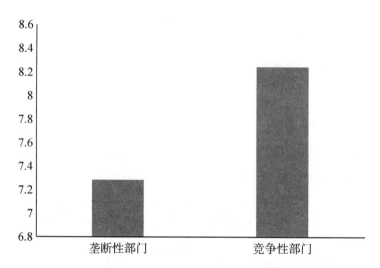

图 4-4　中国工业行业垄断性部门与竞争性部门的平均全要素生产率

（数据来源：2004 年中国经济普查数据）

第二节　研究脉络和理论框架

一、研究脉络

从研究脉络看，Schultz[1] 首次界定了人力资本这一概念，并将人力资本要素纳入经济增长理论体系；Lucas[2] 正式将人力资本作为等同于劳动、资本等的生产要素纳入生产函数中；Romer[3] 也认为人力资本是经济增长的源泉，但假定人力资本是外生的。此后，Aghion 和 Howitt[4] 进一步将人

① SCHULTZ T W. Investments in human capital [J]. American economic review, 1961, 51 (1): 1-17.

② LUCAS R. On the mechanics of economic development [J]. Journal of monetary economics, 1988, 22 (1): 3-42.

③ ROMER P M. Endogenous technological change [J]. Journal of political economy, 1990, 98 (5): 71-102.

④ AGHION P, HOWITT P. Endogenous growth theory [M]. Cambridge: The MIT Press, 1998.

力资本内生化，带来了人力资本研究热潮①。本章在借鉴相关文献基础上，测算并识别中国人力资本配置对区域创新和企业创新的异质性影响，主要涉及资源错配（resource misallocation）的相关研究。

经过十多年的发展，资源错配理论已经形成比较完整的基于微观基础解释宏观机制的理论体系②。作为资源错配领域开创性研究，Hsieh 和 Klenow③通过构建规模报酬不变的异质性企业垄断竞争模型，发现行业内企业全要素生产率离散度越大、导致资源错配越严重。在此基础上，Aoki④和 Brandt 等人⑤构建异质性多部门一般均衡框架测算了不同部门资源错配程度。皮得斯考察了企业异质性加成率导致的资源错配对经济绩效的影响⑥。此外，不少学者发现解雇税、失业保险、金融摩擦等都会造成不同程度的资源错配⑦。

尽管随着改革开放实践的深入推进，中国各方面的体制机制在不断健全完善，但仍然存在阻碍要素自由流动的障碍，导致一定程度的资源错配。中国资源错配的测度、后果及成因问题已经引起了国内外学者的广泛关注。研究者发现若中国制造业的资源配置效率能够达到美国的水平，其全要素生产率水平可以提高 30%~50%⑧，而且部门间资源错配程度要比地

① ACEMOGLU D, AUTOR D. What does human capital do? A review of Goldin and Katz's the race between education and technology [J]. Journal of economic literature, 2012, 50 (2): 426-463.

② RESTUCCIA D, ROGERSON R. Policy distortions aggregate productivity with heterogeneous establishments [J]. Review of economic dynamics, 2008, 11 (4): 707-720. HSIEH C T, KLENOW P J. Misallocation and manufacturing TFP in China and India [J]. Quarterly journal of economics, 2009, 124 (4): 1403-1448.

③ HSIEH C T, KLENOW P J. Misallocation and manufacturing TFP in China and India [J]. Quarterly journal of economics, 2009, 124 (4): 1403-1448.

④ AOKI S, 2012. A simple accounting framework for the effect of resource misallocation on aggregate productivity [J]. Journal of the Japanese and international economies, 2012, 26 (4): 473-494.

⑤ BRANDT L, TOMBE T, ZHU X. Factor market distortions across time, space and sectors in China [J]. Review of economic dynamics, 2013, 16: 39-58.

⑥ PETERS M. Heterogeneous markups, growth, and endogenous misallocation [J]. Econometrica, 2020, 88 (5): 2037-2073.

⑦ MIDRIGIN V, XU D Y. Finance and misallocation: Evidence from plant-level data [J]. American economic review, 2014, 104 (2): 422-458. ITSKHOKI O, MOLL B. Optimal development policies with financial frictions [J]. Econometrica, 2019, 87 (1): 139-173.

⑧ HSIEH C T, KLENOW P J. Misallocation and manufacturing TFP in China and India [J]. Quarterly journal of economics, 2009, 124 (4): 1403-1448.

区间严重①。在 Hsieh 和 Klenow② 的理论框架下，国内学者也对资源错配问题进行了相关研究，发现政治干预、贸易政策、借贷约束差异、高房价等因素造成中国资源错配③。近期越来越多的学者开始关注人力资本错配对经济增长的影响。例如，中国经济增长前沿课题组④发现中国生产性、非生产性部门之间存在的人力资本错配严重阻碍了中国经济增长。同样地，政府部门和企业间也存在严重的人力资本错配，由于更多的优质人力资本配置到公共部门、垄断部门，导致企业部门、竞争性部门优质人力资本不足，导致经济社会效率损失⑤。进一步地，谭莹和李昕⑥将技术进步纳入一般均衡框架，发现当公共部门平均工资水平为私人部门的 59% 时，才能获得经济社会的最优创新规模。李静等人⑦将在企业生产中存在的"高技术劳动力从事低技术性生产"定义为人力资本错配，构建了同时考虑研发投入和技术应用效率的增长模型，探求企业研发投入和技术应用效率均衡条件。

不难发现，上述文献从中国经验出发，探究了造成中国人力资本错配的诸多因素，并测度了人力资本错配造成的经济损失。在现有文献基础上，我们构建了两个部门人力资本配置静态理论框架，纳入部门间不稳定因素，借助 2004 年中国经济普查数据在地区层面上测算部门间人力资本错

① BRANDT L, TOMBE T, ZHU X. Factor market distortions across time, space and sectors in China [J]. Review of economic dynamics, 2013, 16: 39-58.

② HSIEH C T, KLENOW P J. Misallocation and manufacturing TFP in China and India [J]. Quarterly journal of economics, 2009, 124 (4): 1403-1448.

③ 朱喜，史清华，盖庆恩. 要素配置扭曲与农业全要素生产率 [J]. 经济研究，2011 (5)：86-98. 聂辉华，贾瑞雪. 中国制造业企业生产率与资源误置 [J]. 世界经济，2011 (7)：27-42. 龚关，胡关亮. 中国制造业资源配置效率与全要素生产率 [J]. 经济研究，2013 (4)：4-15. 周黎安，赵鹰妍，李力雄. 资源错配与政治周期 [J]. 金融研究，2013 (3)：15-29. 陈斌开，金箫，欧阳涤非. 住房价格、资源错配与中国工业企业生产率 [J]. 世界经济，2015 (4)：77-98. 钱学锋，毛海涛，徐小聪. 中国贸易利益评估的新框架：基于双重偏向型政策引致的资源误置视角 [J]. 中国社会科学，2018 (12)：83-108.

④ 中国经济增长前沿课题组. 中国经济增长的低效率冲击与减速治理 [J]. 经济研究，2014 (12)：4-17.

⑤ 李世刚，尹恒. 政府—企业间人才配置与经济增长：基于中国地级市数据的经验研究 [J]. 经济研究，2017 (4)：78-91. 纪雯雯，赖德胜. 人力资本配置与中国创新绩效 [J]. 经济学动态，2018 (11)：19-31.

⑥ 谭莹，李昕. 人才配置、创新与经济增长：理论与实证 [J]. 财贸研究，2019 (9)：29-42.

⑦ 李静，刘霞辉，楠玉. 提高企业技术应用效率加强人力资本建设 [J]. 中国社会科学，2019 (6)：63-84.

配程度，并使用城市和企业数据分别检验了人力资本配置对区域创新和企业创新的影响。与现有研究相比，本章在以下几个方面进行了拓展：首先，对造成人力资源错配成因研究进行了拓展。现有人力资本错配方面的研究，主要关注生产性部门（企业）、非生产性部门（政府部门）的错配①，较少关注引起人力资本错配因素的一般均衡模型。鉴于此，本章构建了更符合中国现实的、包含部门间不稳定因素的一般均衡模型，为分析中国人力资本错配问题提供新的理论框架。其次，科学识别了人力资本错配对经济创新发展的影响。本章在构建一般均衡理论框架基础上，实证检验了人力资本错配影响区域及企业创新的异质性效果，能为科学优化人力资本配置提供理论指导。

二、人力资本错配的理论框架

工业部门作为最为重要的生产性部门，工业行业内部各行业也面临不稳定性差异，人才会根据各行业的不稳定差异进行跨行业流动，这可能会造成人力资本错配。相对于垄断性部门，竞争性部门会面临较高的倒闭风险，不稳定因素更高。因此，我们引入部门不稳定风险因子，构建垄断性部门和竞争性部门的一般均衡理论框架，测算由于部门间不稳定因素导致的人力资本错配程度。

（一）模型设定

为简便计，假定竞争性部门面临倒闭风险的不稳定性因素，而垄断性部门不存在倒闭风险。

1. 经济体的基本设定

经济体中有 1 单位相同的风险厌恶的家户，每个家户有 H 单位熟练劳动力和 L 单位非熟练劳动力。中间品生产由 2 个部门实现，分别是竞争性部门和垄断性部门，每个部门中有 1 单位连续统（continuum）数量的企业②。最终品由两个部门的中间品加总得到，并且所有产品和要素的市场结构均为完全竞争。

---

① 中国经济增长前沿课题组.中国经济增长的低效率冲击与减速治理［J］.经济研究，2014（12）：4-17. 李世刚，尹恒.政府—企业间人才配置与经济增长：基于中国地级市数据的经验研究［J］.经济研究，2017（4）：78-91. 李静，楠玉，刘霞辉.中国经济稳增长难题：人力资本错配及其解决途径［J］.经济研究，2017（3）：18-31.

② 连续统（continuum）是一个数学概念，指连续不断的数集，它描述了像实数一样稠密、完备（无洞）的性质。

2. 家户设定

家户的效用函数如（4-1）式所示：

$$U = C \tag{4-1}$$

其中，家户需要在两个生产部门中进行工作选择，所有的工资收入都用作消费。

3. 生产部门设定

竞争性部门（M）容易受到外部环境的冲击，有 $1 - \delta$ 的可能性倒闭（$\delta < 1$），δ 主要由营商环境等外部因素决定。竞争性部门每个企业 i 使用非熟练劳动力 L 和熟练劳动力 H，生产函数如（4-2）式：

$$Y_{Mi} = A_M L_{Mi}^{\alpha_1} H_{Mi}^{1-\alpha_1} \tag{4-2}$$

其中，A_M 是竞争性部门企业的劳动生产率，每个企业都相同。H_{Mi} 是竞争性部门企业 i 所使用的人力资本数量。竞争性部门的产出由每个企业的产出进行不变替代弹性（constant elasticity of substitution）加总，如（4-3）式：

$$Y_M = \left(\int_0^1 Y_{Mi}^{\frac{\epsilon-1}{\epsilon}} 1(d=1) \, \mathrm{d}i \right)^{\frac{\epsilon}{\epsilon-1}}, \ \epsilon > 1 \tag{4-3}$$

$$1(d=1) \begin{cases} 1, & \text{企业存活，} d = 1 \\ 0, & \text{企业倒闭，} d = 0 \end{cases}$$

其中，$1(d=1)$ 为指示函数，企业存活时取值为 1，企业倒闭时取值为 0。

垄断性部门工作较为稳定，不受外部环境冲击。垄断性部门每个企业 i 的生产函数如（4-4）式：

$$Y_{Si} = A_S L_{Si}^{\alpha_2} H_{Si}^{1-\alpha_2} \tag{4-4}$$

其中，A_S 是垄断性部门企业的劳动生产率，每个企业都相同，且 $A_S < A_M$。垄断性部门相比竞争性部门更加人力资本密集，$\alpha_2 < \alpha_1$。H_{Si} 是竞争性部门企业 i 所使用的人力资本数量。垄断性部门的产出由每个企业的产出进行不变替代弹性加总，如（4-5）式：

$$Y_S = \left(\int_0^1 Y_{Si}^{\frac{\epsilon-1}{\epsilon}} \, \mathrm{d}i \right)^{\frac{\epsilon}{\epsilon-1}}, \ \epsilon > 1 \tag{4-5}$$

两个部门的产出再经过不变替代弹性（CES）加总得到总产出，如（4-6）式：

$$Y = \left(Y_M^{\frac{\sigma-1}{\sigma}} + Y_S^{\frac{\sigma-1}{\sigma}} \right)^{\frac{\sigma}{\sigma-1}}, \ \sigma > 1 \tag{4-6}$$

其中，σ 为替代弹性。

（二）模型求解

记竞争性部门企业的非熟练劳动力工资为 w_{ML}，熟练劳动力工资为 w_{MH}，垄断性部门企业的非熟练劳动力工资为 w_L，熟练劳动力工资为 w_H。家户在两个部门工作的期望收入无差异，如（4-7）式所示：

$$\delta\, w_{ML} = w_L\,,\ \delta\, w_{MH} = w_H \tag{4-7}$$

其中，这里得到一个工资楔子 δ。这个楔子的经济学直觉是，由于存在倒闭风险，如果家户从事较高风险的职业，需要企业承诺一个更高的收入，其确定性等价即为无风险部门的收入。

通过（4-7）式，由两个部门生产函数的一阶条件得到

$$\frac{H_{Mi}}{L_{Mi}} = \frac{w_L}{w_H}\frac{1-\alpha_1}{\alpha_1}$$

$$\frac{H_{Si}}{L_{Si}} = \frac{w_L}{w_H}\frac{1-\alpha_2}{\alpha_2} \tag{4-8}$$

通过（4-7）式，也可以获得 α_1 和 α_2 的表达式。

根据生产的完全竞争，得到两个部门企业的产品价格，分别如下：

$$p_{Si} = \frac{w_{SL}^{\alpha_2}\, w_{SH}^{1-\alpha_2}}{A_S\, \alpha_2^{\alpha_2}\,(1-\alpha_2)^{1-\alpha_2}}\,,\ p_{Mi} = \frac{w_L^{\alpha_2}\, w_H^{1-\alpha_2}}{\delta\, A_M\, \alpha_1^{\alpha_1}\,(1-\alpha_1)^{1-\alpha_1}}$$

此时记 $\mu_1 = \alpha_1^{\alpha_1}(1-\alpha_1)^{1-\alpha_1}$，$\mu_2 = \alpha_2^{\alpha_2}(1-\alpha_2)^{1-\alpha_2}$。

由于每个部门中的企业都对称，根据大数定律，我们得到竞争性部门有 δ 连续统的企业存活，竞争性部门实际的产出如（4-9）式：

$$Y_M = (\delta Y_{Mi})^{\frac{\epsilon-1}{\epsilon}}\frac{\epsilon}{\epsilon-1}\,,\ \epsilon > 1 \tag{4-9}$$

由价格的不变替代弹性加总，我们得到竞争性部门总产出的价格，如（4-10）式：

$$P_M = \left(\int_0^1 p_{Mi}^{1-\epsilon} 1(d=1)\, \mathrm{d}i\right)^{\frac{1}{1-\epsilon}} = \delta^{-\frac{\epsilon}{\epsilon-1}}\frac{w_L^{\alpha_1}\, w_H^{1-\alpha_1}}{A_M\, \mu_1} \tag{4-10}$$

其中，$\delta^{\frac{\epsilon}{1-\epsilon}}$ 是由于企业数量下降导致分工程度降低带来的负外部性。

同理得到，垄断性部门总产出的价格由 1 单位对称的企业价格按照 CES 加总得到，如（4-11）式：

$$P_S = \left(\int_0^1 p_{Si}^{1-\epsilon}\mathrm{d}i\right)^{\frac{1}{1-\epsilon}} = \frac{w_L^{\alpha_2}\, w_H^{1-\alpha_2}}{A_S\, \mu_2} \tag{4-11}$$

由总产出的一阶条件得到竞争性部门和垄断性部门在产出和价格上的关系，如（4-12）式：

$$\frac{Y_M}{Y_S} = \left(\frac{P_M}{P_S}\right)^{-\sigma} = \delta^{\frac{\epsilon}{\epsilon-1}\sigma} \left[\frac{A_S \mu_2}{A_M \mu_1} \left(\frac{w_H}{w_L}\right)^{\alpha_2-\alpha_1}\right]^{-\sigma} \tag{4-12}$$

$$\delta^{\frac{\epsilon}{\epsilon-1}} = \left(\frac{P_M Y_M}{P_S Y_S}\right)^{\frac{1}{\sigma-1}} \frac{A_S \mu_2}{A_M \mu_1} \left(\frac{w_H}{w_L}\right)^{\alpha_2-\alpha_1}$$

进一步，我们得到竞争性部门和垄断性部门人力资本数量和技术的关系，如（4-13）式：

$$\frac{Y_{Mi}}{Y_{Si}} = \frac{A_M \left(\dfrac{\alpha_1}{1-\alpha_1}\dfrac{w_H}{w_L}\right)^{\alpha_1} H_{Mi}}{A_S \left(\dfrac{\alpha_2}{1-\alpha_2}\dfrac{w_H}{w_L}\right)^{\alpha_2} H_{Si}}$$

$$\frac{H_M}{H_S} = \delta \frac{H_{Mi}}{H_{Si}} = \delta^{\frac{\epsilon}{\epsilon-1}\sigma - \frac{1}{\epsilon-1}} \left[\frac{A_S \mu_2}{A_M \mu_1} \left(\frac{w_H}{w_L}\right)^{\alpha_2-\alpha_1}\right]^{1-\sigma} \frac{1-\alpha_1}{1-\alpha_2} \tag{4-13}$$

当倒闭风险等不稳定因素导致人力资本配置扭曲时，根据（4-13）式，可以获得人力资本错配程度：

$$HCM = \delta^{\frac{\epsilon}{\epsilon-1}\sigma - \frac{1}{\epsilon-1}} = \frac{H_M}{H_S} \Big/ \left\{\left[\frac{A_S \mu_2}{A_M \mu_1} \left(\frac{w_H}{w_L}\right)^{\alpha_2-\alpha_1}\right]^{1-\sigma} \frac{1-\alpha_1}{1-\alpha_2}\right\} \tag{4-14}$$

其中，$\alpha_1 = \dfrac{w_L w_H}{w_L w_H + H_M L_M}$ 和 $\alpha_2 = \dfrac{w_L w_H}{w_L w_H + H_S L_S}$ 分别为竞争性部门和垄断性部门的劳动力弹性。此公式意味着由于竞争性部门的不稳定性（倒闭风险的负外部性）带来人力资本配置扭曲，造成部门间人力资本错配，造成经济效率损失。

由（4-3）、（4-4）、（4-6）和（4-13）式可获得社会总体劳动生产率，如（4-15）式：

$$A = \frac{Y}{H} = \left[\left(\frac{Y_M}{H}\right)^{\frac{\sigma-1}{\sigma}} + \left(\frac{Y_S}{H}\right)^{\frac{\sigma-1}{\sigma}}\right]^{\frac{\sigma}{\sigma-1}} = \left\{\left(\delta^{\frac{\epsilon}{\epsilon-1}} A_M s_M\right)^{\frac{\sigma-1}{\sigma}} + \left[A_S(1-s_M)\right\}^{\frac{\sigma-1}{\sigma}}\right)^{\frac{\sigma}{\sigma-1}} \tag{4-15}$$

其中，$s_M = \dfrac{H_M}{H_M + H_S}$，即竞争性部门中人力资本占总人力资本的份额。由于工资楔子的存在，将劳动生产率较高的竞争性部门的人力资本转移到了劳动生产率较低的垄断性部门。另外，竞争性部门倒闭的负外部性也导致总劳动生产率降低。如果相对于竞争性部门，垄断性部门工作稳定程度上升，由家户的风险厌恶，将造成更高的工资楔子，进而带来更大的人力资本错配，使得平均劳动生产率下降。

在最优情况下，$\delta = 1$，不存在倒闭风险等不稳定因素，总劳动生产率如下：

$$A^* = \{(A_M s_M^*)^{\frac{\sigma-1}{\sigma}} + [A_S(1 - s_M^*)]^{\frac{\sigma-1}{\sigma}}\}^{\frac{\sigma}{\sigma-1}}$$

其中，$s_M^* = \dfrac{s_M}{\delta^{\frac{\epsilon}{\epsilon-1}\sigma - \frac{1}{\epsilon-1}}(1 - s_M)}$。相比之下，没有企业倒闭风险时，劳动生产率较高的竞争性部门获得了较大的人力资本份额，且不存在负外部性损失。

在竞争性部门，由于存在倒闭风险等不确定性因素，全社会总体劳动生产率的相对损失度为 $1 - D$，其中 $D = \dfrac{A}{A^*}$。由于人力资本被完全利用，可以得到两种状态下总产出的比就是劳动生产率的比，即 $D = \dfrac{A}{A^*}$ 的。当 D 越靠近 1，人力资本错配程度越低，实际的全要素生产率（TFP）越趋近最优水平；当 D 越靠近 0，人力资本错配程度越严重，全要素生产率的损失度越高。

三、人力资本配置与创新驱动发展的理论假说

（一）人力资本配置对创新驱动发展的影响分析

首先，研究国家间或地区间人均收入差距是经济学界长期关注的重要问题。从 20 世纪 60 年代 Schultz[①] 将人力资本视作一种同资本、劳动力一样的生产要素，到 20 世纪 80 年代内生增长理论的代表——Lucas[②] 的人力资本增长模型（该模型认为经济最优增长率取决于人力资本增长率），人力资本皆被认为是影响国家或地区间人均收入长期差距的决定性因素。其次，资源错配理论认为，在传统经济学定义的完美竞争经济中，因不存在阻碍生产要素自由流动的摩擦，所有生产要素可以完全自由流动，此时资

---

① SCHULTZ T W. Investments in human capital [J]. American economic review, 1961, 51 (1)：1-17.

② LUCAS R. On the mechanics of economic development [J]. Journal of monetary economics, 1988, 22 (1)：3-42.

源配置达到帕累托最优状态，能够实现全社会经济效率最高①。而当经济中存在阻碍生产要素自由流动的摩擦时，要素市场发生扭曲，使资源从全要素生产率高的部门流向全要素生产率低的部门，导致资源配置状况偏离帕累托最优状态，进而造成全社会效率损失。人力资本作为重要的生产要素之一，其配置状况会直接影响全社会经济效率②。简言之，优化人力资本配置状况，提高全要素生产率水平，是实现经济高质量增长的关键路径之一。最后，创新驱动发展战略是新时代中国实现经济高质量发展的战略之一。优化创新要素的空间配置，提升区域创新水平是推动创新驱动发展战略、实现区域经济创新发展的关键路径。而提升区域科技创新水平的关键在于人力资本的积累及配置状况。区域人力资本积累的提升和人力资本配置状况优化，能够加快该区域技术、知识等创新要素集聚，释放并发挥自主创新能力，提升区域科技创新水平，进而推动区域产业结构合理化和高级化的演进。

基于上述分析，提出理论假说1：在其他条件不变的前提下，一个地方的人力资本错配程度越高，越不利于该地区经济创新发展，即优化人力资本配置会提升区域创新水平。

（二）人力资本配置对经济创新发展的异质性分析

在区域层面上，中国各地区在要素禀赋、经济发展、社会条件、开放程度等方面存在显著差异。这会影响人力资本跨区域流动的方向和规模，可能会使更多高水平人力资本从经济发展和社会环境相对较弱的中西部内陆地区逐渐流入到经济发展和社会环境较好的东部沿海地区，导致东部沿海地区出现人力资本冗余现象。1999年推行的高等教育扩张政策迅速提升了高水平人力资本存量的绝对规模和相对增速③，但每年数百万大学毕业生的就业却表现出"东部沿海城市热"和"国有部门热"的地域倾向性和部门倾向性，导致这些地域和部门出现严重的人力资本冗余，进而导致区域间人力资本错配，降低了人力资本创新性活动的比例，阻碍了经济创新发展。进一步拓展到微观企业层面上，企业所在地区的经济基础、社会条

① HSIEH C T, KLENOW P J. Misallocation and manufacturing TFP in China and India [J]. Quarterly journal of economics, 2009, 124 (4): 1403-1448.

② BANDYOPADHYAY D, KING I, TANG X. Human capital misallocation, redistributive policies, and TFP [J]. Journal of macroeconomics, 2019, 60: 309-324.

③ 邢春冰, 李实. 扩招"大跃进"、教育机会与大学毕业生就业 [J]. 经济学 (季刊), 2011 (4): 1187-1208.

件等综合因素通过影响人力资本流入的规模和增速，出现人力资本冗余导致企业创新活动比例下降的现象。此外，城市人力资本错配程度对不同类型的企业创新水平的影响会存在差异。众所周知，相对国有企业，非国有企业倒闭风险更高、相对劳动报酬和福利待遇更低，但当企业其所在地区人力资本冗余，可能会导致非国有企业人力资本创新效率下降更快。

因此，提出理论假说2：人力资本错配对城市创新水平可能存在区域异质性、经济开放程度异质性、区域垄断势力的异质性，即在东部地区开放程度高、垄断程度高的城市，人力资本错配对创新水平阻碍作用更大。

理论假说3：人力资本错配对企业创新水平可能存在地区异质性、所有制异质性，即人力资本错配更大程度上降低了东部地区的非国有企业创新水平。

第三节　数据介绍与基本描述

一、数据介绍

本章主要探讨各地区（城市层面）工业行业内的人力资本错配程度与区域创新发展的关系。考虑到数据的可得性，我们主要使用以下几个数据集：①2004年中国经济普查数据；②中国城市经济活动数据；③中国专利数据库；④中国工业企业数据库与中国专利数据库匹配处理。[①]

（一）2004年中国经济普查数据

囿于数据可得性，本章使用的企业数据来源于国家统计局建立的2004年中国经济普查企业数据库[②]，其中包括规模以上工业企业大约27.9万家和规模以下工业企业大约117万家，统计了2004年所有中国境内企业的基本信息、财务报表信息和生产销售信息。鉴于该数据库存在指标缺失以及变量定义混乱等缺陷，我们参考Brandt等人[③]的做法，按照以下规则剔除

---

①　本章及后文使用数据均未含港、澳、台数据，以下不再做特殊说明。

②　2004年中国经济普查数据虽然相隔时间较久，但能够帮助我们讨论一般性的经济规律，且后续的2008年和2013年经济普查未提供微观数据（仅公开汇总结果）。

③　BRANDT L, BIESEBROECK J V, ZHANG Y. Creative accounting or creative destruction? Firm-level productivity growth in Chinese manufacturing [J]. Journal of development economics, 2012, 97 (2): 339-351.

异常样本：①资产总额小于流动资产总额，或小于固定资产总额；②主营业务收入、资产总额或者职工人数缺失。最终根据需要选取与本研究相关的工业总产值、就业人数、就业人员受教育水平等相关变量。

（二）城市经济活动数据

本章使用的城市经济活动数据来源于 2004 年《中国城市统计年鉴》，统计了 2004 年中国各地级市经济活动数据。我们按照研究需要选取了外商直接投资、财政收入、第二产业增加值、第三产业增加值等相关经济变量。

（三）中国专利数据库

本章所使用的专利数据来源于国家知识产权局，该数据库详细记录了每条专利的专利名称、专利号、申请时间、专利申请人姓名、申请地址等基本信息，其中 1985—2016 年申请的发明专利、实用新型专利、外观设计专利三类专利总和超过 1 700 万条记录。我们基于研究需要选取了 2004 年 7 万余条工业专利数据。

（四）中国工业企业数据库与中国专利数据库匹配处理

我们借鉴 He 等人①的方法，利用企业名称，对中国工业企业数据库与中国专利数据库进行匹配，构建中国工业企业专利数据（Chinese Patent Data Project）。考虑到本章在微观企业层面主要检验 2004 年人力资本错配程度对企业创新的影响，同时考虑到工业企业创新行为一般发生在规模以上企业，综合这两方面因素，我们最终利用 2004 年中国经济普查中规模以上工业企业与中国专利数据库进行匹配。通过对专利与企业名称的匹配、检查与确认，在 2004 年匹配上的专利数量为 68 841 个，全部专利对应 276 474 家工业企业。

二、人力资本错配程度估算

（一）参数设定与行业划分

基于上文构建的理论模型，估算各地区人力资本错配需要以下步骤：首先，借鉴 Hsieh 和 Klenow②的做法，设定 σ 和 ϵ 为 3。其次，我们将高中

① HE Z L, TONG T W, ZHANG Y et al. Construction of a database linking SIPO patents to firms in China's annual survey of industrial enterprises 1998–2009 [R]. Working Paper, 2016.

② HSIEH C T, KLENOW P J. Misallocation and manufacturing TFP in China and India [J]. Quarterly journal of economics, 2009, 124 (4): 1403–1448.

及以上设定为高教育水平，低于高中水平为低教育水平，根据美国北卡罗来纳大学教堂山分校中国研究中心公布的 2004 年"中国健康与营养调查"（China Health and Nutrition Survey，简称 CHNS）数据库，测算出高教育水平工人平均工资与低教育水平工人工资之比约为 5∶1。然后，借鉴纪雯雯和赖德胜①的做法，按照行政垄断力量干预程度不同将生产性行业划分为垄断生产行业部门和竞争生产行业部门（以下简称"垄断性部门"和"竞争性部门"）。我们采用生产性部门内各行业的国有企业就业人数和国有部门增加值衡量生产性部门内各行业的行政垄断力量干预程度。所以，我们根据 2004 年中国经济普查数据，按照《国民经济行业分类（GB/T 4754-2002）》② 对 39 个二位码行业分别按照行业内国有企业劳动就业占比、国有企业工业总产值占比排名进行部门分类，将其划分为竞争性部门和垄断性部门，具体参考表 4-1。

表 4-1　39 个二位码工业行业划分情况

行业名称	劳动就业占比排名	工业总产值占比排名	部门分类
家具制造业	1	2	竞争性部门
皮革、毛皮、羽毛（绒）及其制品业	2	4	竞争性部门
工艺品及其他制造业	3	3	竞争性部门
文教体育用品制造业	4	6	竞争性部门
废弃资源和废旧材料回收加工业	5	5	竞争性部门
其他采矿业	6	1	竞争性部门
纺织服装、鞋、帽制造业	7	7	竞争性部门
塑料制品业	8	8	竞争性部门
金属制品业	9	12	竞争性部门
通信设备、计算机及其他电子设备制造业	10	9	竞争性部门
电气机械及器材制造业	11	11	竞争性部门
造纸及纸制品业	12	13	竞争性部门

---

① 纪雯雯，赖德胜．人力资本配置与中国创新绩效［J］．经济学动态，2018（11）：19-31.
② 由于采用的是 2004 年中国经济普查数据，故使用当时有效的标准文件，即《国民经济行业分类（GB/T 4754-2002）》。

表4-1(续)

行业名称	劳动就业占比排名	工业总产值占比排名	部门分类
木材加工及木、竹、藤、棕、草制品业	13	10	竞争性部门
非金属矿物制品业	14	17	竞争性部门
农副食品加工业	15	16	竞争性部门
食品制造业	16	18	竞争性部门
橡胶制品业	17	19	竞争性部门
纺织业	18	14	竞争性部门
仪器仪表及文化、办公用机械制造业	19	15	竞争性部门
通用设备制造业	20	21	竞争性部门
医药制造业	21	23	垄断性部门
饮料制造业①	22	22	垄断性部门
非金属矿采选业	23	24	垄断性部门
印刷业和记录媒介复制业	24	25	垄断性部门
化学原料及化学制品制造业	25	26	垄断性部门
化学纤维制造业	26	20	垄断性部门
石油加工、炼焦及核燃料加工业	27	31	垄断性部门
专用设备制造业	28	27	垄断性部门
黑色金属矿采选业	29	30	垄断性部门
交通运输设备制造业	30	29	垄断性部门
有色金属冶炼及压延加工业	31	28	垄断性部门
有色金属矿采选业	32	32	垄断性部门
黑色金属冶炼及压延加工业	33	33	垄断性部门
煤炭开采和洗选业	34	36	垄断性部门
燃气的生产和供应业	35	35	垄断性部门
石油和天然气开采业	36	34	垄断性部门

---

① 由于数据等其他问题，饮料制造业劳动就业占比和工业总产值占比都排在第22位次，故将其划定为垄断性部门。

表4-1(续)

行业名称	劳动就业 占比排名	工业总产值 占比排名	部门分类
电力、热力的生产和供应业	37	38	垄断性部门
水的生产和供应业	38	37	垄断性部门
烟草制品业	39	39	垄断性部门

（二）测算结果分析

根据公式（4-14），我们测算出各个区域的人力资本错配程度。为更直观反映各省份的人力资本错配程度，我们绘制图4-5。由图可知，2004年广东省在31个省（自治区、直辖市）中人力资本错配程度最高，甘肃省的人力资本错配程度最低。进一步地，我们绘制了2004年东、中、西部地区的人力资本错配程度（图4-6所示），发现东部地区的人力资本错配程度高于西部地区，西部地区的人力资本错配程度高于中部地区。换言之，人力资本错配呈现出东部地区高于西部地区、中部地区，东部沿海省份高于内陆省份的基本格局。

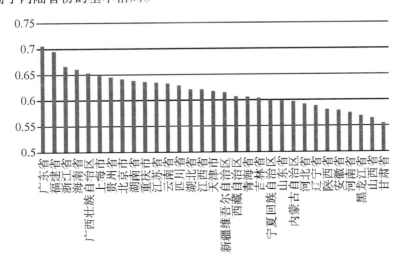

图4-5　2004年中国各省份人力资本错配程度

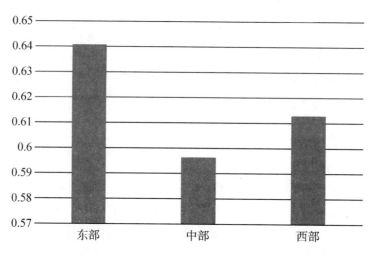

图 4-6　2004 年东、中、西部地区人力资本错配程度

　　造成这种局面的原因可能是：一方面，各地区对人才的吸引程度不同，东部地区在经济、文化等方面优于中西部地区，使得大量人力资本由中西部地区流向东部地区，造成东部地区出现人力资本冗余，而西部地区则存在人力资本匮乏；另一方面，可能与各地区的行业稳定性有关，东部地区吸引了大量人力资本，但由于行业存在不稳定因素，从中西部吸引过来的人力资本更多流入到垄断性部门。简言之，地区和行业特性都会影响人力资本跨地区、跨行业的配置状况。那么，人力资本错配程度差异会对创新驱动发展产生怎样的影响？这是我们接下来要探讨的话题。

第四节　人力资本配置与创新驱动发展的实证检验

　　我们根据公式（4-13），核算了 2004 年各地级市的人力资本错配程度。在此基础上，本节首先在城市层面检验人力资本错配对区域创新水平的异质性影响，其次在微观企业层面检验人力资本错配对企业创新的影响机理。

一、城市层面的实证分析

　　构建的基准计量模型如下：

$$\text{citypatent}_i = \beta_0 + \beta_1 \text{misallocation}_i + Z_i \gamma + \eta_i + \varepsilon_i \qquad (4\text{-}16)$$

其中，采用城市专利申请总量及发明专利、实用新型专利和外观设计专利三类专利申请总量代表城市的创新发展水平。具体地，被解释变量 citypatent$_i$ 表示城市创新水平，它是由城市 i 在 2004 年的专利申请数量加 1 后取自然对数，也即发明专利、实用新型专利和外观设计专利三类专利申请数量总和加 1 后取自然对数。核心解释变量 misallocation$_i$ 表示城市 i 的人力资本错配程度，是根据公式(4-15)测算而得。系数 β_1 即我们所关注的城市人力资本错配程度对区域创新的作用效果，若其显著小于 0，则说明人力资本错配能显著降低城市的专利申请数量，即人力资本错配程度会降低城市的创新水平。Z_i 表示城市层面的控制变量，我们控制了城市的经济发展水平，用城市 GDP① 取自然对数 lngdp 替代；城市的产业结构，用各城市第三产业与第二产业增加值的比 indstr 替代；城市教育水平，用每万人高校在校生人数 ustud 以及每万人中学老师人数 mteacher 替代；城市基础设施状况，用该城市人均公路客运量取对数 passengerhiway 替代；城市开放程度，用该城市外商直接投资取对数 fdi 替代；城市财政支出能力，用该城市财政支出占该地区国内生产总值比 fiscexp 替代。我们还用 η_i 代表城市固定效应，以控制不随时间变化、可能会影响企业创新水平的特征。ε_i 为稳健标准误。

（一）基准分析

表 4-2 显示了城市人力资本错配对城市创新水平的基准回归结果。其中，列（1）和列（2）报告了以城市三类专利申请总量为被解释变量的回归结果，结果显示无论是否加入控制变量，城市人力资本错配程度都不显著，表明在平均意义上城市人力资本错配并不会影响城市三类专利的申请数。进一步地，我们分别检验城市人力资本错配对发明专利、实用新型专利及外观设计专利的影响，故在列（3）至列（8）分别报告了以城市发明专利申请数量、实用新型专利申请数量和外观设计专利申请数量为被解释变量的回归结果。列（3）和列（4）显示，不论是否加入控制变量，人力资本错配对城市发明专利申请数有负作用，表明在平均意义上人力资本错配显著降低了城市的发明专利申请数量。同样地，列（5）和列（6）表明，人力资本错配的回归系数显著为负，意味着人力资本错配也会显著降低城市的实用新型专利申请数量。对其他控制变量而言，列（2）、列（4）、列（6）、列（8）的结果显示，当地的经济发展水平提高，高校在校生人数增加，外商直接投资都会提高三类专利、发明专利、实用新型专利及外观设计专利的申请数量。简言之，当地经济发展水平提升、人力资

---

① GDP（Gross Domestic Product）指国内生产总值。此处为了后续计算变量指代便利，用城市 GDP 代指城市的生产总值。

本积累增加以及开放程度加大，都会提高当地的创新水平。综合来讲，人力资本错配主要阻碍了当地发明专利和实用新型专利的申请数，而对外观设计专利的申请数没有显著影响，这在一定程度上可以说明人力资本错配阻碍了城市创新水平的提升。

表4-2　城市人力资本错配与区域创新水平的基准回归

变量	三类专利		发明专利		实用新型专利		外观设计专利	
	（1）	（2）	（3）	（4）	（5）	（6）	（7）	（8）
人力资本错配	-1.319 0	-0.525 0	-2.255 5 *	-1.809 3 **	-2.173 5 *	-1.215 1 *	2.607 3	2.156 3
	(1.299)	(0.679)	(1.206)	(0.793)	(1.121)	(0.627)	(1.583)	(1.505)
城市 GDP 取对数		1.137 9 ***		1.169 4 ***		1.083 1 ***		1.360 8 ***
		(0.076)		(0.075)		(0.059)		(0.105)
城市的产业结构		-0.125 2 ***		-0.256 6 ***		-0.087 4 *		-0.272 7 ***
		(0.039)		(0.061)		(0.048)		(0.085)
每万人高校在校生人数		0.155 0 ***		0.258 1 ***		0.161 6 ***		0.058 2
		(0.044)		(0.053)		(0.042)		(0.074)
每万人中学老师人数		0.591 4 *		0.528 9		1.333 7 ***		-0.639 3
		(0.348)		(0.399)		(0.315)		(0.557)
城市人均公路客运量取对数		-0.045 9		-0.156 5 *		-0.075 1		0.072 7
		(0.080)		(0.089)		(0.071)		(0.125)
城市外商直接投资取对数		0.788 2 **		0.947 1 **		0.456 1		1.378 0 **
		(0.345)		(0.472)		(0.373)		(0.658)
城市财政支出占比		0.159 5		0.235 8		0.162 0		-0.004 2
		(0.131)		(0.143)		(0.113)		(0.200)
地区固定效应	否	是	否	是	否	是	否	是
样本量	326	284	326	284	326	284	326	284
调整的 R^2	0.512	0.877	0.291	0.845	0.477	0.887	0.446	0.789

注：括号内为稳健标准误；*** 表示 $p<0.01$，** 表示 $p<0.05$，* 表示 $p<0.1$。

（二）异质性分析

我们从三个方面检验城市人力资本错配对城市创新水平的异质性效应。

第一，区域异质性。考虑到东部地区的人力资本错配程度高于西部地区、西部地区的人力资本错配程度高于中部地区，那么不同区域的城市人力资本错配对城市创新水平的影响可能也存在差异，为此我们将全样本分为东部地区、中部地区及西部地区重新考察。对于东部地区，表4-3列（1）至列（4）的结果显示，城市人力资本错配阻碍了发明专利和实用新型专利的申请数，但却提高了外观设计专利的申请数；对于中部地区，表4-3列（5）至列（8）的结果表明人力资本错配阻碍了发明专利的申请数；对于西部地区，表4-3列（9）至列（12）显示人力资本错配对该区域的四种类型专利的申请数影响均不显著。综上，我们发现人力资本错配对创新水平确实存在区域异质性影响。

表 4-3 城市人力资本错配与区域创新水平的地区异质性

变量	东部地区				中部地区				西部地区			
	(1)	(2)	(3)	(4)	(5)	(6)	(7)	(8)	(9)	(10)	(11)	(12)
	三种专利	发明专利	实用新型专利	外观设计专利	三种专利	发明专利	实用新型专利	外观设计专利	三种专利	发明专利	实用新型专利	外观设计专利
人力资本错配	-0.9433 (1.646)	-2.6030** (1.226)	-2.6737* (1.487)	5.0472* (2.150)	-0.8615 (0.805)	-2.0507* (1.193)	-1.2325 (0.803)	2.1465 (1.644)	-0.7830 (2.691)	-1.7916 (4.728)	-0.4472 (2.874)	1.9701 (3.447)
控制变量	控制	控制	控制	控制	控制	控制	控制	控制	控制	控制	控制	控制
地区效应	是	是	是	是	是	是	是	是	是	是	是	是
样本量	113	113	113	113	108	108	103	108	63	63	63	63
调整的 R^2	0.816	0.868	0.847	0.771	0.857	0.801	0.854	0.569	0.856	0.736	0.860	0.736

注: 括号内为稳健标准误; *** 表示 $p < 0.01$, ** 表示 $p < 0.05$, * 表示 $p < 0.1$; 控制变量与括城市的经济发展水平, 城市产业结构, 城市教育水平, 城市基础设施状况, 城市开放程度, 城市财政支出能力等。表 4-4、表 4-5 和表 4-6 同。

第二，不同地区由于开放程度存在差异，与之对应的营商环境也会存在差异，我们按照外商直接投资（FDI）的高低将城市分为高开放程度和低开放程度。表4-4显示了城市人力资本错配与区域创新水平的经济开放程度异质性的回归结果，表明仅在高开放程度的城市，人力资本错配阻碍了区域创新水平提高，而在低开放程度城市并没有显著影响。

表4-4　城市人力资本错配与区域创新水平的经济开放程度异质性

变量	三种专利		发明专利		实用新型专利		外观设计专利	
	（1）	（2）	（3）	（4）	（5）	（6）	（7）	（8）
	高开放	低开放	高开放	低开放	高开放	低开放	高开放	低开放
人力资本错配	-0.638 6 (1.253)	-0.500 5 (0.835)	-3.981 8** (1.546)	-0.348 3 (1.115)	-1.651 6 (1.040)	-0.592 2 (0.847)	4.785 2 (5.101)	1.299 0 (1.513)
控制变量	控制	控制	控制	控制	控制	控制	控制	控制
地区效应	是	是	是	是	是	是	是	是
样本量	139	145	139	145	139	145	139	145
调整的 R^2	0.911	0.704	0.894	0.630	0.921	0.777	0.845	0.504

第三，垄断势力的异质性。各个城市的国有企业占比差异也可能会影响区域的创新水平，所以我们按照各地区国有经济的占比大小将全部城市划分为高垄断势力和低垄断势力。表4-5显示了城市人力资本错配与区域创新水平的垄断势力异质性回归结果。结果显示，对于发明专利和实用新型专利而言，垄断程度高的城市人力资本错配会阻碍区域创新水平提高。

表4-5　城市人力资本错配与区域创新水平的垄断势力异质性

变量	三种专利		发明专利		实用新型专利		外观设计专利	
	（1）	（2）	（3）	（4）	（5）	（6）	（7）	（8）
	高垄断	低垄断	高垄断	低垄断	高垄断	低垄断	高垄断	低垄断
人力资本错配	-0.306 1 (0.818)	-0.382 8 (1.226)	-1.815 7* (1.037)	-1.678 7 (1.649)	-1.541 1* (0.784)	-0.281 4 (1.165)	4.626 2*** (1.290)	4.337 8** (2.083)
控制变量	控制	控制	控制	控制	控制	控制	控制	控制
地区效应	是	是	是	是	是	是	是	是
样本量	152	123	152	123	151	122	148	118
调整的 R^2	0.907	0.760	0.867	0.636	0.903	0.824	0.851	0.507

（三）稳健性检验

为确保基准回归结果的稳健性，我们分别做了以下检验。一是替换创新水平指标。用城市劳动生产率替换城市创新水平指标。由表4-6列（1）可知，人力资本错配的回归系数在10%的统计学意义上显著为负，表明城市人力资本错配阻碍了城市创新水平提高。二是删除样本。考虑到行政级别、经济发展程度等差异，直辖市及省会城市相对于地级市的创新水平可能也会有差异，故表4-6中列（2）至列（5）分别删除了直辖市、省会城市样本重新进行检验，结果与表4-2的基本结论一致。综上，城市层面的回归结果是基本稳健的。

表4-6　城市人力资本错配与区域创新水平的稳健性检验

变量	（1）	（2）	（3）	（4）	（5）
	劳动生产率	三种专利	发明专利	实用新型专利	外观设计专利
人力资本错配	-0.534 6* (0.287)	-0.543 4 (0.631)	-1.789 1** (0.799)	-1.056 4* (0.602)	3.441 4*** (1.130)
控制变量	控制	控制	控制	控制	控制
地区效应	是	是	是	是	是
样本量	344	279	279	279	279
调整的 R^2	0.555	0.885	0.830	0.896	0.775

二、企业层面的实证分析

为进一步考察人力资本错配对创新发展的影响，接下来我们在微观企业层面进行实证检验，评估人力资本错配对企业创新的影响效果。

基准计量模型设置如下：

$$firmpatent_i = \beta_0 + \beta_1 misallocation_i + Z_i\gamma + X_iv + \eta_p + u_c + \varepsilon_i$$

$$(4-17)$$

我们采用企业专利申请总量及发明专利、实用新型专利和外观设计专利三类专利申请总量代表企业的创新水平。具体地，被解释变量 $firmpatent_i$ 表示企业 i 在 2004 年的专利申请数量加 1 后取自然对数。核心解释变量 $misallocation_i$ 表示企业 i 所属城市的人力资本错配程度，它是根据公式（4-15）测算而得。系数 β_1 即我们关注的城市人力资本错配程度对企业创新的作用效果，若其显著小于 0，则说明人力资本错配能显著降低企业的专利申请数量，即人力资本错配程度会降低企业创新水平。Z_i 表示企业层面的控制变量，我们控制了企业的年龄，用开业年份 2004 加 1 后取自然对数 lnage；企业规模，用企业总资产加 1 后取自然对数；企业所有制形式，own 是虚拟变量 own＝1 表示国有企业，own＝0 表示其他企业；企业利润率，用主营业务收入与总利润的比 tprofit_ r。X_i 表示城市层面的控制变量，我们还控制了城市的经济发展水平，用城市 GDP 取自然对数 lngdp 替代；城市的产业结构，用各城市第三产业与第二产业增加值的比 indstr 替代；城市基础设施状况，用该城市人均公路客运量取对数 passengerhiway 替代；城市开放程度，用该城市外商直接投资取对数 fdi 替代。我们还引入 η_i 城市固定效应和 u_c 四分位行业固定效应，用来控制不随时间变化的各城市及所在行业可能会影响企业创新水平的特征。ε_i 为稳健标准误。

（一）企业层面的基准回归

表 4-7 显示了人力资本错配对企业创新影响的基准回归结果。列（2）至列（8）分别报告了以企业发明专利申请数量、实用新型专利申请数量和外观设计专利申请数量为被解释变量的回归结果。列（2）和列（5）结果显示，不论加入控制变量与否，人力资本错配对企业发明专利申请数皆有负作用，表明在平均意义上人力资本错配显著降低了企业发明专利申请数量。同样地，列（3）和列（6）显示，人力资本错配的回归系数显著为负，意味着人力资本错配也会显著降低企业实用新型专利申请数量。综合而言，人力资本错配主要阻碍了企业的发明专利和实用新型专利的申请数量，这在一定程度上说明了人力资本错配会阻碍企业创新水平的提升。

表 4-7　人力资本错配对企业创新影响的基准回归

变量	（1）	（2）	（3）	（4）	（5）	（6）	（7）	（8）
	三种专利	发明专利	实用新型专利	外观设计专利	三种专利	发明专利	实用新型专利	外观设计专利
人力资本错配	-0.015 4 (0.011)	-0.017 4*** (0.005)	-0.016 1** (0.007)	0.021 8*** (0.007)	-0.026 2** (0.012)	-0.011 8** (0.006)	-0.023 3*** (0.008)	0.008 2 (0.008)
企业年龄					0.001 9*** (0.001)	0.000 4 (0.000)	0.001 6*** (0.000)	0.000 4 (0.000)
企业规模					0.031 8*** (0.001)	0.010 4*** (0.000)	0.016 5*** (0.000)	0.012 8*** (0.000)
企业所有制					-0.002 2 (0.002)	0.002 8** (0.001)	0.000 5 (0.002)	-0.005 6*** (0.001)

表4-7(续)

变量	(1)	(2)	(3)	(4)	(5)	(6)	(7)	(8)
	三种专利	发明专利	实用新型专利	外观设计专利	三种专利	发明专利	实用新型专利	外观设计专利
企业利润率					0.028 3*** (0.002)	0.011 2*** (0.001)	0.015 5*** (0.001)	0.009 7*** (0.001)
城市GDP取自然对数					0.002 2** (0.001)	0.001 4*** (0.000)	0.000 5 (0.001)	0.000 5 (0.001)
城市外商直接投资取对数					0.021 3*** (0.006)	0.000 0 (0.002)	0.010 2*** (0.004)	0.020 2*** (0.004)
城市产业结构					−0.000 5 (0.001)	0.000 3 (0.001)	−0.000 6 (0.001)	−0.000 2 (0.001)
城市基础设施					−0.004 5*** (0.001)	−0.001 6*** (0.000)	−0.002 6*** (0.001)	−0.002 0*** (0.001)
地区效应	是	是	是	是	是	是	是	是
行业效应	是	是	是	是	是	是	是	是
样本量	271 824	271 824	271 824	271 824	252 923	252 923	252 923	252 923
调整的 R^2	0.035	0.021	0.029	0.025	0.062	0.034	0.047	0.035

(二)异质性分析

我们从地区异质性、所有制异质性两个方面检验了人力资本错配影响企业创新的异质性效应。

第一,地区异质性。不同地区由于基础设施建设、医疗卫生和教育等条件差异会影响人力资本流动,因此,我们按照企业所在地划分为东部地区、中部地区、西部地区,并重新检验人力资本错配对企业创新的影响。表4-8列(1)至列(12)的结果显示,对东部地区企业而言,人力资本错配对企业的三种专利、发明专利、实用新型专利的申请数均在5%和1%的统计意义上显著为负;对中部地区和西部地区而言,表4-8列(5)至列(12)显示人力资本错配对企业的三种专利、发明专利、实用新型专利和外观设计专利申请数并没有影响。

表 4-8 人力资本错配对企业创新影响的区域异质性

变量	东部地区				中部地区				西部地区			
	(1)	(2)	(3)	(4)	(5)	(6)	(7)	(8)	(9)	(10)	(11)	(12)
	三种专利	发明专利	实用新型专利	外观设计专利	三种专利	发明专利	实用新型专利	外观设计专利	三种专利	发明专利	实用新型专利	外观设计专利
人力资本错配	-0.039 2** (0.016)	-0.016 9** (0.007)	-0.033 9*** (0.011)	0.004 8 (0.010)	-0.002 8 (0.020)	-0.003 4 (0.010)	-0.008 5 (0.014)	0.016 6 (0.011)	0.018 4 (0.056)	0.039 7 (0.030)	-0.000 9 (0.030)	0.009 5 (0.039)
控制变量	控制	控制	控制	控制	控制	控制	控制	控制	控制	控制	控制	控制
地区效应	是	是	是	是	是	是	是	是	是	是	是	是
行业效应	是	是	是	是	是	是	是	是	是	是	是	是
样本量	196 548	196 548	196 548	196 548	39 964	39 964	39 964	39 964	16 363	16 363	16 363	16 363
调整的 R^2	0.062	0.035	0.046	0.034	0.073	0.038	0.065	0.045	0.088	0.055	0.071	0.055

注：括号内为稳健标准误；*** 表示 $p < 0.01$，** 表示 $p < 0.05$，* 表示 $p < 0.1$；控制变量包括企业的年龄、企业规模、企业所有制形式、企业利润率，以及城市的经济发展水平、城市的产业结构、城市基础设施状况、城市开放程度等。表 4-9 同。

第二，所有制异质性。众所周知，相较于非国有企业，国有企业的倒闭风险和不稳定性更低。对企业而言，其自身的所有者性质会影响城市人力资本错配程度对企业创新水平的影响。表4-9汇报了人力资本错配对企业创新的所有制异质性回归结果。由表4-9可知，人力资本错配不会显著影响国有企业的创新水平，但会降低民营企业和外资企业创新水平。综上，人力资本错配对企业创新的影响存在地区异质性和所有制异质性，证明假说3成立。

表4-9　人力资本错配对企业创新影响的所有制异质性

变量	国有企业				非国有企业			
	(1)	(2)	(3)	(4)	(5)	(6)	(7)	(8)
	三种专利	发明专利	实用新型专利	外观设计专利	三种专利	发明专利	实用新型专利	外观设计专利
人力资本错配	0.024 2 (0.041)	0.030 0 (0.022)	-0.007 6 (0.033)	0.016 1 (0.019)	-0.031 6** (0.012)	-0.015 8*** (0.006)	-0.024 2*** (0.008)	0.006 3 (0.008)
控制变量	控制	控制	控制	控制	控制	控制	控制	控制
地区效应	是	是	是	是	是	是	是	是
行业效应	是	是	是	是	是	是	是	是
样本量	17 424	17 424	17 424	17 424	235 474	235 474	235 474	235 474
调整的 R^2	0.092	0.062	0.077	0.061	0.063	0.034	0.047	0.035

第五节　主要结论和政策启示

创新作为引领发展的第一动力，是建设现代化经济体系的战略支撑。人力资本配置作为影响创新的重要因素，对培育经济持续增长的创新动力至关重要。鉴于此，我们将人力资本面临部门间不稳定性引发的扭曲纳入到一般均衡静态模型中，使用2004年中国经济普查数据在地区和部门层面核算了人力资本错配的程度，并在模型估算基础上，分别从地区和微观企业层面探究了人力资本错配对创新水平的影响。实证结果显示，在地区层面上，城市人力资本错配会降低该城市发明专利和实用新型专利的申请数，且城市人力资本错配对城市创新水平的影响存在地区异质性、城市开放程度异质性和垄断程度异质性；在微观企业层面上，人力资本错配会降低企业发明专利和实用新型专利的申请数，而且人力资本错配对企业创新的影响也存在地区异质性和所有制异质性。

　　基于本章的研究发现，可以得出如下政策启示。一是进一步扩大中西部地区的高等教育规模，努力提高中西部地区教育质量，加大中西部地区人才引进力度。比如，加大人才安家费的补贴力度，解决人才子女上学问题等。二是进一步加大中西部地区的开放程度，持续打造市场化、法治化、国际化营商环境，为引进人才和培育创新土壤创造良好基础条件。三是加大对竞争性部门的扶持力度。为了将更多更优质的人力资本引入高生产效率的竞争性部门，可以对竞争性部门人才采取适当补贴，提高在岗职工福利待遇，降低竞争性部门的就业风险。

第五章　智能替代与企业人力资本配置

第一节　智能替代与劳动力市场变革

人工智能（AI）是引领新一轮科技革命和产业变革的战略性技术，具有溢出带动性很强的"头雁"效应。目前，人工智能被广泛运用于工业生产、智能健康管理、智能医疗设备、智能配送、智能家居等领域，正深刻改变着人们的生产生活。为抢抓人工智能发展战略机遇，世界各国在加紧构筑先发优势。例如，美国为确保其在人工智能领域的领先地位，2019年6月发布了《国家人工智能研发战略规划：2019年更新版》，将人工智能列为政府研发的重点，并明确了联邦政府投资的重点领域。中国政府也非常重视发展人工智能，陆续印发了《促进新一代人工智能产业发展三年行动计划（2018—2020）》等政策文件。

国际机器人联合会发布的《2020年世界机器人报告》显示，2020年世界各地工厂中运行的工业机器人已达270万台，中国是全球规模最大、增长最快的机器人市场。工业机器人的大规模运用，对车间生产模式、企业管理和劳动者收入等都会带来不同程度的影响。例如，人工智能等劳动替代型技术的广泛应用，能提高企业生产效率、降低生产成本、稳定产品质量。就中国而言，人工智能替代劳动力（下文简称智能替代）在制造业体现得最明显，突出表现为"机器换人"。2012年，浙江率先提出"机器换人"发展战略。上海、广东等地也相继出台类似政策。在政策推动下，越来越多的企业制定智能替代计划并付诸实施。

本质上，智能替代是采用机器等自动化手段来替代人类简单、重复性的劳动，目的是通过降低单位成本来提高产品质量和数量，同时也在一定程度上缓解人口老龄化背景下劳动力供给不足问题。一般而言，采用智能替代的工作场所可以解放劳动者的时间和精力，使其专注于更高价值的任务或创造新的任务。比如，工业机器人的应用能克服高温、高辐射等恶劣环境对生产活动的影响，能够减少人力投入，保障劳动安全。总之，智能化替代技术进步给整个经济社会的生产方式、消费模式等带来了深刻变革，并对劳动力市场产生了一系列影响，也引起了社会各界的广泛关注。目前，学术界关于智能化替代技术进步对劳动力市场影响的研究，主要集中在劳动就业与收入方面，以及所引致的人力资本结构调整。

从智能替代与劳动就业来看，已有不少机构和研究者密切关注这方面的发展态势。例如，世界经济论坛研究报告显示，全球约有80%的企业高管正在推进工作流程数字化，50%的雇主希望加快实现企业部分岗位的自动化，到2025年，自动化和人机之间全新的劳动分工将颠覆全球15个行业中的8 500万个工作岗位[①]。贺丹[②]认为人工智能将加剧劳动力市场的结构性矛盾，使得劳动力市场存在"招工难、就业难"并存的局面，并深刻影响社会保障制度。孔高文等人[③]发现，机器人应用规模扩大会显著降低本地未来一年的劳动力就业水平，尤其是易被机器替代的行业的就业水平。王永钦和董雯[④]使用中国行业机器人应用数据和制造业上市公司微观数据，发现机器人应用会对企业的劳动力需求产生一定的替代效应，工业机器人渗透度每增加1%，企业的劳动力需求将下降0.18%，而且还会通过产业链对上下游企业劳动力需求产生影响。余玲铮等人[⑤]也认为以工业机器人为载体的新技术日益接手以往由人工执行的任务，将改变劳动力市场的技能需求和工资分配方式。值得重视的是，新冠病毒感染疫情导致的经济衰退和不断加速的自动化将促使劳动力市场的变革速度远超预期。例如，都阳[⑥]认为新型冠状病毒感染对中国经济和劳动力市场已经产生严重

---

① WORLD ECONOMIC FORUM. The future of jobs report 2020 [R]. Geneva, 2020.

② 贺丹. 人工智能对劳动就业的影响 [J]. 上海交通大学学报（哲学社会科学版），2020 (4)：23-26.

③ 孔高文，刘莎莎，孔东民. 机器人与就业：基于行业与地区异质性的探索性分析 [J]. 中国工业经济，2020 (8)：80-98.

④ 王永钦，董雯. 机器人的兴起如何影响中国劳动力市场？：来自制造业上市公司的证据 [J]. 经济研究，2020 (10)：159-175.

⑤ 余玲铮，魏下海，孙中伟，等. 工业机器人、工作任务与非常规能力溢价：来自制造业"企业—工人"匹配调查的证据 [J]. 管理世界，2021 (1)：47-59.

⑥ 都阳. 新冠病毒肺炎"大流行"下的劳动力市场反应与政策 [J]. 劳动经济研究，2020 (2)：3-21.

冲击，突出表现为城镇调查失业率的飙升，劳动力市场政策应从以往致力于治理结构性失业转向应对周期性失业。

就智能替代与劳动收入而言，已有文献研究主要集中在两方面：一是探讨其对劳动收入份额的影响，二是探讨其对劳动收入水平的影响。例如，有学者基于 2006—2017 年中国省级面板数据，发现人工智能对劳动收入份额具有显著的抑制作用①。理论上，智能替代对异质性劳动者会产生不同替代效应，在提升劳动生产率的同时，也会改变劳动工资的分配过程，从而加剧收入不平等。大约在二十年前，就有学者指出，工作场所计算机化程度的加深，会加剧收入不平等②。基于中国企业数据的研究也发现，"机器换人"可以显著提升高技能工人的收入水平，对低技能工人没有显著影响，从而扩大高技能工人与低技能工人的收入差距③。机器人的使用促进了工资率和劳动生产率增长，但工资增长速度低于劳动生产率的增长速度，从而导致劳动收入份额下降，只有当机器人与人力资本匹配时，才能更好地促进劳动者工资水平提升和劳动生产率增长④。而且，智能化替代技术是一种要素扩展型技术，对劳动收入份额的影响取决于资本和劳动的替代弹性。研究者发现，人工智能可以促进生产要素在产业部门间流动，流动方向取决于不同产业部门在人工智能产出弹性和人工智能与传统生产方式的替代弹性上的差别，如果资本密集型产业扩张，制造业的劳动收入份额就会下降，反之亦然⑤。

综观文献，可知大部分研究者认为智能替代会加剧劳动力市场变革，而将研究视角转向劳动者收入水平时，研究者基于不同的样本数据得到了不尽一致的结论。例如，Acemoglu 和 Restrepo 认为替代效应会导致劳动力需求和均衡工资率下降，他们通过分析工业机器人使用量增加对美国劳动力市场的影响，发现在每千名工人中增加一台机器人，工人工资将降低

　　① 芦婷婷，祝志勇. 人工智能是否会降低劳动收入份额：基于固定效应模型和面板分位数模型的检验 [J]. 山西财经大学学报，2021（11）：29-41.

　　② AUTOR D，LEVY F，MURNANE J. The skill content of recent technological change：An empirical exploration [J]. Quarterly journal of economics，2003，118（4）：1279-1333.

　　③ 张桂金，张东. "机器换人"对工人工资影响的异质性效应：基于中国的经验 [J]. 学术论坛，2019（5）：18-25.

　　④ 余玲铮，魏下海，吴春秀. 机器人对劳动收入份额的影响研究：来自企业调查的微观证据 [J]. 中国人口科学，2019（4）：114-125.

　　⑤ 郭凯明. 人工智能发展、产业结构转型升级与劳动收入份额变动 [J]. 管理世界，2019（7）：60-77.

0.25%~0.5%①。与之相对，中国学者基于佛山市南海区的调研，发现企业生产线升级能给工人带来 12.8% 的工资增长②。基于中国电商平台的研究也表明，人工智能应用显著提高了电商从业人员的收入，人工智能还带动了电商销售额总量和销售额同比增长率③。总体来看，在易被机器人取代的行业内，随着机器人应用规模的扩大，行业内的平均工资水平也随之有所增加④。当然，也有学者基于制造业上市公司数据，认为机器人应用对企业的工资水平没有明显影响⑤。我们认为，这样的结论一方面跟样本选择有关，特别是当工业机器人渗透度还不高、企业仍处于机器人引入初级阶段、员工与机器之间还存在磨合时，可能会得出影响不显著的结论；另一方面，研究对象如果是上市公司，企业的工资制度相对完善，工资调整刚性也可能导致机器人应用对工资水平没有显著影响。总之，如果从更长的时间跨度看，关于智能替代的长期影响的研究结论可能会与现有研究有所不同。

第二节　智能替代引发的企业人力资源流动

一、数据介绍

本章运用 2017—2019 年青岛市 3 000 户企业用工调查数据，实证分析智能替代对企业人力资本配置的影响，因为从企业微观层面而言，智能替代对劳动力市场带来的系列影响，往往是通过企业人力资本结构调整来实现的。本章的学术创新点主要体现在两方面：一是使用连续 3 年的企业用工调查数据，既有助于弥补现有文献使用宏观数据或单个年份微观数据的

① ACEMOGLU D, RESTREPO P. Artificial intelligence, automation and work [R]. NBER Working Papers, No. 24196, 2018.

② 魏下海, 曹晖, 吴春秀. 生产线升级与企业内性别工资差距的收敛 [J]. 经济研究, 2018 (2): 156-169.

③ 吴清军, 陈轩, 王非, 等. 人工智能是否会带来大规模失业?: 基于电商平台人工智能技术、经济效益与就业的测算 [J]. 山东社会科学, 2019 (3): 73-80.

④ 孔高文, 刘莎莎, 孔东民. 机器人与就业: 基于行业与地区异质性的探索性分析 [J]. 中国工业经济, 2020 (8): 80-98.

⑤ 王永钦, 董雯. 机器人的兴起如何影响中国劳动力市场?: 来自制造业上市公司的证据 [J]. 经济研究, 2020 (10): 159-175.

不足，也便于观察智能替代对企业人力资本配置的影响过程及机制；二是青岛拥有34 000多家工业企业，是中国重要的工业基地，在青岛开展企业用工调查不仅能满足基本的研究需要，也具有代表性，能反映智能替代的基本特征及趋势。

青岛市3 000户企业用工调查数据，系青岛市人力资源和社会保障局采用概率比例规模抽样调查（PPS）技术，对青岛市国民经济19个行业和10个区（市）的企业进行随机抽样调查所得。该调查从2017年至2019年连续开展了三轮。调查时，抽取的企业数量实际上多于3 000户，2017年抽取了3 053户、2018年抽取了3 060户、2019年抽取了3 008户。调查内容包括企业智能替代人工情况、员工工资收入水平、企业用工需求状况、企业经营情况等。表5-1直观展示了样本企业在国民经济各行业的具体分布情况。可以看出，样本中抽取的制造业企业占了将近一半，这跟青岛是中国重要的工业基地密切相关。

表5-1　样本企业在国民经济各行业的分布情况

国民经济行业	2017年		2018年		2019年	
	企业数量/户	占比/%	企业数量/户	占比/%	企业数量/户	占比/%
农林牧渔业	26	0.85	14	0.46	11	0.37
采矿业	3	0.10	3	0.10	4	0.13
制造业	1 506	49.33	1 528	49.93	1 461	48.57
电力、热力、燃气及水生产和供应业	41	1.34	41	1.34	33	1.10
建筑业	243	7.96	239	7.81	235	7.81
批发和零售业	371	12.15	345	11.27	378	12.57
交通运输、仓储和邮政业	110	3.60	117	3.82	120	3.99
住宿和餐饮业	90	2.95	94	3.07	87	2.89
信息传输、软件和信息技术服务业	51	1.67	62	2.03	67	2.23
金融业	34	1.11	33	1.08	30	1.00
房地产业	50	1.64	55	1.80	47	1.56
租赁和商务服务业	167	5.47	189	6.18	197	6.55

表5-1(续)

国民经济行业	2017 年		2018 年		2019 年	
	企业数量/户	占比/%	企业数量/户	占比/%	企业数量/户	占比/%
科学研究和技术服务业	65	2.13	68	2.22	73	2.43
水利、环境和公共设施管理业	35	1.15	31	1.01	30	1.00
居民服务、修理和其他服务业	185	6.06	178	5.82	167	5.55
教育	29	0.95	24	0.78	27	0.90
卫生和社会工作	15	0.49	11	0.36	13	0.43
文化、体育和娱乐业	31	1.02	26	0.85	26	0.86
公共管理、社会保障和社会组织	1	0.03	2	0.07	2	0.07
合计	3 053	100.00	3 060	100	3 008	100

数据来源：根据"青岛市 3 000 户企业用工调查"数据整理测算。

二、样本企业智能替代情况

统计分析显示，2017—2019 年青岛市 3 000 户调查样本企业中，进行过智能替代人工的企业分别为 182 户、286 户和 298 户，呈逐年增加趋势，进行过智能替代人工的企业占调查样本企业的比重也在逐步提升，从 2017 年 5.96%提高到 2019 年 9.91%（见表 5-2）。尽管青岛市企业目前尚未大面积铺开智能替代人工，但其扩大趋势已经很明显。作为智能化改造主战场的制造业，其智能化改造程度要高于其他行业，2019 年的调查样本中，青岛市进行智能化改造的制造业企业有 238 户，占调查样本 1 461 户制造业企业的 16.29%。企业在进行智能替代人工后，替代人员的流向主要有补充原招工不足、培训转岗等。

表 5-2　青岛被调查企业智能替代人工情况

调查年份	调查企业/户	采用人工智能企业/户	采用人口智能企业占比/%	替代人数/人
2017	3 053	182	5.96	4 198
2018	3 060	286	9.35	8 707

表5-2(续)

调查年份	调查企业/户	采用人工智能企业/户	采用人口智能企业占比/%	替代人数/人
2019	3 008	298	9.91	8 903

数据来源：根据"青岛市 3 000 户企业用工调查"数据整理测算。

从智能替代人工的规模看，2017—2019 年的调查数据显示，智能替代人工已替代的总人数从 2017 年 4 198 人上升到 2019 年 8 903 人，增加了一倍多；采取智能替代人工的企业数则从 2017 年 182 户上升到 2019 年 298 户，增加了 63.74%。尽管数据显示智能替代人工规模将进一步扩大，但并不是所有计划采取智能替代的企业都能够将计划付诸实践。三期数据对比分析表明，在追踪样本中，有 37 家企业在 2018 年预计进行智能替代，但在 2019 年并未采取智能替代，说明智能替代计划难以如期付诸实践，这可能跟企业技术条件、资金投入等多方面的因素限制有关。

三、样本企业人力资源流动情况

智能替代可能对企业人力资源流动产生重要影响。一方面，智能替代程度的加深可能导致企业降低对低技能劳动力的需求，以及低技能员工离职率上升；另一方面，智能替代也可能导致企业提高生产率、扩大生产规模、增强企业活力，增加对专业技术人员和技能人才的需求，甚至企业人员流转加快，人员招聘和减少数量均有可能增加。企业人力资源流动情况可以通过员工新进率、员工离职率、净人力资源流动率来衡量。具体计算公式如下：

$$员工新进率 = \frac{本期新增员工人数}{(期初员工人数 + 期末员工人数)/2} \times 100\%$$

$$员工离职率 = \frac{本期减少员工人数}{(期初员工人数 + 本期新增员工人数)} \times 100\%$$

$$员工净流动率 = \frac{本期新增和减少员工人数之和}{(期初员工人数 + 期末员工人数)/2} \times 100\%$$

按照上述公式，可以计算企业的人力资源流动情况。从表 5-3 的结果可以看出：①从均值来看，在净人力资源流动率方面，进行过智能替代的企业小于未进行智能替代的企业，但变动都比较小；在员工新进率方面，进行过智能替代的企业与未进行智能替代的企业相差不大；在员工离职率方面，进行过智能替代的企业（9.16%）要高于未进行智能替代的企业（7.96%）。②T检验结果显示，这两类企业在净人力资源流动率和员工新进率方面并没有显著差异，但在员工离职率方面表现出显著差异，进行过智能替代的企业离职率较高。③分行业来看，智能替代人工最多的行业是制造业，约占智能代替人工总样本量的80%，这两类企业的员工离职率的差异主要体现在制造业，进行过智能替代的制造业员工离职率更高，非制造业中这两类企业在人力资源流动率方面无明显差异。

表5-3　智能替代与企业人力资源流动率

样本	人力资源流动	进行过智能替代/%	未进行智能替代/%	T检验值
全样本	员工净流动率	-0.32	0.82	1.189 6
	员工新进率	10.47	10.74	-0.285 2
	员工离职率	9.16	7.96	-2.076 2
制造业	员工净流动率	0.66	0.44	0.283 4
	员工新进率	9.5	11.26	-1.397 6
	员工离职率	8.03	6.64	-2.343 1
非制造业	员工净流动率	-0.33	0.89	1.952 6
	员工新进率	9.5	11.26	0.846 9
	员工离职率	9.9	7.72	-1.737 4

接下来，我们结合调查问卷将企业经营状况分为向好、持平、下滑三类，分析企业经营状况、智能替代和预计减员率、预计增员率的关系。由表5-4可知：①从均值来看，在经营状况向好和持平的企业中，进行过智能替代的企业预计增员率大于未进行过智能替代的企业，但在经营状况持平的制造企业中，进行过智能替代的制造业企业预计增员率小于未进行过智能替代的制造业企业；在经营状况下滑的企业中，进行过智能替代的企业预计增员率小于未进行过智能替代的企业。而且，经营状况较好的企业减员率较低，总体变化相对较小。②T检验结果显示，总体上，进行过智能替代的企业与未进行过智能替代的企业在预计增员率和预计减员率上没有显著差异，但不同行业和经营状况下存在一定差异。在经营状况向好的制造业中，进行过智能替代的企业的预计增员率显著大于未进行过智能替代的企业的预计增员率，其余情况并无显著差异。这说明经营状况向好的

制造业企业中,智能替代可能会提高企业生产率,从而增加对员工的需求。

表 5-4　智能替代与企业预计减员率、预计增员率

样本	经营状况	预计员工增减情况	进行过智能替代人工/%	未进行智能替代人工/%	T 检验值
全样本	向好	预计增员率	12.21	9.3	−1.607
		预计减员率	0.11	0.12	0.110 2
	持平	预计增员率	8.02	7.69	−0.123 5
		预计减员率	0.13	0.12	−0.064 2
	下滑	预计增员率	5.87	6.84	0.525 8
		预计减员率	0.61	0.57	−0.059 1
制造业	向好	预计增员率	12.53	8.98	−2.181 8
		预计减员率	0.04	0.09	0.373 6
	持平	预计增员率	7.29	8.05	0.351 6
		预计减员率	0.15	0.2	0.251 9
	下滑	预计增员率	6.22	7.11	0.416 8
		预计减员率	0.56	0.52	−0.057 8
非制造业	向好	预计增员率	11.25	9.52	−0.431 3
		预计减员率	0.3	0.13	−0.571 2
	持平	预计增员率	11.17	7.43	−0.522 6
		预计减员率	0	0.04	0.330 4
	下滑	预计增员率	4.09	6.45	0.577 7
		预计减员率	0.86	0.65	−0.140 7

第三节　企业人力资本配置状况的变化

第二节的分析表明,智能替代会对企业人力资源流动产生重要影响,进行过智能替代的企业离职率相对较高,且在制造业企业表现得更为明显。在经营状况向好的制造业中,智能替代还会提高企业生产率,从而可能增加对技能型员工的需求。这些变化无疑会引致企业人力资本配置状况的变化。为进一步深入考察企业在进行智能替代后,其人力资本结构是如何变动的,我们以 2017—2019 年青岛市 3 000 户企业用工调查数据为依托,构建实证模型进行分析。

一、实证模型设定

我们主要从三个方面考察企业人力资本变动：一是企业人力资本水平，二是人力资源流动率，包括员工新进率、员工离职率、员工净流动率，三是企业未来的招聘计划和减员计划。企业人力资本水平用企业员工的平均受教育年限来表征，各学历层次的受教育年限分别计为：博士学历22年、硕士学历19年、本科学历16年、专科学历15年、其他人员折算为11年受教育年限（主要是高中学历和部分初中学历），然后以相应学历的就业人数比重加权计算得出企业员工的平均受教育年限。员工新进率、员工离职率和员工净流动率的计算方法同上文。

当被解释变量为人力资本水平和人力资源流动率时，被解释变量为连续变量，采用混合最小二乘法进行回归分析，实证模型为

$$HC_{it} = \beta_0 + \beta_1 AI_{it} + \beta_j control_{it} + \mu_i$$

当被解释变量为企业未来的招聘计划和减员计划时，被解释变量为二值变量（1表示企业未来有招聘计划/企业未来有减员计划，0表示企业未来没有招聘/企业未来没有减员计划）。我们采用Probit回归模型进行分析，实证模型为

$$prob(y_{it} = 1) = \beta_0 + \beta_1 AI_{it} + \beta_j control_{it} + \mu_i$$

其中，变量的下表 i 表示企业，下标 t 表示调查年份。解释变量为AI，表示企业智能替代人工情况，AI=1表示企业进行过智能替代人工，AI=0表示企业未采用智能替代人工。控制变量包括是否为规模以上企业、员工规模、工资水平、经营状况，并对员工规模和工资水平取自然对数，同时，在回归分析中加入了企业所属行业、行政区域、经济类型、调查年份的固定效应[①]。我们关注的是智能替代的系数 β_1，表示智能替代人工对企业人力资本的影响。

二、基准回归结果

表5-5列示了的智能替代对企业人力资本变动影响的基准回归结果。列（1）和列（2）汇报了智能替代对企业人力资本水平的影响，结果显示

---

① 上文分析表明，进行过和未进行过智能替代人工的企业之间，其本期招聘/减员情况和未来招聘/减员计划之间存在一定的差异，但这种差异可能是由于企业经营状况、企业规模、所处行业等因素造成的。鉴于此，实证分析时尽可能控制这些因素的影响。

企业采用智能替代人工能够显著提升企业人力资本水平。列（3）至列（5）汇报了智能替代对企业人力资源流动情况的影响，结果表明，智能替代对企业员工新进率和员工净流动率影响并不显著，但对员工离职率有正向影响，并在10%的显著性水平下显著。列（6）、列（7）分别描述了智能替代对企业未来招聘计划和减员计划的影响，结果显示，采用智能替代人工的企业在未来一段时期招聘员工和减少员工的可能性都更大，说明智能替代会加速企业内部人力资本结构调整。

表5-5　智能替代与企业人力资本变动基准回归结果

变量	(1) 企业人力资本	(2) 企业人力资本	(3) 企业员工新进率	(4) 企业员工离职率	(5) 企业员工净流动率	(6) 企业未来招聘计划	(7) 企业未来减员计划
智能替代	0.763 ***	0.569 **	0.003	0.006 *	−0.003	0.260 ***	0.287 ***
	(0.243)	(0.233)	(0.007)	(0.003)	(0.006)	(0.055)	(0.098)
是否为规上企业		0.602 ***	−0.006	−0.001	−0.005	0.037	−0.087
		(0.112)	(0.005)	(0.003)	(0.005)	(0.039)	(0.080)
员工规模		−0.684 ***	0.010 ***	0.002	0.009 ***	0.233 ***	0.067 **
		(0.066)	(0.002)	(0.001)	(0.002)	(0.016)	(0.031)
工资水平		0.580 ***	0.003	−0.002	0.004	0.030	0.008
		(0.071)	(0.004)	(0.002)	(0.004)	(0.033)	(0.051)
经营状况：向好		−0.341 ***	0.043 ***	−0.027 ***	0.075 ***	0.885 ***	−0.565 ***
		(0.103)	(0.008)	(0.004)	(0.008)	(0.054)	(0.087)
经营状况：持平		−0.237 ***	0.014 **	−0.026 ***	0.047 ***	−0.271 ***	−0.637 ***
		(0.087)	(0.007)	(0.003)	(0.008)	(0.047)	(0.075)
固定效应		是	是	是	是	是	是
样本量	6 047	6 047	7 209	7 208	7 229	8 414	8 837
R^2	0.004	0.099	0.030	0.039	0.034	0.188	0.070

注：括号内为稳健标准误；企业经营状况分为向好、持平、下滑三类，表中以"下滑"作为参照基准（下滑赋值为0，持平赋值为1，向好赋值为2）；*** 表示 $p<0.01$，** 表示 $p<0.05$，* 表示 $p<0.1$。

此外，企业经营状况对企业人力资本变动也有显著影响，比如经营状况向好对员工新进率和未来招聘员工概率有显著正向影响，同时显著降低企业现期与未来减员的可能性。

三、稳健性检验和拓展分析

（一）稳健性检验

我们主要采用替换变量方法进行稳健性检验。一是使用企业本科及以上学历员工人数占比来衡量企业的人力资本水平，二是在分析智能替代对未来招聘计划和减员计划的影响时，使用企业未来智能替代人工计划衡量智能替代情况。基于替换变量法的稳健性检验结果如表5-6所示，稳健性估计中的控制变量和固定效应同基准回归保持一致。从回归结果可以看出，替换变量后，基本的实证结论依然稳健，即智能替代能够提升企业人力资本水平，并对企业未来招聘计划和减员计划有显著正向影响，从而有助于优化企业内部人力资本结构。

表5-6　稳健性估计结果

变量	企业人力资本	企业未来招聘计划	企业未来减员计划
智能替代	0.056** (0.029)	0.655*** (0.071)	0.414*** (0.111)
控制变量	控制	控制	控制
固定效应	是	是	是
样本量	4 941	8 414	8 837
R^2	0.072	0.193	0.073

注：括号内为稳健标准误；*** 表示 $p<0.01$，** 表示 $p<0.05$，* 表示 $p<0.1$。

（二）拓展分析

智能替代后，企业人力资本提升突出体现在企业内部人力资本结构上，即企业员工学历层次提升和企业内部岗位结构变化。为深入分析智能替代对企业减员的岗位类别和学历层次的影响，我们用"不同岗位/学历层次的减员人数"除以"本期减员人数"来定义相应的岗位类别或学历层次减员比例。根据问卷数据，我们将企业员工按照岗位类型划分为管理人员、专业技术人员、一般技工、普通员工等四大类别，将企业员工按照学历层次划分为博士、硕士、本科、专科、高中及以下学历。控制变量的选择和固定效应同上文保持一致，混合最小二乘法回归结果如表5-7所示。

表 5-7　智能替代与企业内部人力资本结构变化

变量	按岗位类别减员占比				按学历层次减员占比				
	(1) 管理人员	(2) 专业技术人员	(3) 一般技工	(4) 普通员工	(5) 博士学历	(6) 硕士学历	(7) 本科学历	(8) 专科学历	(9) 高中及以下
智能替代	-0.008 (0.009)	-0.028*** (0.008)	0.021** (0.010)	0.015 (0.015)	-0.000 (0.001)	-0.005*** (0.002)	-0.030*** (0.008)	0.025* (0.015)	0.029* (0.017)
控制变量	控制	控制	控制	控制	控制	控制	控制	控制	控制
固定效应	是	是	是	是	是	是	是	是	是
样本量	5 424	5 424	5 424	5 427	5 422	5 421	5 420	5 423	5 444
R^2	0.050	0.141	0.060	0.125	0.008	0.081	0.150	0.122	0.409

注：括号内为稳健标准误；*** 表示 $p < 0.01$，** 表示 $p < 0.05$，* 表示 $p < 0.1$。

从岗位类别看，智能替代会促使企业更加重视专业技术人员的使用，对管理人员和普通员工类岗位影响不显著。这是因为，智能替代产生的一个重要背景，是填补劳动力不足、将劳动者从繁重的重复型工作任务中解放出来，进而降低企业对低层次劳动用工的需求、提升对高层次技术人才的需求。从学历层次看，除了博士学历之外，智能替代对其他学历层次员工减少占比都有显著影响，具体而言，智能替代会显著减少本科和硕士学历员工占比，但会提高专科学历、高中及以下学历人员的比重。这可能跟企业专业技术人员和技能人才的学历结构有关，因为数据显示，样本企业高技能人才的学历层次以本科及以下学历居多。

第四节　企业人力资本配置变化的潜在影响

为顺应企业智能化发展需要，部分企业会对原有岗位的劳动力进行技能培训，或者招聘更高人力资本的劳动力来使用和维护智能化设备，真正释放智能化带来的生产效率①。这些变化有助于改善企业经营状况、提高企业劳动生产率，进而对企业员工收入产生影响。鉴于此，我们以企业员工收入为因变量，将企业智能替代对员工收入的影响分解为生产率效应和人力资本结构效应，以进一步观察企业人力资本配置变化带来的潜在影响②。

一、数据介绍

本节的主要数据来源有两个：一是 2017—2019 年青岛市 3 000 户企业用工调查数据。该数据上文已有详细介绍。二是根据青岛市 3 000 户企业用工调查样本企业名称，使用 Python 爬虫技术通过企查查、百度等网站对企业基本信息进行补充。补充的数据集包括企业成立时间、经营范围、所在区县、所属行业、注册资本、核心成员人数等。我们将两个数据集根据企业名称合并后，最终得到一个 2017—2019 年连续 3 年的企业面板数据集。

---

① AUTOR D, LEVY F, MURNANE R J. The skill content of recent technological change：An empirical exploration［J］. Quarterly journal of economics，2003，118（4）：1279-1333.

② 当然，企业人力资本配置变化还可能会影响企业技术创新，接下来的第六章我们将采用其他数据集进行专门分析。

图 5-1 直观展示了进行过智能替代的企业员工平均收入、未进行过智能替代的企业员工平均收入的分布情况，横轴表示员工收入水平，纵轴表示员工收入分布密度。由图可知，不管是全样本还是进行过智能替代的企业样本，企业员工收入均呈正态分布，进行智能替代的企业员工收入位于未进行智能替代企业员工收入的右方，与未进行过智能替代的企业员工收入分布相比，进行过智能替代的企业员工收入分布更加分散，这表明企业进行智能替代后员工收入水平更高。

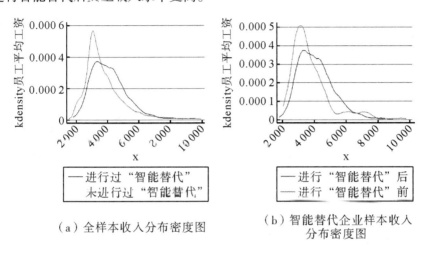

（a）全样本收入分布密度图　　（b）智能替代企业样本收入
分布密度图

图 5-1　员工收入分布密度图

二、生产率效应

作为技术进步的重要表现形式，智能替代不仅在一定程度上提高了劳动生产率，有助于降低产品产出价格、提高产品销量，而且还通过提高生产率来促进经济增长①。相较于机器，人类具有更强的灵活性和适应性，即使在技术进步最激进的情况下，机器也不太可能完全取代人类完成所有的工作，这就使得劳动力更具价值，而生产力的提高会转变为更高的工资。

表 5-8 采用 Probit 模型检验了智能替代对企业生产率和经营情况的影响，列（1）结果表明智能替代可以显著提高企业生产率，列（2）结果表

---

① GRAETZ G, MICHAELS G. Robots at work［J］. Review of economics and statistics, 2018, 100
（5）：753-768.

明智能替代对企业经营状况向好有显著促进作用。考虑到智能替代对员工平均收入水平的影响可能存在滞后效应，故在列（3）中控制了企业生产率的滞后期，结果显示上一期企业生产率提高会对当期员工平均收入有显著促进作用，智能替代的系数也依旧显著为正，说明智能替代并不是完全通过生产率提高来影响员工收入水平。列（4）控制了企业上一期的经营状况，结果表明上一期企业经营状况向好也会显著提高在岗员工的收入水平，智能替代的系数依旧显著为正，这进一步说明智能替代可以通过生产率效应来提高在岗员工的收入水平，但这并不是唯一的作用机制，可能还存在其他影响机制。

表 5-8　生产率效应回归结果

变量	（1）Probit	（2）Probit	（3）POLS	（4）POLS
	生产率是否提高（是为1，否为0）	经营状况是否向好（是为1，否为0）	员工平均收入水平	员工平均收入水平
智能替代	0.357 *** (0.046)	0.258 *** (0.031)	0.033 *** (0.010)	0.033 *** (0.011)
L. 企业生产率			0.043 ** (0.017)	
L. 企业经营向好				0.040 *** (0.009)
企业经营向好			0.069 *** (0.014)	0.059 *** (0.014)
常数项	−3.645 *** (0.402)	−3.129 *** (0.250)	7.337 *** (0.076)	7.334 *** (0.076)
控制变量	控制	控制	控制	控制
固定效应	是	是	是	是
样本量	5 920	5 949	4 932	4 932
Pseudo R^2	0.071	0.065	0.282	0.283

注：括号内为稳健标准误；*** 表示 $p < 0.01$，** 表示 $p < 0.05$，* 表示 $p < 0.1$。控制了可能影响企业员工收入的其他变量，主要包括企业人力资本水平、企业经营状况、企业基本特征，其中，企业经营状况依据问卷设置，分为下滑、持平、向好三种情况，企业基本特征则包括企业年龄、企业规模、是否为规模以上企业、企业性质、所属行业。

三、人力资本结构效应

正如上文所揭示的，智能替代会加速企业内部人力资本结构调整，促使企业更加重视专业技术人员和技能人才的招聘及使用，从而可以通过生产率效应来提高员工收入。理论上，人力资本结构效应本身也有助于提高企业员工收入水平。我们根据问卷数据，依然将企业员工按照岗位类型划分为管理人员、专业技术人员、一般技工和普通员工，通过定义岗位人员变动占比来体现企业当期对不同岗位人员的需求情况。计算方法如下式所示。

$$岗位人员变动占比 = \frac{本期该岗位员工变动人数}{本期员工变动总人数}$$

表5-9汇报了人力资本结构效应检验结果。列（1）被解释变量为管理人员变动人数占比，结果表明智能替代对企业管理人员变动人数占比的影响为负，但并不显著。列（2）被解释变量为专业技术人员变动人数占比，结果表明智能替代对专业技术人员的影响为正，但不显著。列（3）被解释变量为技工变动人数占比，结果显示智能替代对技工人数变动有显著正向影响，说明智能替代会提高企业对技工人才的需求。列（4）被解释变量为普通员工变动人数占比，结果显示智能替代对普通员工变动有显著负向影响，说明智能替代会促使企业降低对普通员工的需求。列（5）在基准回归中加入了企业各岗位人员变动占比情况，可以看到专业技术人员变动人数占比、技工变动人数占比对员工平均收入水平有显著正向影响，说明企业当期专业技术人员、技工人数增加较多时，由于这部分员工收入往往比普通员工高，会显著提高整体的员工平均收入。在加入各岗位人员变动情况后，智能替代的系数变小，但影响依然显著，说明智能替代确实可以通过调整企业人员结构来提高整体的员工收入水平。

表 5-9 人力资本结构效应回归结果

变量	(1) 管理人员变动人数占比	(2) 专业技术人员变动人数占比	(3) 技工变动人数占比	(4) 普通员工变动人数占比	(5) 员工平均收入水平
智能替代	−0.007 (0.016)	0.017 (0.013)	0.045** (0.016)	−0.073** (0.029)	0.030*** (0.010)
管理人员变动人数占比					0.011 (0.007)
专业技术人员变动人数占比					0.017** (0.007)
技工变动人数占比					0.035*** (0.002)
普通员工变动人数占比					0.006 (0.006)
常数项	−0.099 (0.125)	−0.253** (0.097)	−0.091 (0.095)	−0.134 (0.225)	7.263*** (0.070)
控制变量	控制	控制	控制	控制	控制
固定效应	是	是	是	是	是
样本量	4 862	4 862	4 862	4 862	4 862
R^2	0.015	0.022	0.018	0.025	0.285

注：括号内为稳健标准误；*** 表示 $p<0.01$，** 表示 $p<0.05$，* 表示 $p<0.1$。控制了可能影响企业员工收入的其他变量，主要包括企业人力资本水平、企业经营状况、企业基本特征，其中，企业经营状况依据问卷设置，分为下滑、持平、向好三种情况，企业基本特征则包括企业年龄、企业规模、是否为规模以上企业、企业性质、所属行业。

第五节 主要结论和政策启示

本章结合企业用工调查数据，从微观层面分析了智能替代对企业人力资本配置的影响，这些影响主要体现在企业人力资源流动和企业人力资本结构调整等方面。和预期一致，智能替代更有可能发生在人力资本水平较低的制造业中，智能替代会对企业人力资源流动产生重要影响，进行过智能替代的企业员工离职率相对较高，从而加速企业内部人力资本结构调整。在经营状况向好的制造业中，智能替代还会提高企业生产率，从而可能增加对技能型员工的需求。实证结果还表明，智能替代能够显著提升企业人力资本水平，并对企业未来招聘计划和减员计划有显著正向影响。分岗位类别看，智能替代会促使企业更加重视专业技术人员和技能人才的招聘及使用，对管理人员和普通员工类岗位的影响不显著。从学历层次看，智能替代会显著提高专科学历等具有职业技能人员的比重。智能替代引致的企业人力资本配置状况变化，无疑会带来一些潜在影响，比如，企业在岗员工的收入水平可以通过生产率效应和人力资本结构效应得到一定程度的提高。

上述研究结论对企业数字化转型和智能化改造，以及加强人力资本积累、优化人力资源配置有一定参考价值。我们就相关议题和政策启示做进一步阐释。

一方面，合理引导企业数字化转型和智能化改造，进一步加强用工调查和智能替代趋势研判。研究表明，智能替代不仅能通过生产率效应改善经营状况、提高企业营利能力，还会加速企业内部人力资本结构调整，从而提高在岗员工整体收入水平。在此情境下，不少地方和企业有开展智能替代的冲动，但并不是所有的智能替代都能顺利进行，除微观层面的企业管理能力外，跟当地劳动力素质、市场环境等因素也密切相关。因此，亟需加强这方面的政策引导、用工调查和趋势研判。

另一方面，未雨绸缪加强人力资本投资，在数字化转型和智能化改造过程中，要充分发挥专业技术人员和高技能人才的积极作用。机器人、人工智能改变了技能需求，并且在重塑工作所需要的技能。面向未来，在加强职业教育和技能培训、加快培养技能型劳动者的同时，也要进一步强化通识教育，更好地兼顾专用性人力资本与通用性人力资本，切实提高劳动者适应产业升级和技术变迁的能力，以便劳动者在面对不断变化和革新的技能需求时，经过短暂适应和专门培训即可契合新形势新要求。

与此同时，应高度重视被人工智能替代掉的劳动者的就业和福利状况。智能替代虽有助于提高企业在岗员工的整体收入水平，但对于因缺乏数字技能而被替代、流出企业的劳动者而言，其收入水平可能会下降。目前还没有合宜的微观数据集用来分析被替代掉的劳动者的就业和福利状况。从调研看，企业进行智能替代后，被替代人员的流向主要是通过企业或公共就业服务机构培训转岗，下一步需加强这方面的数据采集和实证分析。

总之，要正确认识智能替代对劳动力市场和企业人力资本配置的冲击，并加强相关研究，制定政策时注意兼顾人口结构变化和产业转型升级等因素。

第六章　人力资本配置与企业技术创新

第一节　强化企业科技创新主体地位

进入 21 世纪以来，全球科技创新进入空前密集活跃的时期，新一轮科技革命和产业变革正在重构全球创新版图、重塑全球经济结构①。党的十九大确立了到 2035 年跻身创新型国家前列的战略目标，党的十九届五中全会提出坚持创新在中国现代化建设全局中的核心地位，把科技自立自强作为国家发展的战略支撑，为新时代建设创新型国家提供了重要遵循。党的二十大报告进一步强调，强化企业科技创新主体地位，优化配置创新资源，为新时代更好发挥企业创新主力军作用指明了方向。数据显示，企业作为技术创新主体，在创新型国家建设中发挥着至关重要的作用，中国全社会研发投入中，企业投入已经超过四分之三②，越来越多企业的身影出现在国家科学技术奖的舞台，一批龙头骨干企业成为创新的重要引擎。

创新发展离不开政府政策支持、与创新相关的基础设施和财政投入以及人力资本投资③。对企业来说，具备有价值、独特和难以模仿的资源是提高企业核心竞争力的基础条件，企业资源和治理结构的差异基本可以解释其效率差异。而在企业所有资源中，人力资本一直被视为关键的资源④。

---

①　习近平. 习近平谈治国理政：第 3 卷［M］. 北京：外文出版社，2020：245.

②　例如，国家统计局发布的数据显示，2020 年研究与试验发展企业资金经费支出达 18 895 亿元，全社会研究与试验发展经费支出为 24 393 亿元。据此计算，2020 年企业研发投入占全社会研发投入的 77.46%。

③　FURMAN J L，PORTER M E，STERN S. The determinants of national innovative capacity［J］. Research policy，2002，31（6）：899-933.

④　张伟，周耀东. 人力资本与企业技术创新：一个文献综述［J］. 产业经济评论，2016（3）：112-126.

在宏观层面，内生增长理论将人力资本看作是创新最重要的投入要素之一，更高的人力资本水平有助于吸收先进的生产技术，加快经济增长[①]。对微观个体而言，人力资本也是职业选择和收入差异的重要影响因素[②]。

从文献看，目前对微观企业层面的人力资本配置和技术创新的研究还不是很多。当然，本书第四章在探讨人力资本配置与创新驱动发展时，也在微观企业层面作了些分析，发现人力资本错配会降低企业发明专利和实用新型专利的申请数量，且人力资本错配对企业创新存在地区异质性和所有制异质性。但第四章的分析是基于垄断性部门和竞争性部门的一般均衡理论框架，主要立足于区域创新发展，本章则使用 2011—2018 年沪深 A 股上市公司数据，从人力资本结构和人力资本水平两个角度探讨人力资本配置与企业技术创新问题。

第二节　企业人力资本结构配置合理度

一、数据介绍

本章实证分析主要基于沪深 A 股上市公司 2011—2018 年数据。其中，企业人员结构、学历构成等人力资本相关数据来源于 Wind 数据库，其他数据主要来源于中国研究数据服务平台（CNRDS），并使用国泰安数据库作为补充。在剔除有退市风险的 ST 企业[③]、金融业企业以及缺失值后，共得到 2 710 家企业的 20 439 个观测值。

---

①　LUCAS R. On the mechanics of economic development ［J］. Journal of monetary economics，1988，22（1）：3–42. ROMER P M. Endogenous technological change ［J］. Journal of political economy，1990，98（5）：71–102.

②　邹薇，张芬，2006. 农村地区收入差异与人力资本积累 ［J］. 中国社会科学（2）：67–79. ACEMOGLU D，AUTOR D. What does human capital do? A review of Goldin and Katz's the race between education and technology ［J］. Journal of economic literature，2012，50（2）：426–463.

③　"ST" 是 Special Treatment 的缩写，指上市公司经审计连续两个会计年度的净利润为负值或最近一个年度经审计的每股净资产低于股票当期面值，从而被进行特别处理的股票，在股票的名字前添加 "ST" 作为警示，提醒股民存在风险。

二、变量选择及测度

（一）被解释变量

本章主要考察企业人力资本配置对企业技术创新的影响，故而被解释变量为企业技术创新。参照王珏和祝继高[①]的做法，我们主要从创新产出的角度，采用企业当年专利申请总数来具体衡量，包括发明专利申请数量、实用型专利申请数量、外观设计专利申请数量。

（二）解释变量

解释变量为企业人力资本配置情况，主要包括人力资本结构与人力资本水平两个方面。其中，人力资本结构采用人力资本结构配置合理度来衡量。从系统理论的角度看，企业可以看作是一个大系统，是由系列相互联系、相互影响、相互制约的元素组成，而企业内各岗位员工拥有的人力资本可视为企业的人力资本子系统，人力资本结构配置合理度即是指人力资本子系统内部各要素之间结构配置的合理程度。顾婷婷等人[②]从技术系统演化视角，基于 2012 年中国制造业调查数据，运用系统有序度的测算方法对企业人力资本子系统结构配置合理度进行了测算。我们借鉴这种测算方法，根据数据特征，采用企业生产、销售、技术、客服、财务、人事、综管、行政、风控、采购、其他 11 类岗位人员的人数占比来衡量各子系统的人力资本水平，通过加权平均的方法计算人力资本结构配置的合理度，具体计算方法如下。

首先，计算人力资本子系统内各个要素的配置合理度。假设人力资本子系统内各个要素为 $(e_{h1}, e_{h2}, \cdots, e_{hi}, \cdots, e_{h11})$，其中 e_{hi} 代表各岗位的人力资本要素。假设 $b_{hi} \leqslant e_{hi} \leqslant a_{hi}$，$i \in [1, 11]$，其中 a_{hi} 表示各要素的理想值，b_{hi} 表示各要素的最差值。根据系统有序度测算方法及不同岗位类型的人力资本要素特征，假定 e_{hi}（$1 \leqslant i \leqslant 10$）的取值越大，要素配置合理度越高；取值越低，要素配置合理度越低。而 e_{h11} 的取值越小，要素配置合理度越高；取值越大，要素配置合理度越低。

① 王珏，祝继高. 劳动保护能促进企业高学历员工的创新吗?：基于 A 股上市公司的实证研究 [J]. 管理世界，2018（3）：139-152.

② 顾婷婷，杨德才，刘丽. 人力资本结构与企业技术创新的关系研究：基于技术系统演化的视角 [J]. 技术经济与管理研究，2016（1）：28-34.

$$u_h(e_{hi}) = \begin{cases} (e_{hi} - b_{hi})/(a_{hi} - b_{hi}), & i = [1, 10] \\ (a_{hi} - e_{hi})/(a_{hi} - b_{hi}), & i = [11] \end{cases}$$

由上面的公式可知，$u_h(e_{hi})$ 的取值范围为 $[0, 1]$，取值越大，则表明要素 e_{hi} 的配置合理度越高。

通过线性加权计算人力资本子系统结构配置的合理度，计算公式如下：

$$u_h(e_{hi}) = \sum \partial_i u_h(e_{hi})$$

其中，∂_i 表示各要素的权重，主要采用相关矩阵赋权法进行计算。主要思路是，先计算各要素之间相关系数，再构造相关矩阵。相关系数反映的是各要素之间的相互影响程度，相关系数的绝对值越大，说明要素间的相互影响程度越大，反之则越低。根据相关系数可构造如下矩阵。

设人力资本子系统中包含 11 个要素，它们的相关矩阵为 R。

$$R = \begin{bmatrix} r_{1,1} & \cdots & r_{1,11} \\ \vdots & \ddots & \vdots \\ r_{11,1} & \cdots & r_{11,11} \end{bmatrix}, \text{ 其中 } r_{ii} = 1(i = 1, 2, \cdots, 11)$$

$$R_i = \sum_{j=1}^{n} |r_{ij}| - 1, \quad i = 1, 2, \cdots, 11$$

其中，R_i 表示要素 i 对其他 10 个要素的总影响，R_i 值越大说明第 i 个要素的影响越大，其权重也越大，相应元素的权重计算公式如下：

$$\partial_i = \frac{R_i}{\sum_{i=1}^{n} R_i}$$

根据以上方法，可以计算得到企业的人力资本结构配置合理度。

人力资本水平主要采用企业平均人力资本水平和 CEO 人力资本水平两个指标衡量。其中，企业平均人力资本水平通过企业内员工的平均受教育年限计算得出，CEO 人力资本水平用 CEO 的受教育年限来衡量。

$$企业员工平均受教育年限 = \frac{\sum (各学历层次员工人数 * 相应学历受教育年限)}{企业员工总人数}$$

其中，不同学历受教育年限计算标准分别为：博士 22 年、硕士 19 年、本科 16 年、专科 15 年、高中及以下 11 年。

(三) 控制变量

控制变量方面，参考已有文献，主要从企业基本特征、企业治理结构、高管团队特征等三个方面进行选择。其中，企业基本特征包括企业规模、企业年龄、企业性质、行业类别四个指标，企业治理结构主要包括企业财务状况、"两职合一"两个指标，高管团队特征包括女性高管占比、经济师比重、高管平均年龄三个指标。变量的具体定义如表6-1所示。

表6-1 主要变量及定义

变量			变量定义
被解释变量	技术创新	专利申请总数	上市公司当年独立申请的发明专利、实用新型专利、外观设计专利之和
解释变量	人力资本结构	人力资本结构配置合理度	根据企业生产、销售、技术、财务、人事等各岗位人员人数占比测算
	人力资本水平	企业平均人力资本	企业全体员工的平均受教育年限
		CEO人力资本	企业总经理的受教育年限
控制变量	研发投入	研发支出	企业研发支出的自然对数
	企业基本特征	企业规模	总资产的自然对数
		企业年龄	样本所在年份减去企业成立的时间
		企业性质	国有企业为1，非国有企业为0
		行业类别	按照国民经济行业分类，为虚拟变量
	企业治理结构	企业财务状况	资产负债率
		两职合一	董事长兼任总经理情况
	高管团队特征	女性高管占比	女性高管人数占高管团队总人数的比重
		经济师比重	拥有经济师职称的高管人数占高管团队总人数的比重
		高管平均年龄	所有高管的年龄之和除以高管总人数

三、统计描述

表6-2展示了主要变量的描述性统计结果。从专利申请情况看，专利申请总数的最大值为7 183，最小值为0，标准差为270.47，说明不同企业的创新能力差异较大。从企业人力资本配置情况看，企业人力资本结构配置合理度的均值为0.33，最小值为0.001，最大值为0.636，企业间的人力资本结构配置合理度存在较大差距；企业平均人力资本水平的均值为

13.00 年，最小值为 10 年，最大值为 18.53 年，标准差为 1.45 年；CEO 人力资本水平的均值为 17.96 年，最小值为 15 年，最大值为 22 年。显然，样本企业间的人力资本配置情况差异较大。

表 6-2　主要变量统计性描述

变量名称	样本量	均值	标准差	最小值	最大值
专利申请总数	20 439	48.204	227.002	0	7 183
人力资本结构配置合理度	20 230	0.330	0.078	0.001	0.636
企业平均人力资本	20 439	13.001	1.451	10	18.529
CEO 人力资本	18 527	17.956	1.977	15	22
研发支出	20 439	14.426	6.938	0	24.619
企业规模	20 439	22.076	1.329	16.117	28.520
企业年龄	20 439	17.571	5.693	1	64
企业性质	20 439	4.756	1.729	1	7
行业类别	20 439	4.979	3.667	1	19
企业财务状况	20 439	0.420	0.283	−0.195	13.397
两职合一	20 362	0.306	0.461	0	1
女性高管占比	20 439	0.182	0.109	0	0.667
经济师比重	19 647	0.133	0.144	0	1
高管平均年龄	20 439	48.931	3.194	35.600	61.364

图 6-2 直观展示了 2011—2018 年样本企业的平均人力资本与 CEO 人力资本。可以看到，2011—2018 年样本企业平均人力资本整体呈上升趋势，从 2011 年的 12.29 年增加到 2018 年的 13.22 年；CEO 人力资本在 2011—2018 年则保持相对稳定，2011 年为 17.92 年，2018 年为 18.00 年，平均受教育年限仅增加了 0.08 年，说明样本企业的 CEO 一直具有较高的受教育水平。

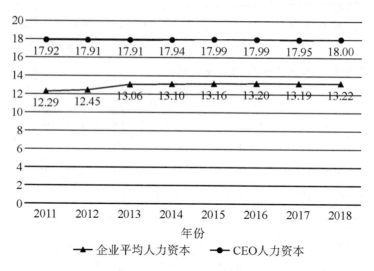

图 6-2　2011—2018 年企业平均人力资本与 CEO 人力资本

（数据来源：作者测算绘制）

　　表 6-3 列示了 2011—2018 年国民经济 16 个行业的人力资本结构配置合理度。总体看，2011—2018 年有 15 个行业的人力资本结构配置合理度有所提升。其中，提升幅度最大的是交通运输、仓储和邮政业，从 2011 年0.244 提升到 2018 年 0.349；其次是住宿和餐饮业，从 2011 年 0.191 提升到 2018 年 0.427；第三是房地产业，从 2011 年 0.158 提升到 2018 年0.257；提升幅度最小的是信息传输、软件和技术服务业。卫生和社会工作、教育业的人力资本结构配置合理度出现下降，分别从 2011 年 0.273、0.323 下降到 2018 年的 0.251、0.275。

表 6-3　2011—2018 年国民经济各行业的人力资本结构配置合理度

行业类别	年份							
	2011	2012	2013	2014	2015	2016	2017	2018
采矿业	0.328	0.374	0.377	0.378	0.384	0.387	0.391	0.387
电力、热燃气及水生产和供应业	0.308	0.367	0.367	0.365	0.377	0.378	0.384	0.382
房地产业	0.158	0.230	0.234	0.233	0.247	0.258	0.259	0.257
建筑业	0.247	0.310	0.305	0.294	0.322	0.325	0.324	0.325
交通运输、仓储和邮政业	0.244	0.332	0.325	0.329	0.348	0.333	0.337	0.349
教育业	0.323	0.363	0.361	0.343	0.334	0.300	0.293	0.275

表6-3(续)

行业类别	年份							
	2011	2012	2013	2014	2015	2016	2017	2018
科学研究和技术服务业	0.274	0.337	0.338	0.338	0.323	0.337	0.329	0.331
农林牧渔业	0.357	0.405	0.411	0.421	0.423	0.424	0.426	0.425
批发和零售业	0.182	0.259	0.258	0.251	0.261	0.260	0.259	0.260
水利、环境和公共设施管理业	0.252	0.315	0.343	0.339	0.348	0.349	0.346	0.344
卫生和社会工作	0.273	0.265	0.268	0.291	0.296	0.312	0.282	0.251
文化、体育和娱乐业	0.240	0.291	0.303	0.276	0.293	0.265	0.278	0.288
信息传输、软件和技术服务业	0.215	0.263	0.258	0.252	0.257	0.254	0.252	0.249
制造业	0.310	0.353	0.353	0.349	0.357	0.360	0.358	0.358
住宿和餐饮业	0.191	0.338	0.339	0.343	0.426	0.421	0.425	0.427
租赁和商务服业	0.195	0.278	0.276	0.268	0.258	0.260	0.245	0.245

分行业来看，2011年人力资本结构配置合理度排名前五的行业是农林牧渔业，采矿业，教育业，制造业，电力、热燃气及水生产和供应业；排名后五的行业是信息传输、软件和技术服务业，租赁和商务服业，住宿和餐饮业，批发和零售业，房地产业。2018年人力资本结构配置合理度排名前五的行业是住宿和餐饮业，农林牧渔业，采矿业，电力、热燃气及水生产和供应业，制造业；排名后五的行业是批发和零售业，房地产业，卫生和社会工作，信息传输、软件和技术服务业，租赁和商务服业。

四、模型设定

在本研究中，被解释变量为专利申请数，该变量是一个非负整数，从描述性统计结果来看，企业的专利申请数据存在过于离散现象，故采用负二项回归模型进行分析。在负二项回归模型中，Y_i 的方差大于期望：$\mathrm{Var}(Y_i \mid x_i) = u_i + \alpha u_i^2 > u_i = E(Y_i \mid x_i)$。我们运用2011—2018年上市公司数据构建的实证回归模型如下：

$$Y_{it} = \beta_0 + \beta_1 X1_{it} + \beta_2 X2_{it} + \beta_3 X3_{it} + \sum \beta_r \mathrm{Control}_{it} + \varepsilon_{it}$$

其中，变量的下标 i 表示企业，下标 t 表示年份。被解释变量 Y_{it} 表示 t 年 i 企业的专利申请总数，解释变量 $X1_{it}$ 表示 t 年 i 企业的人力资本结构配置合理度，$X2_{it}$ 表示 t 年 i 企业的平均人力资本，$X3_{it}$ 表示 t 年 i 企业 CEO 人力资本，$Control_{it}$ 为研发支出、企业规模、企业年龄、企业性质、企业财务状况、"两职合一"等一系列控制变量，ε_{it} 为随机扰动项。我们重点关注的是 $X1_{it}$、$X2_{it}$、$X3_{it}$ 的系数 β_1、β_2、β_3，它们分别反映了企业人力资本结构配置合理度、企业平均人力资本以及 CEO 人力资本对企业技术创新的影响。

由于各企业在技术创新方面存在资源禀赋差异和创新需求差异，并且在控制变量中难以穷尽所有可能的影响因素，为尽可能降低地区经济发展水平等其他遗漏因素对技术创新产生的影响、避免观测期内政策等其他宏观因素导致技术创新发展趋势发生变化，我们主要采用固定效应模型进行分析。同时，考虑到面板数据可能存在异方差和自相关问题，我们还采用聚类稳健标准误进行回归分析。

第三节　企业人力资本配置如何影响技术创新？

一、基准回归分析

表6-4为企业人力资本配置对技术创新影响的基准回归结果。其中，模型（1）是在未加入控制变量时混合负二项回归结果，模型（2）至模型（4）为固定效应负二项回归结果。可以看到，模型（1）在未加入控制变量时，企业人力资本结构配置合理度、企业平均人力资本、CEO 人力资本三个核心解释变量对企业技术创新均有显著正向影响；模型（2）至模型（4）在依次加入控制变量采用固定效应负二项回归模型后，三个核心解释变量的系数变小，但依然显著为正。模型（4）为加入所有控制变量后的固定效应负二项回归结果，结果表明，人力资本结构配置合理度、企业平均人力资本、CEO 人力资本对专利申请总数的影响分别为 0.562、0.024、0.016，且均在1%的显著性水平上显著，说明企业人力资本配置状况对技术创新有显著影响，企业人力资本配置越合理、企业平均人力资本和 CEO 人力资本越高，企业技术创新能力就越强。

表6-4　人力资本配置对企业技术创新的影响

变量	模型（1）	模型（2）	模型（3）	模型（4）
人力资本结构配置合理度	1.697 ** (0.663)	1.809 *** (0.151)	1.031 *** (0.149)	0.562 *** (0.155)

表6-4(续)

变量	模型（1）	模型（2）	模型（3）	模型（4）
企业平均人力资本	0.154*** (0.044)	0.065*** (0.008)	0.030*** (0.008)	0.024*** (0.008)
CEO人力资本	0.176*** (0.028)	0.029*** (0.005)	0.026*** (0.005)	0.016*** (0.005)
研发支出			0.085*** (0.003)	0.072*** (0.003)
控制变量	否	否	否	控制
固定效应	否	是	是	是
样本量	18 346	16 702	16 702	16 175
Wald chi2	62.49	225.50	1 221.70	1 609.92

注：括号内是标准误。*** 表示 $p<0.01$，** 表示 $p<0.05$，* 表示 $p<0.1$。

表6-5显示了企业人力资本配置情况对不同专利申请数量的影响。其中，模型（1）至模型（3）的被解释变量分别为发明专利申请数量、外观设计专利申请数量、实用新型专利申请数量，均采用固定效应负二项回归模型进行估计。从结果来看，企业人力资本配置合理度对发明专利申请数量和实用新型专利申请数量有显著正向影响，且在1%的显著性水平上显著；而对外观设计专利申请数量没用显著影响。企业平均人力资本、CEO人力资本对发明专利申请数量、外观设计专利申请数量均有显著正向影响，且在1%的显著性水平上显著；企业平均人力资本、CEO人力资本对实用新型专利申请数量也有显著正向影响。从人力资本配置情况对不同专利类型的影响程度来看，企业人力资本结构配置越合理，对发明专利申请数量的影响最大，其次是实用新型专利申请数量；企业平均人力资本和CEO人力资本越高，均对外观设计专利申请数量的影响最大，其次是发明专利申请数量，最后是实用新型专利申请数量。

表6-5　人力资本配置对不同专利类型申请数量的影响

变量	（1） 发明专利 申请数量	（2） 外观设计 专利申请数量	（3） 实用新型 专利申请数量
人力资本结构 配置合理度	1.021*** (0.180)	-0.073 (0.303)	0.667*** (0.184)

表6-5(续)

变量	(1)	(2)	(3)
	发明专利 申请数量	外观设计 专利申请数量	实用新型 专利申请数量
企业平均 人力资本	0.029*** (0.009)	0.050*** (0.016)	0.020** (0.010)
CEO 人力资本	0.016*** (0.006)	0.041*** (0.010)	0.012** (0.006)
研发支出	0.059*** (0.003)	0.056*** (0.005)	0.065*** (0.003)
控制变量	控制	控制	控制
固定效应	是	是	是
样本量	15 395	10 398	14 988
Wald chi2	1 557.18	375.86	1 006.57

注：括号内是标准误。*** 表示 $p<0.01$，** 表示 $p<0.05$，* 表示 $p<0.1$。

二、异质性分析

(一) 制造业与非制造业

鉴于制造业在国民经济中的重要地位和作用，我们将国民经济行业划分为制造业和非制造业，以进一步考察人力资本配置对企业技术创新的影响。固定效应负二项回归结果如表6-6所示。从回归结果来看，在制造业企业中，人力资本结构配置合理度对专利申请总数没有显著影响，企业平均人力资本、CEO 人力资本对专利申请总数有显著正向影响。其中，企业平均人力资本对专利申请总数的影响为 0.036，且在 1% 的显著性水平上显著。从专利申请类型来看，制造业企业中，人力资本结构配置合理度对发明专利申请数量、实用新型专利申请数量有显著正向影响，但对外观设计专利申请数量影响不显著；企业平均人力资本对三种类型的专利申请都有显著正向影响，且均在 1% 的显著性水平上显著；CEO 人力资本对发明专利申请数量、外观设计专利申请数量有显著正向影响，但对实用新型专利申请数量没有显著影响。

在非制造业企业中，人力资本结构配置合理度、企业平均人力资本、CEO 人力资本对专利申请总数均有显著正向影响。从专利申请类型来看，人力资本结构配置合理度对发明专利申请数量、实用新型专利申请数量有显著正向影响，且均在 1% 的显著性水平上显著；企业平均人力资本对发明专利申请数量有显著正向影响，而对外观设计专利申请数量、实用新型专利申请数量没有显著影响；CEO 人力资本对外观设计专利申请数量有显著影响，但对发明专利申请数量、实用新型专利申请数量没有显著影响。

表 6-6　制造业和非制造业人力资本配置对技术创新的影响

变量	制造业			
	专利申请总数（1）	发明专利申请数量（2）	外观设计专利申请数量（3）	实用新型专利申请数量（4）
人力资本结构配置合理度	0.283 (0.196)	0.678*** (0.225)	−0.479 (0.370)	0.510** (0.233)
企业平均人力资本	0.036*** (0.010)	0.036*** (0.011)	0.099*** (0.018)	0.035*** (0.012)
CEO 人力资本	0.011* (0.006)	0.016** (0.006)	0.025** (0.011)	0.009 (0.007)
研发支出	0.068*** (0.005)	0.054*** (0.005)	0.055*** (0.008)	0.072*** (0.006)
控制变量	控制	控制	控制	控制
固定效应	是	是	是	是
样本量	10 948	10 718	7 320	10 472
Wald chi2	849.39	957.63	294.61	581.95
变量	非制造业			
	专利申请总数（1）	发明专利申请数量（2）	外观设计专利申请数量（3）	实用新型专利申请数量（4）
人力资本结构配置合理度	0.647** (0.255)	1.144*** (0.301)	−0.575 (0.513)	0.788*** (0.304)
企业平均人力资本	0.037** (0.016)	0.043** (0.018)	−0.012 (0.031)	0.013 (0.019)
CEO 人力资本	0.027*** (0.010)	0.013 (0.011)	0.072*** (0.020)	0.017 (0.012)
研发支出	0.062*** (0.004)	0.056*** (0.004)	0.046*** (0.007)	0.052*** (0.004)
控制变量	控制	控制	控制	控制
固定效应	是	是	是	是
样本量	5 227	4 677	3 078	4 516
Wald chi2	643.56	578.00	95.80	382.70

注：括号内是标准误。*** 表示 $p < 0.01$，** 表示 $p < 0.05$，* 表示 $p < 0.1$。

（二）高技术产业与非高技术产业

高技术产业是知识密集、技术密集的产业类型，其企业技术创新能力在一定程度上与非高技术产业存在差异。我们参照国家统计局发布的产业分类标准，将制造业样本进一步划分为高技术产业与非高技术产业①，以深入考察人力资本配置对企业技术创新的影响，回归结果如表6-7所示。

表6-7　高技术产业与非高技术产业人力资本配置对技术创新的影响

变量	高技术产业			
	专利申请总数（1）	发明专利申请数量（2）	外观设计专利申请数量（3）	实用新型专利申请数量（4）
人力资本结构配置合理度	0.301 (0.366)	0.851 ** (0.410)	0.183 (0.653)	0.343 (0.458)
企业平均人力资本	0.035 ** (0.016)	0.055 *** (0.018)	0.070 ** (0.029)	0.026 (0.020)
CEO人力资本	0.024 ** (0.011)	0.036 *** (0.011)	0.016 (0.019)	0.025 * (0.013)
研发支出	0.053 *** (0.010)	0.050 *** (0.011)	0.043 *** (0.016)	0.057 *** (0.013)
控制变量	控制	控制	控制	控制
固定效应	是	是	是	是
样本量	3 253	3 217	2 469	3 025
Wald chi2	314.87	269.15	95.82	120.98

变量	非高技术产业			
	专利申请总数（1）	发明专利申请数量（2）	外观设计专利申请数量（3）	实用新型专利申请数量（4）
人力资本结构配置合理度	0.307 (0.234)	0.547 ** (0.271)	−0.541 (0.455)	0.533 ** (0.271)
企业平均人力资本	0.041 *** (0.013)	0.034 ** (0.015)	0.107 *** (0.025)	0.049 *** (0.015)

① 国家统计局发布的《高技术产业（制造业）分类（2017）》所界定的高技术产业（制造业），是指国民经济行业中R&D投入强度相对高的制造业行业，包括医药制造，航空、航天器及设备制造，电子及通信设备制造，计算机及办公设备制造，医疗仪器设备及仪器仪表制造，信息化学品制造六大类。

表6-7(续)

CEO 人力资本	0.006 (0.007)	0.008 (0.008)	0.028 ** (0.014)	0.004 (0.008)
研发支出	0.071 *** (0.005)	0.056 *** (0.006)	0.054 *** (0.009)	0.076 *** (0.006)
控制变量	控制	控制	控制	控制
固定效应	是	是	是	是
样本量	7 695	7 501	4 851	7 447
Wald chi2	458. 13	607. 19	183. 93	370. 98

注:括号内是标准误。*** 表示 $p<0.01$, ** 表示 $p<0.05$, * 表示 $p<0.1$。

总体看,在高技术产业中,企业人力资本结构配置合理度对专利申请总数没有显著影响,企业平均人力资本、CEO 人力资本则对专利申请总数有显著正向影响。从专利申请类型来看,企业人力资本结构配置合理度对发明专利申请数量有显著正向影响,但对外观设计专利申请数量、实用新型专利申请数量没有显著影响;企业平均人力资本对发明专利申请数量、外观设计专利申请数量有显著正向影响,但对实用新型专利申请数量的影响不显著;CEO 人力资本对发明专利申请数量、实用新型专利申请数量均有显著正向影响,而对外观设计专利申请数量没有显著影响。

在非高技术产业中,企业人力资本结构配置合理度、CEO 人力资本对专利申请总数没有显著影响,企业平均人力资本对专利申请总数则有显著正向影响。从专利申请类型来看,企业人力资本结构配置合理度对发明专利申请数量、实用新型专利申请数量均有显著正向影响,但对外观设计专利申请数量没有显著影响;企业平均人力资本对发明专利、外观设计专利、实用新型专利的申请数量都有显著正向影响;CEO 人力资本对外观设计专利申请数量有显著影响,但对发明专利和实用新型专利的申请数量没有显著影响。

(三) 国有企业与非国有企业

我们根据企业所有制情况,将样本企业分为国有企业和非国有企业,继续考察企业人力资本配置对技术创新的影响。从回归结果来看(见表6-8),在国有企业中,企业人力资本结构配置合理度、企业平均人力资本、CEO 人力资本对专利申请总数均没有显著影响,说明国有企业人力资本配置状况可能不是影响其技术创新的主要因素。从专利申请类型来看,人力资本结构配置合理度对国有企业三种类型的专利申请都没有显著影响；企业平均人力资本对发明专利、外观设计专利的申请没有显著影响，对实用新型专利申请数量则有显著正向影响，但只是在10%的显著性水平上显著；CEO人力资本对发明专利申请数量没有显著影响，对外观设计专利、实用新型专利的申请数量则有显著正向影响，但也只是在10%的显著性水平上显著。

表6-8　不同企业性质中人力资本配置对技术创新的影响

变量	国有企业			
	专利申请总数（1）	发明专利申请数量（2）	外观设计专利申请数量（3）	实用新型专利申请数量（4）
人力资本结构配置合理度	-0.207 (0.229)	0.357 (0.267)	-0.626 (0.467)	-0.008 (0.264)
企业平均人力资本	0.011 (0.014)	0.010 (0.016)	0.036 (0.027)	0.028 * (0.016)
CEO人力资本	0.011 (0.008)	0.009 (0.009)	0.033 * (0.017)	0.018 * (0.010)
研发支出	0.067 *** (0.004)	0.054 *** (0.004)	0.055 *** (0.007)	0.060 *** (0.004)
控制变量	控制	控制	控制	控制
固定效应	是	是	是	是
样本量	5 135	4 748	3 119	4 814
Wald chi2	721.96	581.14	157.66	477.95
变量	非国有企业			
	专利申请总数（1）	发明专利申请数量（2）	外观设计专利申请数量（3）	实用新型专利申请数量（4）
人力资本结构配置合理度	1.274 *** (0.215)	1.637 *** (0.251)	0.384 (0.396)	1.276 *** (0.261)
企业平均人力资本	0.034 *** (0.011)	0.042 *** (0.012)	0.055 *** (0.020)	0.017 (0.013)
CEO人力资本	0.020 *** (0.006)	0.021 *** (0.007)	0.045 *** (0.012)	0.011 (0.008)
研发支出	0.076 *** (0.004)	0.065 *** (0.005)	0.061 *** (0.008)	0.070 *** (0.005)

表6-8(续)

控制变量	控制	控制	控制	控制
固定效应	是	是	是	是
样本量	10 958	10 563	7 205	10 076
Wald chi2	859.72	894.72	236.83	507.15

注：括号内是标准误。*** 表示 $p<0.01$，** 表示 $p<0.05$，* 表示 $p<0.1$。

在非国有企业中，企业人力资本结构配置合理度、企业平均人力资本、CEO 人力资本对专利申请总数均有显著正向影响。从专利申请类型来看，企业人力资本结构配置合理度对非国有企业的发明专利、实用新型专利的申请数量有显著正向影响，对外观设计专利申请数量则没有显著影响；企业平均人力资本、CEO 人力资本对发明专利、外观设计专利的申请数量有显著正向影响，但对实用新型专利的申请数量没有显著影响。显然，人力资本配置状况对国有企业和非国有企业技术创新的影响差异很大，对国有企业的影响总体上不显著，对非国有企业则有着显著影响，说明这两类企业的技术创新动力和机制可能不一样。

三、稳健性检验

我们采取缩尾处理（winsorize）和替换变量两种方式来进行稳健性检验，以消除极值对回归结果的影响。首先，对被解释变量进行 5% 缩尾处理，表6-9列（1）至列（4）展示了相关回归结果。可以看出，企业人力资本结构配置合理度、企业平均人力资本、CEO 人力资本对专利申请总数有显著正向影响。分专利申请类型看，企业人力资本结构配置合理度对发明专利、实用新型专利的申请数量有显著正向影响，但对外观设计专利申请数量没有显著影响；企业平均人力资本、CEO 人力资本对三种类型的专利申请数量都有显著正向影响。这些结果与基准回归一致，说明基准回归得到的结论较为稳健。

表 6-9　稳健性估计结果

变量	对被解释变量进行缩尾处理			
	专利申请总数（1）	发明专利申请数量（2）	外观设计专利申请数量（3）	实用新型专利申请数量（4）
人力资本结构配置合理度	0.356** (0.152)	0.656*** (0.175)	−0.095 (0.307)	0.627*** (0.183)
企业平均人力资本	0.031*** (0.008)	0.041*** (0.009)	0.052*** (0.016)	0.023** (0.01)
CEO 人力资本	0.017*** (0.005)	0.017*** (0.005)	0.042*** (0.01)	0.014** (0.006)
研发支出	0.074*** (0.003)	0.057*** (0.003)	0.059*** (0.005)	0.067*** (0.003)
控制变量	控制	控制	控制	控制
固定效应	是	是	是	是
样本量	16 175	15 395	10 398	14 988
Wald chi2	1 863.96	1 850.51	449.94	1 243.90
变量	替换被解释变量			
	剔除自引用的各年累计被引用次（5）	剔除自引用的各年被引用次数（6）	各年累计被引用次数（7）	各年被引用次数（8）
人力资本结构配置合理度	1.428*** (0.195)	1.670*** (0.197)	1.432*** (0.194)	1.677*** (0.196)
企业平均人力资本	0.100*** (0.010)	0.099*** (0.011)	0.096*** (0.010)	0.097*** (0.010)
CEO 人力资本	0.022*** (0.007)	0.012* (0.007)	0.024*** (0.007)	0.014** (0.007)
研发支出	0.088*** (0.004)	0.068*** (0.004)	0.088*** (0.004)	0.069*** (0.004)
控制变量	控制	控制	控制	控制
固定效应	是	是	是	是
样本量	13 739	13 739	13 796	13 796
Wald chi2	6 784.61	6 161.15	6 761.66	6 127.80

注：括号内是标准误。*** 表示 $p<0.01$，** 表示 $p<0.05$，* 表示 $p<0.1$。

接着，采用专利的引用次数情况作为被解释变量的替换变量进行稳健性估计，结果如表6-9列（5）至列（8）所示。被解释变量依次为剔除自引用的各年累计被引用次、剔除自引用的各年被引用次数、各年累计被引用次数、各年被引用次数。专利的引用次数在一定程度上反映了企业的专利质量，这个稳健性估计也是从专利质量角度考察企业人力资本配置对技术创新的影响。结果表明，企业人力资本结构配置合理度、企业平均人力资本、CEO 人力资本对专利申请总数有显著正向影响，结论依旧稳健。

第四节　主要结论和政策启示

本章基于沪深 A 股上市公司数据，通过构建企业人力资本结构配置合理度指标、测算企业平均人力资本和 CEO 人力资本，从人力资本结构和水平两个角度深入探讨了人力资本配置与企业技术创新的关系。在控制研发支出、企业规模、企业年龄、企业财务状况等一系列可能影响企业技术创新的因素后，结果表明，在平均意义上，企业人力资本配置状况对企业技术创新有显著影响，企业人力资本配置越合理、企业平均人力资本和 CEO 人力资本越高，企业技术创新能力往往越强。从对不同专利类型的影响程度看，企业人力资本结构配置合理度对企业发明专利申请数量影响最大，企业平均人力资本和 CEO 人力资本水平则对外观设计专利申请数量的影响比较明显。

考虑到企业人力资本配置状况对技术创新的影响存在异质性，我们将样本企业分为制造业与非制造业、高技术产业与非高技术产业、国有企业与非国有企业等类型，分别进行回归分析。结果显示：①在制造业企业中，企业人力资本结构配置合理度和平均人力资本主要是对发明专利和实用新型专利申请数量有显著正向影响，CEO 人力资本则对发明专利和外观设计专利申请数量有显著正向影响；②在非制造业企业中，企业人力资本结构配置合理度、企业平均人力资本和 CEO 人力资本对专利申请总数均有显著正向影响；③在高技术产业中，企业人力资本结构配置合理度、企业平均人力资本和 CEO 人力资本对发明专利申请数量均有显著正向影响，而在非高技术产业中，企业人力资本结构配置合理度、CEO 人力资本对专利申请总数没有显著影响；④从国有企业和非国有企业看，企业人力资本结构配置合理度、企业平均人力资本、CEO 人力资本对国有企业专利申请总数的影响不显著，对非国有企业则有着显著影响，说明国有企业和非国有企业技术创新的动力和机制可能不一样，值得进一步研究。

本章研究结论对加强企业人力资本积累、优化企业人力资源配置、推进企业技术创新具有一定的参考价值，相关政策含义也主要是体现在人力资本结构和水平层面。

在企业人力资本结构配置方面，要坚持"人岗相适、人事相宜"原则，尽可能做到"人尽其才、才尽其用"。我们在构建企业人力资本结构配置合理度时，使用了企业生产、销售、技术、客服、财务、人事、综管、行政、风控、采购、其他 11 类岗位人员的相关信息，基本能反映企业内部的人力资本配置情况，实证分析也表明人力资本结构配置合理度对企业技术创新有显著影响。因此，在企业经营管理活动中，要高度重视人力资本配置工作，尽可能使员工的能力素质与岗位职责的要求、完成具体任务的要求相匹配，以便充分发挥人力资本潜能。

在企业人力资本水平层面，首先要加强企业人力资本积累，提高企业的平均人力资本。对企业经营管理来说，除了在结构上持续优化人力资本配置，努力提高员工整体素质也至关重要，需加强员工在职培训，切实增强员工履行岗位职责、应对技术变革的能力。在具体操作上，要进一步优化企业内部培训资源，加强与高等院校、职业学校的交流合作，可以探索共办二级学院、联办相关专业、共建实训基地，拓宽企业员工参加职业技能培训的途径。再者，要大力弘扬企业家精神，推进企业家人才队伍建设。企业家既是企业的领导者，也是社会财富的创造者和科技创新的中坚力量。企业家要重视自身和高管团队的能力建设，提高经营管理、应对风险的能力和水平。对政府来说，要弘扬企业家精神、营造关心关爱企业家的良好氛围，将企业家队伍建设作为人才工作的重要方面，着力培养政治上有方向、经营上有本事、责任上有担当的优秀企业家队伍。

第七章 人力资本配置与劳动就业质量

第一节 就业质量的基本内涵

就业是民生之本、安国之策、和谐之基。我们党和政府始终把就业工作摆在经济社会发展的突出位置[①]，保持就业形势长期稳定，促进就业总量持续增长和结构调整优化，对稳定经济社会全局和改善人民生活发挥了积极重要的作用。在新发展阶段[②]，就业问题从数量到结构都有可能发生一些实质性变化，比如城乡就业格局发生重大转变、就业结构性矛盾相对凸显、劳动者在产业间的配置继续分化、职业结构不断向现代化和高级化的方向演进、人工智能对劳动力市场的冲击持久而深远[③]。党的二十大报告着眼新时代新征程，针对新形势新情况，对实施就业优先战略作出新的全面部署，明确就业优先的战略任务和总体目标，为进一步做好就业工作指明了前进方向、提供了根本遵循。在此背景下，探讨就业质量的影响因素，对深入实施就业优先战略、促进高质量充分就业具有重要意义。

---

① 例如，2019 年 3 月，李克强总理在政府工作报告中把就业优先置于财政政策和货币政策并驾齐驱的位置，将就业优先政策提升到国家宏观政策层面；2019 年 5 月，国务院决定成立国务院就业工作领导小组，作为国务院议事协调机构，进一步加强对就业工作的组织领导和统筹协调；2019 年 10 月，党的十九届四中全会提出"健全以国家发展规划为战略导向，以财政政策和货币政策为主要手段，就业、产业、投资、消费、区域等政策协同发力的宏观调控制度体系"，明确就业政策在宏观调控制度体系中的位置和功能。

② 习近平总书记指出："新发展阶段就是全面建设社会主义现代化国家、向第二个百年奋斗目标进军的阶段。这在我国发展进程中具有里程碑意义。对这个新发展阶段，我们要从历史和现实、理论和实践的角度全面加以把握。"参见：习近平.论把握新发展阶段、贯彻新发展理念、构建新发展格局［M］.北京：中央文献出版社，2021.

③ 周灵灵.数量压力与结构矛盾：新发展阶段的就业特征、挑战与应对［J］.行政管理改革，2022（4）：64-75.

什么是就业质量？我们认为，和人力资本这一综合性概念类似，就业质量也是一个内涵丰富的多维度概念，可以从微观、中观和宏观层面进行具体测度。

微观层面，就业质量主要表现为工作收入、职位匹配、工作稳定性、工作时间、劳动强度、安全健康、社会保障和职业前景[1]。当然，人们对就业质量的认识并非一来就如此全面，而是由浅入深、从单维度到多维度的推进过程。早期科学管理理论认为就业质量是劳动者与物质资料的最优组合及最大产出，工作效率、职位匹配和刺激性的工作报酬是就业质量的最主要体现[2]。后来人们发现，这种单纯把劳动者作为一种可用物质激励的生产工具的行为，不但挫伤了劳动积极性，还易引起劳动者的反抗[3]。由此，就业质量被扩展为良好的工作环境、合适的工作时间、温馨的工作氛围以及心理满足的需要，并重视物质之外的精神激励。20 世纪 40 年代以后，就业质量进一步扩展为参与企业管理和自我管理、定期的休养和休假制度、必要的劳动保障和劳动保护。

中观和宏观层面，就业质量主要指劳动力市场运行状况，包括劳动力市场供求及匹配状况、公共就业服务、劳动力市场歧视、失业保险和劳动关系建设等。例如，Delamotte 和 Takezewa[4] 提出"工作生活质量（quality of working life）"概念，Kalra 和 Ghosh[5] 在此基础上将工作生活质量划分为绩优升迁、福利报酬等 15 个层面。2000 年欧盟理事会提出"工作质量"概念，既包括单个工作的特点，也包括整体工作环境的内容，以此测量劳动力市场如何更好地发挥其整体作用，从而更好地协调劳动力的流动及配置[6]。随着经济全球化的深入推进，世界范围内的就业模式和劳动关系也

---

① 张抗私，李善乐. 我国就业质量评价研究：基于 2000—2012 年辽宁宏观数据的分析 [J]. 人口与经济，2015（6）：62-72. 郭睿，周灵灵，苏亚琴，等. 学历、专业错配与高校毕业生就业质量 [J]. 劳动经济研究，2019（2）：78-100.

② ALDRICH M. On the track of efficiency：Scientific management comes to rail road shops, 1900—1930 [J]. Business history review, 2010, 84（3）：501-526.

③ MACEFIELD R. Usability studies and the hawthorne effect [J]. Journal of usability, 2007, 2（3）：145-154.

④ DELAMOTTE Y, TAKEZAWA S. Quality of working life in international perspective [J]. Asia Pacific journal of management, 1984, 1：67-69.

⑤ KALRA S K, GHOSH S. Quality of work life：A study of associated factors [J]. Indian journal of social work, 1984, 5：45-54.

⑥ 国福丽. 国外就业质量评价指标研究概述 [J]. 中国劳动，2009（10）：29-32.

发生了深刻变革。为更好地保护劳动者权益，国际劳工组织 1999 年提出"体面劳动（decent work）"概念，将其定义为"在自由、平等、安全和人类尊严的条件下获得体面的和生产牲工作的机会"，特别强调了劳动权益、劳动标准、社会保障和社会对话等因素，这是对高质量就业的一个权威释义。

概括起来，无论是基于微观、中观还是宏观视角，就业质量都关乎个人、企业、社会和国家的利益，需要多元主体、多个层面的良性互动。总之，人们对就业质量的内涵已基本达成共识，并认为它是一个内涵丰富的多维度概念。结合所要探讨的问题，本章重点关注微观层面的就业质量。

第二节　人力资本如何影响就业质量?

一、理论阐释

人力资本被认为是经济发展的重要动力，Lucas[①] 还正式将人力资本作为重要生产要素纳入生产函数。对个人而言，人力资本是个人拥有的能够创造个人、社会和经济福祉的知识、技能、能力及素质，同时也是职业选择和收入水平差异的重要影响因素[②]。在本书语境下，可将此理解为劳动者人力资本是微观就业质量的基本决定因素。就人力资本构成而言，教育、健康和职业技能培训是人力资本投资最重要的因素，对劳动收入有显著的增收效应[③]。

从职业生涯看，在劳动者职业生涯的早期阶段，由于存在信息不对称，雇主只能通过有限的信息来判断其生产力，比如教育年限、毕业学校等。随着雇主对员工的了解越来越多，信息不对称程度逐渐减弱，其薪酬

---

① LUCAS R，1988. On the mechanics of economic development ［J］. Journal of monetary economics，22（1）：3-42.

② ACEMOGLU D，AUTOR D. What does human capital do? A review of Goldin and Katz's the race between education and technology ［J］. Journal of economic literature，2012，50（2）：426-463.

③ 侯风云. 中国农村人力资本收益率研究 ［J］. 经济研究，2004（12）：75-84. 张建清，卜学欢. 人力资本三维要素与城乡减贫成效差异：基于 CHNS 微观调查数据的实证研究 ［J］. 软科学，2016（10）：43-48.

可能会更多地依赖于生产率，而较少依赖于一些容易观察到的特征①。Farber 和 Gibbons② 建立了一个学习和工资决定的动态模型，理论模型和实证分析结果表明，教育可以传达关于能力的最初信息，但随后观察到的表现也能提供信息。随着员工工作经验的增加，学校教育的作用有所下降。Altonji 和 Pierret③ 分析了雇主的统计性歧视或理性刻板印象，发现不可观测的生产率变化的工资效应随着进入劳动力市场的时间而上升，教育的工资效应则有所下降，这些结果和统计性歧视与学习模型的预测相吻合。可见，人力资本对就业质量的影响并非一成不变，在初次就业时，教育主要是作为信号传递的手段，雇主据此来判断劳动者个体的生产率。随着劳动者工作经验的增加以及雇主对员工生产率的了解，教育回报率会有所下降，技能水平等对劳动者就业质量的影响会逐渐增强。因此，在探讨人力资本对就业质量的影响时，很有必要从职业生涯的不同阶段来考察。

尽管现有研究认为教育、健康、技能等人力资本可以提高劳动者收入，但同等人力资本在不同劳动力市场的回报是有差异的，户籍、性别等个体属性也会影响劳动者的收入水平④。研究发现，教育对女性的影响要高于男性⑤。Dougherty⑥ 认为这与收入具有双重影响有关，教育一方面提高了女性的技能和生产力，另一方面也有助于减少歧视、环境等因素造成的男女收入差距。因此，在探讨教育、健康、技能等人力资本与就业质量的关系时，还需要考虑性别因素等异质性问题。

一个值得注意的问题是，现有研究在评估教育、健康等人力资本对劳动力市场的影响时，主要集中在不同类型的教育回报率和城乡教育回报率差异等方面，对职业资格证书的影响关注较少。早期关于职业资格认证存在"个人利益"论与"社会公益"论的争论，但都认为职业资格证可以提

① 朱琪，赵艺婷. 实验劳动经济学：外延拓展与内涵深化 [J]. 经济学动态，2015 (11)：123-137.

② FARBER H S, GIBBONS R. Learning and wage dynamics [J]. Quarterly journal of economics, 1996, 111 (4)：1007-1047.

③ ALTONJI J G, PIERRET C R. Employer learning and statistical discrimination [J]. Quarterly journal of economics, 2001, 116 (1)：313-350.

④ 严善平. 人力资本、制度与工资差别：对大城市二元劳动力市场的实证分析 [J]. 管理世界，2007 (6)：4-13.

⑤ 葛玉好. 教育回报异质性问题研究 [J]. 南方经济，2007 (4)：11-21.

⑥ Dougherty C. Why are the returns to schooling higher for women than for men? [J]. Journal of human resources, 2005, 40 (4)：969-988.

高劳动者工资。例如，Kim 和 Tamborini[①] 对高中毕业后 20 年的男性和女性进行跟踪调查，发现职业证书的经济效益具有差异性，与健康、技术、工艺技能相关的领域相比回报更高。中国从 1994 年建立职业资格制度，至今已有近三十年的历史，一定程度上弥补了学历教育的不足，对劳动力市场有着不可忽视的影响[②]。但由于缺乏相应调查数据，目前关于中国职业资格证书收入效应等方面的研究仍然比较少。相关的研究如，李雪等人[③]构建了中国情境下的职业资格认证收入效应的理论框架，并基于中国综合社会调查（CGSS）2003 年和 2006 年数据，证实了职业资格认证可以提高劳动者收入，且证书的数量、等级和类别等因素对收入也存在显著影响。由于职业资格认证体系对学历等有一定的前置条件，对于不同群体而言，职业资格证书带来的收入保障等效应也不一样。譬如，董鹏和王毅杰[④]基于2014 年中国劳动力动态调查（CLDS）数据，发现体制内单位更注重劳动者职业资格证书获取情况，职业资格证书有助于提高低收入人群和高学历人群的工资。

与现有文献相比，本研究的边际贡献主要体现在三个方面。一是综合考察了以教育、健康和技能水平为代表的人力资本对劳动者就业质量的影响，它们是微观就业质量的基本决定因素。现有研究虽然也多有涉及，但大都是基于教育、健康或职业技能的某一方面。二是从劳动者职业生涯的不同阶段，来动态分析教育、健康和技能水平对就业质量变化的影响。我

---

① KIM C H, TAMBORINI C R. Are they still worth it? The long-run earnings benefits of an associate degree, vocational diploma or certificate, and some college [J]. RSF: The russell sage foundation journal of the social sciences, 2019, 5（3）: 64-85.

② 1993 年 11 月，党的十四届三中全会首次明确提出学历文凭与职业资格并重，"职业资格"的说法首次在国家政策层面上被确立。1994 年 7 月，职业资格证书制度写入《中华人民共和国劳动法》。职业资格制度在推动人们学习技术、钻研业务、提高技能方面发挥了积极作用，但是经过多年的发展，职业资格认证一定程度上存在证书过滥、名目繁多、重复交叉等问题。对此，从2013 年至 2017 年，国务院经过"七连消"共取消 434 项各部门设置的职业资格许可认定事项，削减比例达部门设置职业资格总量的 70% 以上，职业资格过多过滥的问题得到有效解决。2021 年 12月，《国家职业资格目录（2021 年版）》公布，调整后的目录与 2017 年版目录相比，职业资格减少了 68 项，进一步提高了职业资格"含金量"，有利于充分发挥职业资格在人才评价方面的积极作用。

③ 李雪，钱晓烨，迟巍. 职业资格认证能提高就业者的工资收入吗?: 对职业资格认证收入效应的实证分析 [J]. 管理世界，2012（9）: 100-109.

④ 董鹏，王毅杰. 职业资格证书对劳动者工资的影响研究: 基于学历、制度环境以及收入分层的考察 [J]. 中国劳动，2019（1）: 69-79.

们根据问卷调查情况，将劳动者就业分为初次就业和目前就业两个阶段，分析劳动者就业质量的变化及其影响因素。三是基于对就业质量基本内涵的探讨，从工作收入、工作稳定性和工作自由度三个层面来测度微观就业质量，这样的测度具有较好的代表性。

二、实证分析

接下来，我们使用中国社会科学院人口与劳动经济研究所"家庭动态社会调查"数据，从教育、健康和技能水平等方面实证分析人力资本如何影响就业质量。

（一）数据、变量和模型

1. 数据介绍

"家庭动态社会调查"是中国社会科学院人口与劳动经济研究所主持开展的大型微观数据调查，自 2004 年进行第一轮调查后，分别于 2006 年、2011 年、2013 年、2017 年、2019 年进行了追踪调查和新增样本调查。除 2016 年单独在河南进行"试调查"外，其他年份的调查均在上海、浙江和福建进行。该调查采用的是概率比例规模抽样（PPS）技术，确保样本的随机性和代表性。2016 年和 2017 年的新增问卷涉及人力资本、初次就业质量与目前就业质量等相关问题，且问卷结构基本一致，故本节使用 2016 年和 2017 年数据探讨人力资本与就业质量问题，在剔除错误数据后，最终得到一个截面数据样本。

2. 变量选择及测度

OECD 构建的微观就业质量框架主要包括三个方面：一是收入质量，指就业对劳动者及家庭物质生活水平的贡献程度；二是劳动力市场安全，包括失业风险以及失业对家庭生活造成的经济后果，可以从失业风险和失业保险来衡量；三是工作环境质量，指工作质量的非经济方面，包括工作性质和内容、工作时、工作场所等，可以使用工作压力的发生率来衡量[1]。结合 OECD 的就业质量框架，我们借鉴 Van Aerden 等人[2]的衡量方法，同

---

① CAZES S, HIJZEN A, SAINT-MARTIN A. Measuring and assessing job quality: The OECD job quality framework [R]. OECD Social, Employment and Migration Working Papers, No. 174, 2015.

② AEROEN K V, MOORS G, LEVECQUE K, et al. The relationship between employment quality and work-related well-being in the European labor force [J]. Journal of vocational behavior, 2015, 86: 66-76.

时考虑"家庭动态社会调查"数据特点，主要从工作收入、工作稳定性、工作自由度三个方面测度就业质量。具体衡量方法如表7-1所示。

表7-1　就业质量的测度

就业质量	代理变量	变量定义
工作收入	绝对收入	月收入的对数
	相对收入	与单位其他人收入的比较情况，0表示属于低收入，1表示中等收入，2表示属于中上收入，3表示属于高收入
工作稳定性	单位性质	国有企业为1，非国有企业为0
	社会保障	养老保险、失业保险购买情况，若单位交保险定义为1，其他情况定义为0
工作自由度	工作自主性	对每天工作量、工作日程、工作时间安排的自行决定程度，数值越大，工作自主性越强
	工作时间	每周工作时间

本节的核心解释变量是人力资本，包括劳动者的教育程度、身体健康状况和职业技能水平等。借鉴程名望等人①的测度方法，选取受教育年限、健康水平、职业技能作为人力资本的代理变量。其中，受教育年限根据受访者对"您上过多少年学"的回答来直接表征。鉴于受访者也回答了其"最高受教育程度"（1~11表示教育程度由低到高，从"不识字"到"研究生及以上学历"）②，在稳健性估计中，我们使用学历层次作为教育程度的替代变量。职业技能通过"是否参加过国家统一组织的考试并获得过专业技术执业资格"来衡量（1表示是，0表示否）。健康状况也是人力资本的重要方面，实证分析时，我们在各阶段控制了健康状况的影响。在初次就业过程中，雇主通过身高来判断候选人的健康状况，故此时采用身高来衡量其健康状况；目前的健康水平则通过计算"目前身体状况所限制活动情况"的平均值来衡量（每项活动中1表示受到很多限制，2表示受到一些限制，3表示完全不受限制）。

为排除解释变量外的其他因素可能造成的回归偏差，在回归分析时加

　　① 程名望，JIN YANHONG，盖庆恩，等.农村减贫：应该更关注教育还是健康 [J].经济研究，2014（11）：130-144.
　　② 根据"家庭动态社会调查"问卷设计，1表示不识字，2表示识字很少，3表示私塾，4表示小学，5表示初中，6表示职业高中，7表示普通高中，8表示中专技校，9表示大专，10表示本科，11表示研究生以上。后文中图7-3、图7-5中采用同样的分类标准。

入了一系列的控制变量，包括个体特征和工作特征。其中，个体特征变量包括性别、婚姻状况、个体社会资本。对于性别，男性赋值为1，女性为0。初次就业时的婚姻状况是根据劳动者结婚时年龄与初次就业年龄来推算，已婚赋值为1，未婚为0。在当前就业状况中，婚姻状况为虚拟变量，包括未婚单身、已婚、分居、离异、丧偶。社会资本是人们社会生活所处的环境所带来的资源，已有研究表明社会资本会对个人就业产生较大影响，社会关系网络有助于个体获得职位空缺信息，提高求职成功率①。在初次就业时，劳动者的社会资本主要来源于家庭，故主要采用"母亲的受教育程度"和"16岁以前居住地"来表征。在社会资本形成过程中，个体需要投入一定的时间和资源②。随着个体不断与社会接触，开始建立自己的社会关系网络，而互联网作为信息传播的重要渠道，有助于沟通交流、拓宽社会关系网络，故在研究目前就业过程中，主要采用"最近一个月之内大概多久上网一次"来衡量社会资本。

工作特征为虚拟变量，包括行业、职业、单位类型。根据2017年国民经济行业分类，受访者从事的行业包括农林牧渔业，采矿业，制造业，电力、热力、燃气及水生产和供应业，建筑业，水利、环境和公共设施管理业，交通运输、仓储和邮政业，批发和零售业，住宿和餐饮业，租赁和商务服务业，房地产业，金融业，卫生和社会工作，文化、体育和娱乐业，公共管理、社会保障和社会组织，科学研究和技术服务业，以及教育共17类。职业类型包括国家机关、党群组织、企业、事业单位负责人，专业技术人员，办事人员和有关人员，商业工作人员，服务性工作人员，农、林、牧、渔、水利业生产人员，生产工人、运输工人和有关人员，警察及军人，以及不便分类人员共9类。单位类型包括国家机关/国有企事业单位、集体所有制单位、私营经济所有制单位、华侨或港澳台投资单位、外国投资单位、国内联营单位、中外合资单位、股份制经济单位共8类。由于该调查是在四个省份开展，考虑到各省份发展存在不平衡，在模型中加入了省级变量。同时，考虑到该数据集为混合截面数据，不同时点上的数

① GRANOVETTER M. Getting a job: A study of contacts and careers [M]. University of Chicago Press, 2018.

② GLAESER E L, LAIBSON D, SACERDOTE B. An economic approach to social capital [J]. The economic journal, 2002, 112 (483): F437-F458. 周晔馨，涂勤，梁斌，等. 农民工的社会资本如何形成：基于社会网络的分析 [J]. 世界经济，2019 (2): 170-192.

据可能对最终结果产生不同影响，因此，最终还增加了时间变量。

3. 统计描述

将问卷信息转换成数值时，除了收入等数值型数据不加变动外（实证分析时取自然对数），对于表示程度或频率之类的分类信息，则根据受访者的答案含义赋值。表7-2对部分变量做了统计描述，其中，初次就业收入以调查年份为基期进行了消胀处理。

表7-2　主要变量统计描述

变量	变量名称	样本量	均值	标准差	最小值	最大值
初次就业的 就业质量	绝对收入	2 151	2 447.6	2 443.9	0	36 854.4
	相对收入	2 165	0.72	0.72	0	3
	单位性质	1 921	0.32	0.47	0	1
	工作自主性	2 177	2.2	1.06	1.1	4.4
目前就业的 就业质量	绝对收入	2 317	6 984.2	23 644.4	0	1 010 000
	相对收入	2 463	1.1	0.78	0	3
	单位性质	2 092	0.33	0.47	0	1
	社会保障	2 597	0.36	0.48	0	1
	工作时间	2 525	43.67	17.01	1	105
	工作自主性	2 573	2.77	1.07	1.1	4.4
人力资本	教育程度	3 573	6.93	2.3	1	11
	健康（身高）	3 573	166.8	8.18	108	192
	健康（自评）	3 573	2.94	0.17	1	3
	职业技能	3 573	0.27	0.44	0	1

从表7-2可以看出，工作收入方面，劳动者在初次就业时绝对收入均值为2 447.6元，与单位其他人相比，大部分初次就业者的收入处于较低水平。随着职业生涯演进，劳动者工作收入逐渐提升，目前就业中绝对收入均值为6 984.2元，与单位其他人相比的相对收入也得到提升。工作稳定性方面，随着职业生涯演进，样本中有部分人员从非国有企业转入国有企业工作，但是目前就业中购买失业保险的人数仅占36%，说明劳动力市场的安全性还有待加强。工作自由度方面，平均而言，工作之初的工作自由度较低，基本不能自主安排工作，随着职业生涯演进，工作自由度略有提

高，但仍处于较低水平。

从教育程度与工作收入的关系看，教育程度与收入正相关。在初次就业阶段，不同教育程度间个体的收入差距较小，随着职业生涯演进，个人能力逐渐凸显，不同教育程度间的个体收入差距扩大，初次就业与目前就业的收入差距呈现"喇叭状"（见图7-1），即教育程度越高，工作收入增长速度可能越快。此外，总体上看，有职业资格证书的劳动者收入要高于无职业资格证书的劳动者。

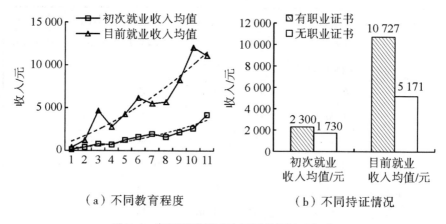

（a）不同教育程度　　　　　（b）不同持证情况

图7-1　不同教育程度和不同持证情况初次
就业与目前就业的收入均值对比

从持证情况与收入分布来看，无论处于何种就业阶段，拥有职业资格证书的劳动者收入分布曲线始终位于无职业资格证书劳动者收入分布曲线的右边（见图7-2），也就是说，拥有职业资格证书的劳动者就业收入一般会高于无职业资格证书的劳动者。在初次就业时，劳动者收入分布较为集中，随着职业生涯的演进，劳动者收入逐渐分化，收入分布也逐渐分散。

不同教育程度人员对工作时间的掌控情况显示，与高教育程度的劳动者相比，低教育程度的劳动者处于非正规就业的可能性更大，但对工作时间掌控的程度相对较高（见图7-3）。总体上，大多数劳动者对工作时间的掌控程度较低，特别是在初次就业阶段，40%以上的劳动者表示完全不可以掌控其工作时间（处于被支配状态），随着职业生涯演进，劳动者对工作时间的掌控程度有所上升。

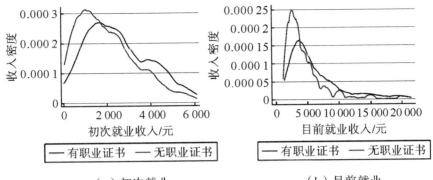

（a）初次就业　　　　　　　　（b）目前就业

图 7-2　初次就业与目前就业收入分布情况

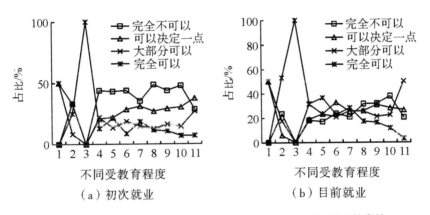

（a）初次就业　　　　　　　　（b）目前就业

图 7-3　初次就业与目前就业不同教育程度人员对工作时间的掌控

4. 模型设定

我们感兴趣的是，以教育、健康和技能水平为表征的人力资本，在劳动者职业生涯中的重要性是如何变化的。根据统计性歧视与雇主学习理论和研究目的，我们建立一个简约式（reduced form）估算人力资本对劳动者就业质量的影响。

OLS 模型设定如下：

$$\text{WorkQuality} = \sum \beta_i * \text{HumanCapital} + \sum \gamma_i * \text{Control} + \varepsilon$$

鉴于是否有失业保险、是否有工作、工作性质为二值变量，我们采用 Probit 模型进行分析。Probit 模型设定如下：

$$P(Y = 1 \mid X) = \sum \beta_i * \text{HumanCapital} + \sum \gamma_i * \text{Control} + \varepsilon$$

其中，Work Quality 为就业质量，主要包括工作收入、工作稳定性、工作自由度三个方面。Human Capital 为人力资本，主要包括教育程度、健康状况和职业技能三个方面，Control 表示一系列控制变量。

鉴于相对收入等级、行业选择、职业选择为多值离散变量，我们采用多项选择 Logit 模型。具体形式如下：

$$Y^* = \sum \beta_i * \text{HumanCapital} + \sum \gamma_i * \text{Control} + \varepsilon$$
$$\varepsilon \mid \text{HumanCapital} \sim N(0, 1)$$

其中，Y^* 为假想潜变量，HumanCapital 为解释变量，β_i 为解释变量的估计系数，ε 服从零均值的独立同正态分布。设 Y_i 为真正的区间变量，则：$Y_i = 1$，若 $Y^* \leqslant a_1$；$Y_i = 2$，若 $a_1 \leqslant Y^* \leqslant a_2$；…；$Y_i = N$，若 $Y^* \geqslant a_2$。其中，Y_i 为相对收入等级、行业选择或职业选择，a_j 为各选择项的未知阈值。$Y_i = j$ 的概率可写为 $P(Y_i = j \mid X_i) = F(\beta_i X_i - a_j) - F(\beta_i X_i - a_{j+1})$，所有 $Y_i = j$ 的概率相乘得到似然函数，对"对数似然函数"求导，得到参数 a_j 和 β_i 的估计值。

（二）实证分析过程及结果

1. 人力资本对工作收入的影响

劳动者的工作收入可以从绝对收入和相对收入两个方面衡量。接下来，我们对比分析教育、健康和技能水平对初次就业和目前就业收入的影响，并尝试回答劳动者工作收入为何会随着职业生涯的演进而逐渐分化。

（1）人力资本对绝对收入的影响

为撇除通货膨胀因素，我们使用消费者价格指数对初次就业的收入进行消胀处理，再对绝对收入取对数，减少异方差的影响，回归结果如表 7-3 所示。其中模型（2）加入的控制变量有性别、16 岁以前的居住地、初次就业时的年龄、婚姻状况、职业、行业、行业与职业的交叉项、参加工作年份、省份；模型（4）加入控制变量有性别、16 岁以前的居住地、目前就业的年龄、婚姻状况、职业、行业、行业与职业的交叉项、家庭经济状况、小孩数量、工作年限、工作年限的平方、调查年份、省份、月工作时间。在加入控制变量后，拟合优度变大，模型的解释力度增强，多重共线性检验方差膨胀因子（VIF）小于 10，说明不存在多重共线性问题。可以看出，在初次就业过程中，主要是人力资本中的教育和健康影响劳动者工资收入。随着职业生涯演进，教育对劳动者收入的影响逐渐变小，职业技能对收入的影响变大，性别对工作收入的影响也逐渐凸显。

表 7-3　人力资本对绝对收入的影响

变量		初次就业 OLS		目前就业 OLS	
		模型（1）	模型（2）	模型（3）	模型（4）
人力资本	教育程度	0.106 (0.007)	0.058 *** (0.010)	0.091 *** (0.005)	0.038 *** (0.010)
	健康状况	0.014 (0.002)	0.007 ** (0.004)	0.140 (0.109)	−0.133 (0.182)
	职业技能	−0.020 (0.042)	0.048 (0.050)	0.189 *** (0.041)	0.246 *** (0.069)
控制变量	性别	否	0.134 ** (0.061)	否	0.298 *** (0.058)
	其他	否	控制	否	控制
样本量		2 042	1 121	2 299	816
R^2		0.198	0.317	0.209	0.498

注：括号内是标准误；*** 表示 $p<0.01$，** 表示 $p<0.05$，* 表示 $p<0.1$。

具体而言，在其他条件不变的情况下，初次就业中教育年限每增加 1 年，工资收入增加 5.8%，这与赖德胜[①]估算的教育收益率 5.73% 基本一致；身高每增加 1 厘米，工资收入提高 0.7%，说明劳动力市场存在"身高溢价"，这与张晓云等人[②]的研究结论一致。随着职业生涯演进，教育程度对劳动者收入的影响力降低，目前就业中教育的回报率为 3.8%，但是职业资格证书的作用凸显，拥有职业证书的劳动者比没有的劳动者工资收入高 25%，自评健康状况对其绝对收入影响不显著。究其原因，我们认为这与中国劳动力市场工资结构有关，劳动者刚进入劳动力市场时，用人单位难以判断劳动者的个人能力，一般会按照教育程度确定工资待遇，教育程度越高，工资相应也会越高，故教育程度会影响其劳动收入。随着职业生涯演进，劳动者个人能力逐渐显现，获得职业资格证书的劳动者在获得企业聘用后，收入会相对增加，教育程度的影响会相对弱化。这与 Farber 和 Gibbons[③] 建立的学习和工资决定的动态模型所得结论类似。

①　赖德胜. 教育、劳动力市场与收入分配 [J]. 经济研究，1998（5）：43-50.

②　张晓云，辛兵海，杜丽群. 市场化能够消除歧视吗?：来自"身高溢价"的证据 [J]. 财经研究，2018（5）：140-152.

③　FARBER H S, GIBBONS R. Learning and wage dynamics [J]. Quarterly journal of economics, 1996, 111（4）：1007-1047.

（2）人力资本对相对收入的影响

这里的相对收入是指劳动者与本单位其他人相比的收入水平，0 表示低收入水平，1 表示中等收入水平，2 表示中上收入水平，3 表示高等收入水平。从统计结果看，初次就业时劳动者收入基本处于所在单位的中低水平，随着职业生涯演进，劳动者相对收入水平随之发生变化，目前就业中上等收入和高收入人员比例明显高于初次就业（见图 7-4）。由于因变量为多值变量，采用多项 Logit 模型进行回归分析，结果如表 7-4 所示。可以看出，初次就业时教育、健康和技能水平对劳动者的相对收入并没有显著影响，随着职业生涯演进，人力资本的作用逐渐凸显出来。具体而言，在目前就业中，相对于低收入群体，拥有职业技能的劳动者更有可能进入中等及中上收入水平，教育程度越高，劳动者进入中上收入水平的可能性越大，而健康状况对劳动者相对收入的影响不显著。

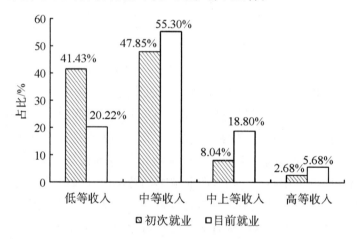

图 7-4　相对收入等级人数占比

表 7-4　人力资本对相对收入的影响

收入等级	变量	初次就业 Logit		目前就业 Logit	
		模型（1）	模型（2）	模型（3）	模型（4）
中等收入	教育程度	0.008 (0.014)	0.039 (0.026)	0.028* (0.016)	0.007 (0.036)
	健康状况	−0.002 (0.006)	0.016 (0.013)	0.938*** (0.326)	0.220 (0.748)
	职业技能	−0.015 (0.110)	−0.052 (0.168)	0.356*** (0.136)	0.617* (0.193)

表7-4(续)

收入等级	变量	初次就业 Logit		目前就业 Logit	
		模型（1）	模型（2）	模型（3）	模型（4）
中上收入	教育程度	0.030 (0.024)	0.003 (0.048)	0.098*** (0.019)	0.086** (0.043)
	健康状况	0.002 (0.010)	0.029 (0.024)	0.411 (0.401)	-0.272 (0.875)
	职业技能	-0.145 (0.200)	0.246 (0.291)	0.207 (0.163)	0.626*** (0.234)
高收入	教育程度	-0.028 (0.042)	-0.060 (0.067)	0.070** (0.028)	0.030 (0.066)
	健康状况	0.037** (0.017)	0.070* (0.038)	0.643 (0.665)	0.567 (1.836)
	职业技能	-0.242 (0.356)	-0.030 (0.482)	-0.063 (0.253)	0.160 (0.384)
控制变量		否	控制	否	控制

注：以低收入为收入等级的参照基准（benchmark）；括号内是标准误；*** 表示 $p<0.01$，** 表示 $p<0.05$，* 表示 $p<0.1$。

（3）工具变量估计

尽管我们对个体特征、工作特征等因素进行了控制，但仍可能存在一些影响收入的遗漏变量，比如能力、性格、风险偏好等，这些因素也会影响劳动者的就业选择和工作收入，故而考虑采用工具变量来解决可能存在的内生性问题。也即，寻找一个与劳动者教育年限密切相关，但与遗漏变量不相关的变量作为工具变量，进一步估计教育、健康和技能水平对工作收入的影响。以往文献通常采用的工具变量有离学校的距离、父母的教育程度、配偶的教育程度、义务教育法的实施①。我们采用 1999 年中国高校开始大规模扩招这一外生政策冲击作为教育的工具变量，高校扩招通过提高个体接受教育的可能性来对收入产生影响，而外生的政策冲击与影响收入的遗漏变量不相关，因此满足工具变量的相关性与排除性假设。工具变量回归结果如表 7-5 所示。

---

① 赵西亮.教育、户籍转换与城乡教育收益率差异 [J].经济研究，2017（12）：164-178.

表 7-5　人力资本对工作收入的影响（工具变量法）

变量		初次就业—工具变量		目前就业—工具变量	
		（1）第一阶段 因变量：教育	（2）第二阶段 2SLS 因变量：收入	（1）第一阶段 因变量：教育	（2）第二阶段 2SLS 因变量：收入
人力资本	教育程度		0.073 *** (0.119)		0.038 *** (0.012)
	健康状况	0.010 (0.120)	0.011 *** (0.040)	0.076 (0.381)	−0.062 (0.114)
	职业技能	1.078 *** (0.143)	0.061 (0.500)	1.893 *** (0.128)	0.238 *** (0.050)
工具变量	高校扩招	4.040 *** (0.150)		3.529 *** (0.149)）	
控制变量	性别	−0.031 (0.186)	0.106 * (0.619)	−0.047 (0.110)	0.265 *** (0.032)
	其他	控制	控制	控制	控制
样本量		1 048	1 048	2 019	2 019
R^2		0.668	0.259	0.657	0.415

注：括号内是标准误；*** 表示 $p<0.01$，** 表示 $p<0.05$，* 表示 $p<0.1$。

工具变量结果表明，高校扩招对劳动者教育年限有显著的正向影响，初次就业中，职业技能对收入没有显著影响，教育回报率为 7.3%；随着职业生涯演进，教育回报率降到 3.8%，职业技能的作用凸显，与没有职业资格证书的劳动者相比，拥有职业资格证书的劳动者收入要高 23.8%。工具变量回归结果与 OLS 回归结果差别不大，说明在 OLS 回归中，我们基本上控制了会影响收入的因素。

2. 人力资本对工作稳定性的影响

我们主要从单位性质和失业保险覆盖情况来考察工作稳定性。一般认为国有企业劳动合同签订率高，工作相对稳定，而失业保险则可以为失业而暂时中断生活来源的劳动者提供物质帮助以保障其基本生活。将国有企业取值为 1，非国有企业取值为 0，单位购买失业保险取值为 1，未购买失业保险取值为 0。采用 Probit 模型进行分析，控制变量和上文一致，结果如表 7-6 所示。

显然，教育和技能水平对工作稳定性有显著影响，劳动者教育程度和技能水平越高，工作越稳定。具体而言，在其他条件不变的情况下，初次就业的劳动者拥有职业资格证书可以使其进入国有企业的概率提高9%，教育年限每增加一年，进入国有企业的概率提高2.1%。样本中同时具备初次就业、目前就业信息的劳动者有1 381个。其中，初次就业时有487人的单位为国有企业，894人的单位为非国有企业，随着职业生涯演进，样本中从非国有企业转换到国有企业的有146人。在当前就业中，拥有职业资格证书会使劳动者进入国有企业的概率提高5.4%，拥有职业资格证书的劳动者单位为其购买失业保险的概率要高6.4%，教育程度每增加一年，拥有失业保险的可能性则提高3%。

表 7-6　人力资本对工作稳定性的边际效应

变量	初次就业	目前就业	
	单位性质	单位性质	失业保险
教育程度	0.021 *** (0.006)	0.022 *** (0.004)	0.030 *** (0.004)
健康状况	0.002 (0.002)	−0.080 (0.080)	−0.134 (0.083)
职业技能	0.090 *** (0.027)	0.054 ** (0.027)	0.069 *** (0.024)
控制变量	控制	控制	控制
样本量	1 047	912	1 315
Pseudo R^2	0.216	0.317	0.363

注：括号内是标准误；*** 表示 $p<0.01$，** 表示 $p<0.05$，* 表示 $p<0.1$。

3. 人力资本对工作自由度的影响

我们主要从工作自主性和工作时间两个维度来考察工作自由度。工作自主性是指员工自我感觉能够独立地控制自己的工作，包括决定工作方法、工作程序、工作时间和地点以及付出多少努力等。在问卷中，与工作自主性相关的三个问题是"您是否可以决定您自己每天的工作量、您是否可以按照自己的意愿来安排您的工作日程、您的上下班和休息时间可否由自己安排"，其中1表示完全不可以，2表示可以决定一点，3表示大部分可以，4表示完全可以。我们对这三个因子进行了因子分析，在初次就业中，KMO（Kaiser-Meyer-Olkin）检验统计量为0.708，大于0.7，并且通过Bartlett球形检验，说明这三个因子适合因子分析；最终提取到一个公因子，即工作自主性，可以解释这三个因子的82.92%；最后根据成分矩阵计算得到初次就业的工作自主性的值。同样，在目前就业中，KMO 为 0.709，大于 0.7，并且通过 Bartlett 球形检验，说明这三个因子适合因子分析；最终提取一个公因子，可以解释这三个因子的 82.81%；根据成分矩阵计算得到目前就业的工作自主性的值。OLS 回归分析结果如表 7-7 所示，其中，模型（2）和模型（4）的控制变量与上文一致。总体上，无论是初次就业还是目前就业，教育、健康和技能水平对工作自主性的影响并不显著，这也印证了统计描述时指出的大多数劳动者对工作的自主掌控程度较低。

表 7-7　人力资本对工作自主性的影响

变量	初次就业		目前就业	
	模型（1）	模型（2）	模型（3）	模型（4）
教育程度	-0.020^* （0.011）	0.002 （0.016）	-0.024^{***} （0.007）	0.003 （0.014）
健康状况	0.003 （0.004）	0.004 （0.006）	0.032 （0.136）	0.228 （0.213）
职业技能	-0.031 （0.071）	0.063 （0.087）	-0.22^{***} （0.049）	0.053 （0.089）
控制变量	否	控制	否	控制
样本量	1 249	1 106	2 505	918
Pseudo R^2	0.010	0.170	0.042	0.273

注：括号内是标准误；*** 表示 $p<0.01$，** 表示 $p<0.05$，* 表示 $p<0.1$。

从工作时间来看，男性平均每周工作时间 44.6 小时，比女性高 2 小时，国有企业平均每周工作时间 40.2 小时，非国有企业平均每周工作时间 46.7 小时。我们主要考察教育、健康和技能水平对工作时间的影响，OLS 回归分析结果如表 7-8 所示，其中，模型（1）未加入控制变量，模型（2）加入除职业类型外的所有控制变量，模型（3）加入了所有控制变量。结果表明，在控制所有控制变量后，教育、健康和技能水平对工作时间的影响也不显著。总的来说，教育、健康和技能水平并不会对劳动者的工作自由度产生显著影响，这在一定程度上反映了劳动者在工作过程中会受到各种规章制度和职场文化的约束。

表 7-8　人力资本对工作时间的影响

变量	目前就业		
	模型（1）	模型（2）	模型（3）
教育程度	-0.592*** (0.110)	-0.213 (0.157)	0.243 (0.199)
健康状况	5.217** (2.522)	2.687 (2.832)	-0.589 (3.141)
职业技能	-1.74** (0.710)	-2.205** (0.910)	-1.233 (1.113)
职业类型	否	否	控制
其他控制变量	否	控制	控制
样本量	2 497	1 175	927
Pseudo R^2	0.027	0.121	0.180

注：括号内是标准误；*** 表示 $p<0.01$，** 表示 $p<0.05$，* 表示 $p<0.1$。

4. 拓展分析

（1）基于性别的异质性分析

既往研究表明，劳动力市场存在因性别不同而导致受到不公平待遇的现象，并且这种不公平贯穿于劳动者职业搜寻和发展的整个过程中，主要体现在资源分配的不公平上[1]，如就业机会、工资收入、晋升机会等方面[2]。鉴于此，我们基于性别分析教育、健康和技能水平对工作收入的影响是否存在异质性。初次就业时，男性的平均收入为 2 146.87 元，女性的平均收入为 1 708.26 元。将男女初次就业时的收入进行 T 检验，发现男女在初次就业时收入存在显著差异。在目前就业中，男性的平均收入为 7 723.80元，女性的平均收入为 6 064.18 元，进行 T 检验后发现男女收入仍然存在差异。并且，在不同的教育程度下，男性就业收入要高于女性（见图 7-5）。

① 李莉，宋蕾放.性别社会资本对劳动力市场性别歧视的经济学影响机制分析 [J].湖北社会科学，2012（10）：67-69.
② 郭凯明，颜色.劳动力市场性别不平等与反歧视政策研究 [J].经济研究，2015（7）：42-56.

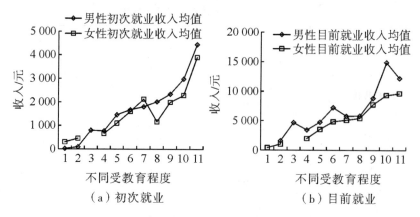

图 7-5　初次就业、目前就业不同受教育程度的收入均值

我们从绝对收入和相对收入两个层面考察工作收入差距的性别异质性（见表 7-9）。初次就业时，教育程度对绝对收入的影响并不存在较大的性别差异，健康状况对男性收入存在较弱的正向影响，对女性收入的影响则不显著。随着职业生涯演进，人力资本对绝对收入的影响逐渐表现出性别差异。对男性来说，教育对绝对收入的影响程度有所下降，技能水平和健康状况对目前就业的绝对收入则没有显著影响。对女性来说，教育对绝对收入的影响也存在下降现象，但下降程度要弱于男性。随着职业生涯演进，职业技能对女性收入的影响逐渐凸显，在其他条件不变的情况下，通过国家职业资格证书考试的女性比没有通过的女性收入要高 39.2%。从相对收入角度看，教育对男性劳动者的相对收入具有较弱的正向影响，对女性来说，拥有职业资格证书有助于提高其初次就业的相对收入水平。

表 7-9　人力资本对就业质量影响的异质性分析

变量	初次就业		目前就业	
	男性样本	女性样本	男性样本	女性样本
	因变量为绝对收入 OLS			
	模型（1）	模型（2）	模型（3）	模型（4）
教育程度	0.060 *** (0.014)	0.059 *** (0.014)	0.031 *** (0.012)	0.044 *** (0.016)
健康状况	0.010 * (0.005)	0.008 (0.006)	−0.204 (0.326)	−0.334 (0.286)

表7-9(续)

	−0.005	0.117	0.050	0.392***
职业技能	(0.069)	(0.083)	(0.075)	(0.088)
控制变量	控制	控制	控制	控制
R^2	0.337	0.390	0.491	0.552
因变量为相对收入（以低收入等级为基准）Logit				
变量		模型（5）	模型（6）	模型（7）	模型（8）
中等收入	教育程度	0.061* (0.036)	0.016 (0.039)	−0.031 (0.053)	0.025 (0.050)
	健康状况	0.025 (0.017)	0.006 (0.019)	0.205 (1.202)	−0.079 (0.991)
	职业技能	−0.030 (0.223)	−0.035 (0.253)	0.431 (0.281)	0.854*** (0.276)
中上收入	教育程度	0.079 (0.072)	−0.088 (0.058)	0.115* (0.062)	0.006 (0.065)
	健康状况	0.032 (0.032)	0.032 (0.033)	0.559 (1.456)	−1.231 (1.103)
	职业技能	−0.251 (0.382)	0.842* (0.439)	0.215 (0.326)	1.245*** (0.359)
高收入	教育程度	−0.052 (0.078)	−0.101 (0.125)	0.046 (0.089)	−0.047 (0.108)
	健康状况	0.045 (0.051)	0.093** (0.044)	−0.030 (1.992)	2.779 (4.137)
	职业技能	0.048 (0.575)	−0.439 (0.807)	−0.151 (0.520)	0.461 (0.639)
控制变量		控制	控制	控制	控制
样本量		562	549	579	472

注：括号内是标准误；*** 表示 $p<0.01$，** 表示 $p<0.05$，* 表示 $p<0.1$。

（2）稳健性检验

我们主要通过以下几种方式进行稳健性检验。一是对收入在 1% 和 99% 分位上进行"缩尾处理（winsorize）"，避免异常值对分析的影响。二是替换核心变量，比如将教育年限替换为按照学历层级，将工作稳定性的衡量指标单位性质替换为就业者身份。其中，0 表示农民，1 表示农民工，2 表示体力工人，3 表示半技术半体力工人，4 表示技术工人，5 表示科技人员或教师等，6 表示私营业主、个体户、企业管理人员，7 表示国家干部或公务员。数值越大，表示工作越稳定。三是将工作自由度细分成对工作量、工作日程、工作时间三个方面的自行决定程度。检验结果如表7-10所示，结果与上文基本一致，说明研究结论是稳健的。

表7-10　稳健性检验结果

变量	工作收入				工作稳定性	
	绝对收入进行缩尾处理		教育年限替换为学历层级		企业性质替换为就业身份	
	初次就业	目前就业	初次就业	目前就业	初次就业	目前就业
教育程度	0.057*** (0.010)	0.028*** (0.010)	0.085*** (0.016)	0.058*** (0.018)	0.306*** (0.053)	0.242*** (0.036)
健康状况	0.007* (0.004)	-0.105 (0.165)	0.006* (0.004)	-0.119 (0.166)	0.01 (0.01)	0.158 (0.265)
职业技能	0.054 (0.050)	0.208*** (0.058)	0.053 (0.051)	0.215*** (0.067)	0.457*** (0.154)	0.476*** (0.127)
控制变量	控制	控制	控制	控制	控制	控制
样本量	1 109	803	1 121	816	1 054	1 857
R^2	0.333	0.500	0.310	0.495	0.418	0.642

变量	工作自由度					
	初次就业			目前就业		
	工作量	工作日程	工作时间	工作量	工作日程	工作时间
教育程度	0.022 (0.09)	0.089 (0.086)	0.048 (0.085)	0.161* (0.089)	0.063 (0.087)	-0.087 (0.098)
健康状况	0.006 (0.016)	0.003 (0.015)	-0.004 (0.015)	0.005 (0.014)	0.014 (0.014)	-0.013 (0.015)
职业技能	0.004 (0.007)	0.004 (0.006)	0.002 (0.006)	0.026 (0.223)	0.433* (0.253)	0.155 (0.213)
控制变量	控制	控制	控制	控制	控制	控制
样本量	1 111	1 106	1 106	918	918	918
R^2	0.151	0.182	0.155	0.253	0.248	0.267

注：括号内是标准误；*** 表示 $p<0.01$，** 表示 $p<0.05$，* 表示 $p<0.1$。

（三）作用机制分析

上文的分析结果表明，以教育、健康和技能水平为代表的人力资本会对就业质量及其变化产生重要影响。在具体作用机制上，结合现有文献，我们认为主要是如下三条途径。第一，人力资本会影响劳动者就业行业类别、单位性质、职业类型的选择，提高劳动者就业的可能性和稳定性[①]。第二，人力资本有助于获得更高的职业地位[②]。根据人事经济学的观点，职业岗位是提前固定的，而工资是由岗位决定，因此工作晋升会带来收入的跳跃式增长[③]。第三，雇主对员工生产率的了解会随着时间推移，内生的工作流动可以视为外部雇主获得有关员工生产率的额外信息来源。例如，将工作转换频率纳入工资方程中，发现个体能力与工作转换的可能性呈负相关，但这种相关性会随着年轻员工在职业生涯中的进步而减弱[④]。图7-6直观展示了这三条可能的主要路径。

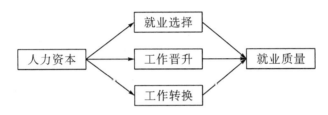

图7-6　人力资本影响就业质量的主要路径

我们对三条路径进行检验。首先，采用mlogit模型分别分析人力资本对劳动者就业行业、职业选择的影响，在此基础上考察就业选择与收入之间的关系，结果如表7-11所示。从回归结果可以看出，在初次就业过程中，人力资本会影响劳动者的行业和职业选择。其中，拥有职业资格证书主要影响个体职业选择，提高其成为专业技术人员的概率，分布在科学研究和技术服务业、卫生和社会工作的可能性更高；此外，拥有职业资格证书的劳动者成为农、林、牧、渔、水利业生产人员和商业工作人员的可能性更小，从事批发和零售业的可能性也较小。教育对劳动者的行业与职业选择都会产生影响，教育程度越高，劳动者进入工资收入较高行业可能性

①　姚先国，俞玲.农民工职业分层与人力资本约束［J］.浙江大学学报（人文社会科学版），2006（5）：16-22.樊茜，金晓彤，徐尉.教育培训对新生代农民工就业质量的影响研究：基于全国11个省（直辖市）4 030个样本的实证分析［J］.经济纵横，2018（3）：39-45.

②　林蓉蓉.人力资本如何影响官员晋升：基于1990~2013年省级领导晋升过程的研究［J］.政治学研究，2019（1）：91-105.

③　周灵灵.爱德华·拉齐尔对劳动经济学的贡献［J］.经济学动态，2019（9）：142-157.

④　ZHANG Y. Employer learning under asymmetric information：The role of job mobility. Available at SSRN：https：//ssrn.com/abstract＝1058801，2007.

越大（如科学研究和技术服务业、租赁和商务服务业、公共管理、社会保障和社会组织），成为专业技术人员、办事人员和有关人员的可能性也越大，进入工资收入较低的行业可能性则越小（如住宿和餐饮业、农林牧渔业），成为服务性工作人员、生产工人的可能性也更小。相对而言，健康状况对劳动者的就业选择没有显著影响。从就业选择与工作收入的关系来看，劳动者在初次就业时，各行业间工作收入存在较大差异，而职业间的收入差距并不大。

表 7-11　机制检验 1：就业选择效应

人力资本与行业选择—mlogit 模型				个体收入—OLS 模型
行业类型	边际效应：职业技能	边际效应：教育程度	边际效应：健康状况	
1. 农、林、牧、渔业	−0.017 (0.022)	−0.024*** (0.002)	0.001 (0.001)	基准组
2. 采矿业	0.003 (0.003)	0.001 (0.001)	−0.000 (0.000)	0.658** (0.260)
3. 制造业	−0.017 (0.026)	−0.006* (0.003)	−0.001 (0.002)	0.454** (0.207)
4. 电力、热力、燃气及水生产和供应业	0.003 (0.005)	0.001 (0.001)	−0.000 (0.000)	0.603* (0.317)
5. 建筑业	0.010 (0.008)	0.002* (0.001)	−0.000 (0.001)	0.742*** (0.233)
6. 水利、环境和公共设施管理业	0.002 (0.003)	0.000 (0.000)	−0.000 (0.000)	0.077 (0.434)
7. 交通运输、仓储和邮政业	−0.005 (0.129)	0.000 6 (0.002)	−0.001 (0.001)	0.664*** (0.216)
8. 批发和零售业	−0.083*** (0.020)	−0.001 (0.002)	0.001 (0.001)	0.558*** (0.216)
9. 住宿和餐饮业	−0.004 (0.014)	−0.006*** (0.002)	−0.001 (0.001)	0.376* (0.222)
10. 租赁和商务服务业	−0.006 (0.007)	0.005*** (0.002)	0.001 (0.001)	0.707*** (0.224)
11. 房地产业	−0.003 (0.006)	−0.000 (0.001)	−0.000 (0.000)	0.626*** (0.230)

表7-11(续)

12. 金融业	0.016* (0.089)	0.002 (0.002)	0.001 (0.001)	0.609*** (0.228)
13. 卫生和社会工作	0.031** (0.014)	0.004 (0.002)	0.001 (0.001)	0.395* (0.211)
14. 文化、体育和娱乐业	0.002 (0.005)	0.001 (0.001)	0.000 (0.000)	0.703*** (0.236)
15. 公共管理、社会保障和社会组织	0.001 (0.005)	0.002*** (0.001)	−0.000 (0.000)	0.578*** (0.230)
16. 科学研究和技术服务业	0.079*** (0.015)	0.015*** (0.003)	−0.001 (0.001)	0.358* (0.212)
17. 教育	−0.012 (0.012)	0.003 (0.002)	0.001 (0.001)	0.458** (0.227)
人力资本与职业选择—mlogit 模型				个体收入—OLS 模型
职业类型	边际效应：职业技能	边际效应：教育程度	边际效应：健康状况	
1. 国家机关、党群组织、企业、事业单位负责人	−0.001 (0.006)	0.001 (0.001)	−0.000 (0.001)	基准组
2. 专业技术人员	0.155*** (0.016)	0.029*** (0.003)	0.002 (0.002)	0.209 (0.163)
3. 办事人员和有关人员	0.012 (0.016)	0.021*** (0.003)	−0.000 (0.002)	0.091 (0.165)
4. 商业工作人员	−0.046** (0.020)	0.001 (0.003)	−0.000 (0.002)	0.212 (0.172)
5. 服务性工作人员	−0.021 (0.020)	−0.010*** (0.003)	0.003 (0.002)	−0.018 (0.180)
6. 农、林、牧、渔、水利业生产人员	−0.065** (0.030)	−0.020*** (0.002)	−0.000 (0.001)	−0.039 (0.269)
7. 生产工人、运输工人和有关人员	−0.026 (0.028)	−0.016*** (0.003)	−0.004 (0.002)	−0.148 (0.174)
8. 警察及军人	0.001 (0.005)	−0.000 (0.001)	0.000 (0.000)	0.419 (0.417)
9. 不便分类人员	−0.012 (0.015)	−0.006*** (0.002)	0.000 (0.001)	0.189 (0.211)

注：括号内是标准误；*** 表示 $p<0.01$，** 表示 $p<0.05$，* 表示 $p<0.1$。

其次，我们采用当前工作中是否为管理者（1 表示为管理者，0 为非管理者）来衡量工作晋升，使用 Probit 模型分析人力资本对工作晋升的影响，同时探究这种影响是否存在异质性，结果如表 7-12 所示。总的来说，教育程度和技能水平都会影响劳动者成为管理者的可能性，且不同性别表现出较大的差异。成为管理者有助于提升工作收入，而健康状况对工作晋升没有显著影响。对男性来说，技能水平和教育程度更有助于其成为管理者；对女性而言，教育程度更有助于其成为管理者，技能水平对女性成为管理者没有显著影响。这可能与不同性别对风险的厌恶程度不同，拥有职业技能的女性在职业发展过程中更偏向于专业技术型发展序列。

表 7-12　机制检验 2：工作晋升效应

变量	是否为管理者—Probit 模型			个体收入—OLS 模型
	全样本	男性样本	女性样本	全样本
职业技能	0.339 *** (0.123)	0.469 *** (0.176)	0.172 (0.204)	0.230 *** (0.068)
教育程度	0.074 *** (0.021)	0.055 * (0.289)	0.116 *** (0.036)	0.038 *** (0.010)
健康状况	0.002 (0.01)	0.003 (0.014)	−0.004 (0.017)	−0.002 (0.006)
是否为管理者 （1 为是，0 为否）				0.291 *** (0.061)
控制变量	控制	控制	控制	控制
样本量	843	415	381	795
Pseudo R^2	0.146	0.136	0.182	0.488

注：括号内是标准误；*** 表示 $p<0.01$，** 表示 $p<0.05$，* 表示 $p<0.1$。

最后，我们分析人力资本对工作转换的影响。当劳动者在工作中转换行业或职业时，工作转换取值为 1，否则为 0。Probit 回归结果如表 7-13 所示。总的来看，人力资本中的教育程度和技能水平对工作转换有一定的负向影响，健康状况对工作转换没有显著影响。分性别看，教育程度对男性工作转换有负向影响，职业技能则对女性工作转换有负向影响。总之，工作转换对劳动者收入有一定的负向影响，人力资本水平越高的劳动者转换工作的可能性越小，工作也越稳定，收入水平会保持相对稳定的增长。

表 7-13　机制检验 3：工作转换效应

变量	是否转换工作—Probit 模型			个体收入—OLS 模型
	全样本	男性样本	女性样本	全样本
职业技能	−0.165* (0.096)	−0.144 (0.131)	−0.244* (0.145)	0.259*** (0.066)
教育程度	−0.028* (0.155)	−0.039* (0.021)	−0.016 (0.024)	0.040*** (0.010)
健康状况	0.002 (0.01)	0.003 (0.014)	−0.004 (0.017)	−0.002 (0.006)
是否工作转换 (1 为有，0 为无)				−0.273*** (0.053)
控制变量	控制	控制	控制	控制
样本量	1 058	554	504	812
Pseudo R^2	0.033	0.035	0.038	0.487

注：括号内是标准误，*** 表示 $p<0.01$，** 表示 $p<0.05$，* 表示 $p<0.1$。

第三节　人力资本错配如何影响就业质量?

一、问题的提出

本章第二节的实证分析表明，教育、健康和技能水平等人力资本是微观就业质量的基本决定因素，要通过强化人力资本积累来提升就业质量。然而，积累只是人力资本的一个方面，人力资本配置也会影响就业质量。特别是随着高校毕业生人数增加，每个毕业生在劳动力市场找到所学专业与工作匹配的职位的难度有所提升[①]。其就业薪酬、学历与工作的匹配、专业与工作的匹配程度等问题成了政府和社会关注的焦点。例如，第三方社会调查机构麦可思研究院发布的《2019 年中国大学生就业质量报告》显示[②]，2018 届本科、高职高专院校毕业生的工作与专业相关度分别为 71%

---

① ZHU R. The impact of major-job mismatch on college graduates' early career earnings：Evidence from China ［J］. Education economics, 2014, 22 （5）：511-528.

② 麦可思研究院. 2019 年中国大学生就业质量报告［EB/OL］. https://www.sohu.com/a/342748287_100113598。

和62%，2015届大学生毕业三年后的工作与专业相关度为61%，说明高校毕业生中存在相当比例的"所学非所用"现象。其他学者的研究也发现中国大约有30%的高校毕业生存在专业与工作不匹配问题①。

尽管研究者注意到了教育与工作匹配的重要性，但目前的研究主要集中在纵向匹配，即实际受教育年限与工作所需受教育年限的匹配，其中过度教育是研究热点②。事实上，横向错配（专业错配）问题更严峻也更重要，但鲜有研究者探讨。大学旨在培养专业性人才，如果存在高比例的学用不匹配，那么一方面会降低生产效率，另一方面也没有充分发挥大学专业教育的优势，难以实现"学以致用"的初衷。

鉴于此，接下来我们继续从微观层面着手，采用"中国雇主—雇员匹配调查"数据集，探讨大专及以上学历劳动者人力资本配置与就业质量的关系，旨在从专业错配（横向匹配）和学历错配（纵向匹配）两个角度回答"高校毕业生就业匹配的状况""不同群体是否存在差异""高校毕业生工作错配对收入及其他福利的影响"三个问题。与现有文献相比，本研究的贡献主要体现在以下三方面：第一，关注高校毕业生的学历、专业与工作匹配状况，兼顾了纵向匹配和横向匹配；第二，不仅研究高校毕业生学历、专业匹配的收入影响效应，还分析它们对工作满意度的影响；第三，尝试使用倾向得分匹配解决就业匹配存在的样本自选择和个体异质性问题。

二、文献回顾

从文献来看，Duncan 和 Hoffman③ 较早注意到了"劳动力市场所要求的学历与个人最高学历的匹配状况对收入的影响"。此后，学者们开始关

① 刘扬. 大学专业与工作匹配研究：基于大学毕业生就业调查的实证分析 [J]. 清华大学教育研究, 2010 (6)：82-88. 代懋，王子成，杨伟国. 中国大学生就业匹配质量的影响因素探析 [J]. 中国人口科学, 2013 (6)：113-123.

② MCGUINNESS S, BENNET J. Overeducation in the graduate labour market：A quantile regression approach [J]. Economics of education review, 2007, 26 (5)：521-531. HARTOG J. Over-education and earnings：Where are we, where should we go? [J]. Economics of education review, 2000, 19 (2)：131-147. 王子成，杨伟国. 就业匹配对大学生就业质量的影响效应 [J]. 教育与经济, 2014 (3)：44-52. 周丽萍，马莉萍. 高校毕业生的就业匹配与工资起薪的关系研究 [J]. 教育学术月刊, 2016 (4)：82-88.

③ DUNCAN G, HOFFMAN S. The incidence and wage effects of overeducation [J]. Economics of education review, 1981, 1 (1)：75-86.

注教育纵向错配带来的影响。过度教育因此一度成为人们关注的重点，不少文献探讨了过度教育的影响因素和劳动力市场效应[1]。比如，颜敏和王维国[2]用中国家庭追踪调查面板数据，发现"过度教育"一年会承受1.4%的工资惩罚，"教育不足"一年会获得2.4%的工资红利。武向荣[3]则发现过度教育收益率为正，但是小于工作所需教育年限的收益率。当然，纵向匹配只是衡量"教育—工作匹配"的一方面，专业与工作的横向匹配是另一个值得关注的重点。Robst[4]将所学专业与工作需求专业不相关定义为横向错配，发现有45%的员工认为专业与工作不匹配或者仅部分匹配，而且对于学历相同的群体，专业不匹配者的收入小于专业匹配者。Nordin等人[5]利用瑞典数据，研究专业错配对收入的影响，发现男性专业错配者承受11%的收入损失，女性承受6%的收入损失。国内学者在这方面也做了颇有价值的探讨。比如，王子成和杨伟国[6]发现专业匹配对大学生起薪无显著影响，但在当前工资水平方面，专业严格匹配的大学毕业生工资水平要高于不匹配者14.55%，大致匹配者高于不匹配者6.68%。Zhu[7]以刚毕业的大学生为研究对象，运用非参数法，发现专业错配对收入的影响程度会因性别、院校种类、专业和所处行业的不同而不同，并且专业错配的平均影响效应为负。上述研究表明，专业不匹配者承受不同程度的收入损失。总体而言，国内这方面的研究还主要集中于实际接受教育年限与岗位所需教育年限之间的匹配，也即侧重于学历匹配的研究，研究专业匹配的影响效应的文献则较少。

---

① VERDUGO R，VERDUGO N T. The impact of surplus schooling on earnings：Some additional findings［J］. Journal of human resources, 1989, 24（4）：629-643. CHEVALIER A. Measuring over-education［J］. Economica, 70（279）：509-531.

② 颜敏，王维国. 教育错配对工资的惩罚效应：来自中国微观面板数据的证据［J］. 财经研究，2018（3）：84-96.

③ 武向荣. 教育扩展中的过度教育现象及其收入效应：基于中国现状的经验研究［J］. 北京师范大学学报（社会科学版），2007（3）：132-136.

④ ROBST J. Education and job match：The relatedness of college major and work［J］. Economics of education review, 2007, 26（4）：397-407.

⑤ NORDIN M，PERSSON I，ROOTH D. Education-occupation mismatch：Is there an income penalty?［J］. Economics of education review, 2010, 29（6）：1047-1059.

⑥ 王子成，杨伟国. 就业匹配对大学生就业质量的影响效应［J］. 教育与经济，2014（3）：44-52.

⑦ ZHU R. The impact of major-job mismatch on college graduates' early career earnings：Evidence from China［J］. Education economics, 2014, 22（5）：511-528.

测度方法方面，目前文献中采用了主观和客观两类方法来衡量专业错配。Allen 和 Velden[1] 以及 Shevchuk 等人[2]采用主观自评法，根据雇员对"你认为你的工作与专业匹配吗"的主观回答来定义专业错配。Chung[3] 则根据专业与工作岗位的详细划分，采用客观评价法来测度专业错配。比如，Wolbers[4] 根据国际职业划分准则，将专业与其适合的职业相对应，来判断个体是否发生专业错配。对于学历错配的衡量，Duncan 和 Hoffman[5]、Verdugo 和 Verdugo[6] 通过比较工作岗位需要学历水平和个人最高教育水平，将学历匹配状况分为过度教育、教育不足、学历匹配三种情况。在实证方法方面，Zhu[7] 采用非参数估计法研究教育错配，颜敏和王维国[8]采用固定效应模型研究教育错配，McGuinness 和 Sloane[9] 运用倾向得分匹配法研究教育错配对收入及工作满意度的影响。

毋庸置疑，就业匹配不仅会影响收入水平，还将影响劳动者的其他方面。劳动者如果未能在工作岗位充分施展技能，则会降低其工作满意度。Wolbers[10] 探讨了专业错配对职位和参加职业培训的影响，发现专业错配者

① ALLEN J, VELDEN R. Educational mismatches versus skill mismatches: Effects on wages, job satisfaction, and on-the-job search [J]. Oxford economic papers, 2001, 53 (3): 434-452.

② SHEVCHUK A, STREBKOV D, DAVIS S. Educational mismatch, gender, and satisfaction in self-employment: The case of Russian-language internet freelancers [J]. Research in social stratification and mobility, 2015, 40: 16-28.

③ CHUNG Y. Educated mis-employment in Hong Kong: Earnings effects of employment in unmatched fields of work [J]. Economics of education review, 1990, 9 (4): 343-350.

④ WOLBERS M. Job mismatches and their labour-market effects among school-leavers in Europe [J]. European sociological review, 2003, 19 (3): 249-266.

⑤ DUNCAN G, HOFFMAN S. The incidence and wage effects of overeducation [J]. Economics of education review, 1981, 1 (1): 75-86.

⑥ VERDUGO R, VERDUGO N T. The impact of surplus schooling on earnings: Some additional findings [J]. Journal of human resources, 1989, 24 (4): 629-643.

⑦ ZHU R. The impact of major-job mismatch on college graduates' early career earnings: Evidence from China [J]. Education economics, 2014, 22 (5): 511-528.

⑧ 颜敏, 王维国. 教育错配对工资的惩罚效应: 来自中国微观面板数据的证据 [J]. 财经研究, 2018 (3): 84-96.

⑨ MCGUINNESS S, SLOANE P. Labour market mismatch among UK graduates: An analysis using REFLEX data [J]. Economics of education review, 2011, 30 (1): 130-145.

⑩ WOLBERS M. Job mismatches and their labour-market effects among school-leavers in Europe [J]. European sociological review, 19 (3): 249-266.

更少地参加职业培训，职位也低于专业匹配者。Shevchuk 等人[1]以俄罗斯自由职业者为对象，分析专业错配对男性和女性在收入、工作满意度、工作流动性方面的不同影响，他们在女性样本中发现了专业错配对工作满意度有显著负影响。

那么，哪些因素会影响就业匹配的程度？文献主要从个人层面、国家和区域层面以及企业层面分析了专业错配的影响因素。在个人层面，李锋亮等人[2]发现成功找寻工作的次数多、学业成绩好、"211"重点大学的毕业生，更容易找到专业匹配的工作。刘扬[3]发现工作与专业匹配受性别、大学所在层次、实习经历的影响。而且，劳动者可能会为了户口等优惠政策，牺牲专业与工作之间的匹配度，导致劳动力市场的低效配置[4]。在国家和区域层面，文献显示接受专业教育的时间、是否为职业导向型教育模式、校企之间的联系程度皆会影响专业匹配程度。例如，Malamu[5]认为学生较晚接受专业化培养，能够更好了解自己的兴趣爱好，更容易找到专业匹配的工作；Levels 等人[6]发现专业错配在注重职业化教育的国家发生的可能性更大，同时专业错配发生率也与地区校企之间联系的紧密程度相关。在企业层面，Wolbers[7]发现在大企业工作的员工更容易找到专业匹配的工作，因为大企业提供了相对多的就业机会；Peter[8]发现专业错配发生率在持有临时合同类型的员工中发生的概率大于持有固定合同和自由职业者。

① SHEVCHUK A, STREBKOV D, DAVIS S. Educational mismatch, gender, and satisfaction in self-employment：The case of Russian-language internet freelancers [J]. Research in social stratification and mobility, 2015, 40：16-28.

② 李锋亮，陈晓宇，刘帆. 工作找寻与学用匹配：对高校毕业生的实证检验 [J]. 北京师范大学学报（社会科学版），2009（5）：126-135.

③ 刘扬. 大学专业与工作匹配研究：基于大学毕业生就业调查的实证分析 [J]. 清华大学教育研究，2010（6）：82-88.

④ 封世蓝，谭娅，黄楠，等. 户籍制度视角下的大学生专业与就业行业匹配度异质性研究：基于北京大学 2008—2014 届毕业生就业数据的分析 [J]. 经济科学，2017（5）：113-128.

⑤ MALAMUD O. Discovering one's talent：Learning from academic specialization [J]. Industrial & labor relations review, 2011, 64（2）：375-405.

⑥ LEVELS M, VELDEN R, STASIO V. From school to fitting work：How education-to-job matching of European school leavers is related to educational system characteristics [J]. Acta Sociologica, 2014, 57（4）：341-361.

⑦ WOLBERS M. Job mismatches and their labour-market effects among school-leavers in Europe [J]. European sociological review, 2003, 19（3）：249-266.

⑧ PETER R. Job mismatch in early career of graduates under post-communism [J]. International journal of manpower, 2014, 35（4）：500-513.

对于学历错配的影响因素，于洪霞①的分析表明学校类型、学科门类会影响学历错配。缪宇环②研究发现学历水平、家庭人口数、所在公司的所有制及规模对学历错配有显著影响。代懋等人③则发现专业本身、学校就业指导课和招聘信息渠道皆会影响专业、学历匹配程度。

通过梳理文献可知，学历、专业错配影响的大小会因研究对象所在国家或地区、性别、专业等不同而不同，大多数实证结果显示这种错配对收入有显著负影响，而且大多数研究者是通过控制学校层次、学业成绩、认知能力测试成绩来解决遗漏个人能力产生的偏误④。总的来说，研究中国学历、专业错配现状及其影响的文献还很少。鉴于此，我们根据"中国雇主—雇员匹配调查"数据特点，从工作收入和工作满意度两个方面来测度就业质量⑤，采用倾向得分匹配方法解决可能存在的样本选择性偏误和个体异质性问题，从学历匹配、专业匹配两个方面全面评估人力资本错配对就业质量的影响。

三、数据、变量和方法

（一）数据和变量

本节使用的数据为"中国雇主—雇员匹配调查（2012）"，数据来自中国人民大学劳动人事学院。问卷分为雇主调查问卷和雇员调查问卷，提供了企业和员工的一些基本数据。原始样本包括 10 个城市（北京、齐齐哈尔、长春、济南、郑州、成都、福州、苏州、襄阳、咸阳），城市的抽取按照东、中、西和东北四个区域，抽取一个省会城市和一个地级市，并且以北京市作为直辖市的代表，以福州市作为南方省会城市代表。数据共

---

① 于洪霞. 高校毕业生工作与学历匹配情况及其影响因素分析 [J]. 教育与经济, 2010 (4): 1-5.

② 缪宇环. 我国过度教育现状及其影响因素探究 [J]. 统计研究, 2013 (7): 48-54.

③ 代懋, 王子成, 杨伟成. 中国大学生就业匹配质量的影响因素探析 [J]. 中国人口科学, 2013 (6): 113-123.

④ 刘扬. 大学专业与工作匹配研究: 基于大学毕业生就业调查的实证分析 [J]. 清华大学教育研究, 2010 (6): 82-88. NORDIN M, PERSSON I, ROOTH D. Education-occupation mismatch: Is there an income penalty? [J]. Economics of education review, 2010, 29 (6): 1047-1059.

⑤ 上文在分析教育、健康、技能等人力资本是如何影响微观就业质量时，是从工作收入、工作稳定性和工作自由度三个方面测度就业质量，这里则从工作收入和工作满意度两个方面来测度。这两种测度方式虽有所区别，但基本内涵是一致的，工作满意度中其实也有工作稳定性和工作自由度因素，这样处理是考虑到两个数据集的一些差异。

包括 3 566 个雇员、350 家企业，涵盖了中国不同区域、不同等级城市的雇员、雇主信息，具有代表性。我们主要采用雇员调查问卷数据，问卷包括员工个人信息、工作特征、员工与企业关系、员工福利计划四大模块。工作特征部分，问卷详细地调查了受教育程度在大专及以上的被调查者对学历、专业与目前工作的匹配程度的满意情况。

这里的研究对象为受教育程度在大专及以上的被调查者，根据问卷问题"您现在工作的专业要求与您所学专业的匹配程度？"的主观回答情况（1. 非常不匹配 2. 不匹配 3. 一般 4. 匹配 5. 非常匹配）划分专业匹配状况。如果被调查者选择"1. 非常不匹配"或"2. 不匹配"，则判定其为专业错配；反之，则为专业匹配。主观评价法在许多文献中都有应用[①]。学历错配也是根据问卷中"您对您现在工作的学历要求与您学历匹配状态满意吗？"的主观回答（1. 非常不满意 2. 不满意 3. 一般 4. 满意 5. 非常满意）定义的，我们将选择"非常不满意"和"不满意"定义为学历错配；反之，则为学历匹配。

样本中受教育程度大专及大专以上者有 1 610 人。我们将样本人群的年龄限定在 18~65 岁、有收入且工作经验大于 0 的人群，得到 1 604 个有效样本。参考现有文献，使用调查年度前一年月平均基本工资、津贴、补贴之和的对数形式作为因变量，核心解释变量为专业错配、学历错配。样本为 2011 年在被调查企业工作的员工，排除了员工 2011 年的薪酬来自其他企业的可能性。控制变量包含个人特征、公司特征、城市变量，具体变量的定义见表 7-14。

表 7-14　变量名称及其定义

变量类别	变量名称	变量定义
因变量	收入	月基本工资、津贴、补贴之和的对数形式

① ALLEN J, VELDEN R. Educational mismatches versus skill mismatches: Effects on wages, job satisfaction, and on-the-job search [J]. Oxford economic papers, 2001, 53 (3): 434-452. ROBST J. Education and job match: The relatedness of college major and work [J]. Economics of education review, 2007, 26 (4): 397-407. SHEVCHUK A, STREBKOV D, DAVIS S. Educational mismatch, gender, and satisfaction in self-employment: The case of Russian-language internet freelancers [J]. Research in social stratification and mobility, 2015, 40: 16-28. 李锋亮, 陈晓宇, 刘帆. 工作找寻与学用匹配: 对高校毕业生的实证检验 [J]. 北京师范大学学报（社会科学版），2009（5）: 126-135.

表7-14(续)

变量类别	变量名称	变量定义
关键变量	工作匹配程度	1=专业匹配、学历匹配，2=专业错配、学历匹配，3=专业匹配、学历错配，4=专业错配、学历错配
	专业错配	1=专业错配，0=专业匹配
	学历错配	1=学历错配，0=学历匹配
个人特征	性别	1=女性，0=男性
	户口	1=农村，0=城市
	工作经验	截至2012年已工作的年数
	婚姻	1=已婚，0=未婚
	学校类型	0=大专及高职，1=非211，2=211大学
	职务类型	1=管理人员，2=专业技术人员，3=行政办事人员，4=技术工人，5=普通工人，6=其他人员
	专业类型	1=人文艺术，2=社会科学，3=理工农医，4=其他
单位特征	企业规模	1=小规模，2=中规模，3大规模
	企业所有制	1=国有控股，2=集体控股，3=私人控股，4=港澳台商控股，5=外商控股
	所属行业	1=农林牧渔，2=制造业，3=电力、燃气及水的生产和供应业，4=建筑业，5=交通运输、仓储和邮政业，6=信息传输、计算机服务和软件业，7=批发和零售业、住宿和餐饮业，8=金融业，9=房地产业，10=租赁和商务服务业，11=科学研究、技术服务和地质勘查业，12=水利、环境和公共设施管理业，13=居民服务和其他服务业，14=教育，15=卫生、社会保障和社会福利业，16=文化、体育和娱乐业，17=公共管理与社会组织

注：专业类型中，"人文艺术"类包括法学、教育学、文学、历史学，"社会科学"类包括经济学、管理学，"理工农医"类包括理学、工学、农学、医学，除以上专业以外的其他专业为"其他"。

表7-15为主要变量的统计性描述。样本中女性占比为59%，样本的平均工作年限为8.91年，57%的个体已婚，21%的个体专业错配，9%的个体学历错配。

表 7-15　主要变量统计性描述

变量	定义	样本数	均值	标准差	最小值	最大值
收入	月基本工资、津贴、补贴之和的对数形式	1 604	7.86	0.51	5.99	10.24
性别	1=女性，0=男性	1 604	0.59	0.49	0	1
专业错配	1=专业错配，0=专业匹配	1 604	0.21	0.41	0	1
学历错配	1=学历错配，0=学历匹配	1 604	0.09	0.28	0	1
户口	1=农村，0=城市	1 603	0.27	0.45	0	1
工作经验	截至 2012 年已工作的年数	1 604	8.91	8.05	1	44
婚姻状况	1=已婚，0=未婚	1 604	0.57	0.49	0	1
学校类型：大专及高职	1=大专及高职，0=其他	893	0.56	0.50	0	1
学校类型：非 211 大学	1=非 211 学校，0=其他	564	0.35	0.48	0	1
学校类型：211 大学	1=211 学校，0=其他	147	0.09	0.29	0	1

数据来源：根据 2012 年中国雇主—雇员匹配调查数据计算得到。

为更直观地刻画专业与工作不同匹配程度组的平均薪酬差异，我们绘制了饼状图和柱状图（见图 7-7、图 7-8）。在所考察的样本中，认为自己的工作与专业"非常不匹配"的占 3%，月平均薪酬为 2 628 元；"不匹配"组占 18%，月平均工资为 2 624 元；"一般匹配"组占 34%，月平均工资为 2 947 元；"匹配"组有 612 人，占 38%，月平均工资为 3 002 元；"非常匹配"组只占 7%，月平均工资为 3 809 元。这些描述性分析粗略表明，随着专业与工作的匹配度上升，月平均工资也呈上升趋势。学历匹配也呈类似趋势，随着劳动者个体对学历与工作匹配的满意度上升，月平均工资呈现上升趋势。

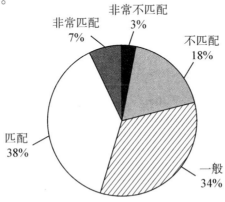

图 7-7　专业匹配情况

（数据来源：根据 2012 年中国雇主—雇员匹配调查数据计算得到）

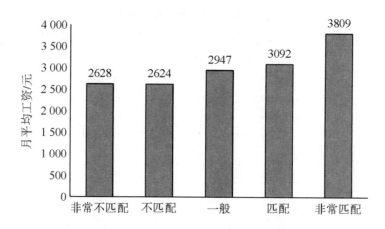

图 7-8　专业匹配度与月平均工资

（数据来源：根据 2012 年中国雇主—雇员匹配调查数据计算得到）

我们还将学历、专业匹配程度进行细分，分为"学历匹配—专业匹配""学历匹配—专业错配""学历错配—专业匹配""学历错配—专业错配"等四种类型，得出"学历匹配—专业匹配"组平均工资为 3 132 元，"学历匹配—专业错配"组平均工资为 2 684 元，"学历错配—专业匹配"平均工资为 2 393 元，"学历错配—专业错配"组平均工资为 2 420 元。从各组的平均工资，可以看出"学历匹配—专业匹配"组的平均工资高于其他组。这说明高校毕业生就业匹配程度不同，会呈现不同的薪酬水平。

从专业类别看（见表 7-16），人文艺术类的专业错配比率最高，为 30.77%，理工农医类为 20.93%，社会科学类为 17.52%。这与封世蓝等人[①]发现管理类专业与行业匹配率最高，经济、理工类匹配度较高，文史哲类匹配度较低的结果基本一致。按照所有制形式，外商控股形式企业的专业错配率最低，为 14.93%，国有控股、集体控股、港澳台商控股类型公司的专业错配率则均高于 20%。根据职务类别，专业技术人员、技术工人、管理人员的专业错配率相对较低，分别为 9.71%、17.24%、18.00%，而行政办公人员、普通工人、其他人员的专业错配率较高，在 25%～30%。学历错配率包括学历错配—专业匹配的比率加上学历、专业均发生错配的比率。其中，学历错配根据被调查者对学历与工作匹配程度的主观回答定

---

① 封世蓝，谭娅，黄楠，等. 户籍制度视角下的大学生专业与就业行业匹配度异质性研究：基于北京大学 2008—2014 届毕业生就业数据的分析 [J]. 经济科学，2017 (5)：113-128.

义。总体上，各类别对学历匹配不满意的比例约为 10%，小于对专业匹配不满意的比例。女性、"211 高校"、艺术类专业、普通工人学历错配率较高。

表 7-16　分类别学历、专业错配率

变量	类别	专业错配/%	学历错配/%	人数/人
性别	男性	18.03	8.19	660
	女性	23.36	9.01	944
学校类型	大专	21.48	8.18	893
	非 211 大学	22.48	8.34	564
	211 大学	14.29	12.92	147
专业大类	人文艺术	30.77	10.31	195
	社会科学	17.52	8.51	765
	理工农医	20.93	8.05	559
	其他	33.33	29.89	87
职位类型	管理人员	18.00	5.16	349
	专业技术人员	9.71	6.84	307
	行政办事人员	26.50	8.50	200
	技术工人	17.24	6.90	87
	普通工人	27.04	11.67	651
	其他人员	30.00	10.00	10
所有制形式	国有控股	23.76	7.92	303
	集体控股	24.88	10.05	209
	私人控股	19.69	9.18	970
	港澳台商控股	26.79	0.00	56
	外商控股	14.93	7.58	66
企业规模	小	23.19	8.37	813
	中	18.30	9.41	574
	大	21.20	7.84	217

数据来源：根据 2012 年中国雇主—雇员匹配调查数据计算得到。本节同，不再注明。

总体而言，学校声誉高（如 211 重点大学），就读于经管、理工农医类专业以及职位专业性强的人员，专业错配率相对较低；非重点大学的毕业生，社会科学、理工农医类专业的学生以及管理、技术岗位人员，学历错配率较低。与女性毕业生相比，男性毕业生的学历和专业错配率都相对较低。

（二）研究方法

1. 倾向得分匹配方法简介

本节旨在分析专业匹配组与专业错配组，以及学历匹配组与学历错配组在薪酬和工作满意度等方面的差异。但是，匹配组与错配组的薪酬与工作满意等方面的差异可能受是否匹配以外的其他因素影响。通过分析错配组发生错配与假设其不发生错配在薪酬及工作满意方面的差异，能够避免其他因素的干扰。

我们在样本中可以观察到的是错配组发生错配的结果，而假设其不发生错配的结果是不可能观察到的，这种状态被称为反事实（counterfactuals），倾向得分匹配法（propensity score matching，PSM）就是为了解决这种不可观察的反事实。通过将样本分为两组，一组是处理组，一组是对照组（也称控制组），将处理组与对照组通过一定的方式匹配后，在倾向得分值相近的情况下，通过比较错配组（处理组）与匹配组（对照组）在薪酬及工作满意方面的差异，来判断错配与薪酬、工作满意之间的因果关系。

Rosenbaum 和 Rubin[①] 定义倾向得分为在给定某些特征一致的情况下，个体接受处理的可能性。

$$p(X) = \Pr[D = 1 \mid X] = \mathrm{E}[D \mid X]$$

以专业错配为例，其中，X 是一系列控制变量，D 表示个体是否发生专业错配，若 $D = 1$，则个体发生专业错配，若 $D = 0$，则个体专业与工作匹配。理论上，如果结果得到倾向得分，那么处理组的处理效应（ATT）就能作为处理组（专业错配）与对照组（专业匹配）的差异值[②]。学历错配也类似，我们根据个体是否学历错配将样本分为处理组（学历错配）和控

① ROSENBAUM P R, RUBIN D B. The central role of the propensity score in observational studies for causal effects [J]. Biometrika, 1983, 70 (1)：41-55.

② BECKER S, ICHINO A. Estimation of average treatment effects based on propensity scores [J]. The stata journal, 2002, 2 (4)：358-377.

制组（学历匹配）。

倾向得分匹配方法将研究样本限定为错配组（$D=1$），计算错配组在经历和假设不经历错配时的收入。但我们仅能在样本中观察到错配者的收入：$E[Y_{1i} \mid D_i = 1, p(X_i)]$，反事实结果——假设错配者不发生错配时的收入：$E[Y_{0i} \mid D_i = 1, p(X_i)]$，现实中无法观测到。因此我们用倾向得分匹配的方法为反事实结果 $E[Y_{0i} \mid D_i = 1, p(X_i)]$ 寻找替代指标，基本原理是，假设个体 i 为处理组（错配），找到对照组（匹配）的个体 j，使 j 与 i 的其他特征尽可能相似（除了是否匹配外），用 Y_j 代替 $Y_{0i} \mid D_i = 1$，将 $Y_{1i} - Y_j$ 作为个体 i 处理效应的度量。

参与者平均处理效应（ATT），即在错配组中随机抽取个体，假设其没有发生错配，研究错配对收入的影响。

$$ATT = E[Y_{1i} - Y_{0i} \mid D_i = 1]$$
$$= E\{[Y_{1i} - Y_{0i} \mid D_i = 1, p(X_i)]\}$$
$$= E\{E[Y_{1i} \mid D_i = 1, p(X_i)] - E[Y_{0i} \mid D_i = 0, p(X_i)] \mid D_i = 1\}$$

平均影响效果（ATE），表示在错配（处理组）和匹配（对照组）的类别中，随机抽取一个个体，将两者的差异作为错配对收入的影响。

$$ATE = E[Y_{1i} \mid D_i = 1] - E[Y_{0i} \mid D_i - 0]$$

未参与者平均处理效应（ATU），即随机抽取一个特征为 X 的没有发生错配的个体，假如发生错配，对收入的影响程度。

$$ATU = E[Y_{1i} - Y_{0i} \mid D_i = 0] = E[Y_{1i} \mid D_i = 0] - E[Y_{0i} \mid D_i = 0]$$

其中，Y_{1i} 和 Y_{0i} 分别代表处理组和对照组的潜在月收入，在估计倾向得分时，根据 Dehejia 和 Wahba[1] 以及 Becker 和 Ichino[2] 的论文，我们采用 Logit 模型。

$$p(X_i) = \Pr(D_i = 1 \mid X_i) = \frac{\exp(\beta X_i)}{\exp(\beta X_i) + 1}$$

其中，X 是一系列控制变量，它们是影响个体发生错配的因素，β 是回归系数，倾向得分是通过 Logit 模型得到的倾向得分预测值。

----

① DEHEJIA R, WAHBA S. Propensity score-matching methods for nonexperimental causal studies [J]. Review of economics and statistics, 2002, 84 (1)：151-161.

② BECKER S, ICHINO A. Estimation of average treatment effects based on propensity scores [J]. The stata journal, 2002, 2 (4)：358-377.

2. 匹配方法的选择

倾向得分匹配法有最近邻匹配法（nearest neighbor matching method）、半径匹配法（radius matching method）和核匹配法（kernel matching method）等常见的匹配方法。其中，最近邻匹配法是一种最常用的匹配方法，它以倾向得分值为基础，在对照组中找到与处理组个体倾向得分差异最小的个体，作为自己的比较对象。可以采用一对一匹配或者一对多匹配，表达式为 $C(i) = \min \| p_i - p_j \|$ 。

半径匹配法通过预设一个常数值，将对照组中的倾向得分与处理组倾向得分之间的差距小于设定常数值的样本作为匹配对象。表达式为

$$C(i) = \{ p_j \| p_i - p_j \| < r \}$$

核匹配方法是通过对控制变量做权重平均，权重值与处理组、对照组的倾向得分值的差距呈相反关系。我们将综合使用上述方法进行匹配。

3. 样本偏误的解决

本节统计分析的样本量是 1 604 个，可能会存在小样本偏误，为解决小样本偏误，我们使用自助法（bootstrapping）估计标准误。第一步，从原始样本中可重复地随机抽取 n 个观测值，得到经验样本。第二步，采用 PSM 计算经验样本的平均处理效果 ATT。然后，重复第一步和第二步。我们利用自助法重复抽样 500 次，对错配的平均处理效应的显著性进行检验，得到平均激励效果的经验统计量 ATT_i。再计算 ATT_i 的标准差（s. d.），即可得到原始样本平均处理效应 ATT 统计量的标准误（s. e.）。

四、实证分析过程及结果

我们首先使用普通最小二乘法（OLS）估计学历、专业错配对劳动者收入的影响。为解决可能存在的样本选择偏误，再用倾向得分匹配法（PSM）对学历、专业与职位匹配的收入效应以及工作满意度进行估计。

（一）基准回归

表 7-17 展示了学历错配对劳动者收入的影响。仅控制城市效应时，学历错配会使个体承受 16.8% 的收入损失，加入个人特征控制变量后，学历错配者的收入要比学历匹配者低 13.8%，在控制个人、企业和城市特征后，学历错配者的收入比学历匹配者低 12.2%，且在 1% 的显著性水平下显著。对比专业错配和学历错配对收入的影响，我们发现学历错配者承受更大的收入损失。

表 7-17　学历错配对劳动者收入的影响（OLS）

变量	收入（对数）	收入（对数）	收入（对数）
学历错配	-0.168^{***} （0.028）	-0.138^{***} （0.032）	-0.122^{***} （0.025）
个人特征	否	控制	控制
企业特征	否	否	控制
城市固定效应	是	是	是
调整的 R^2	0.227	0.376	0.468
样本量	1 604	1 603	1 603

注：括号内为聚类稳健标准误（聚类于城市层级）；*** 表示 $p<0.01$，** 表示 $p<0.05$，* 表示 $p<0.1$；控制变量包括个人特征（性别、工作经验、工作经验平方、婚姻状况、户口、学校类型、专业类型、职务类型）、企业特征（企业规模、控股形式、行业）、城市（北京、齐齐哈尔、长春、济南、郑州、成都、福州、苏州、襄阳、咸阳）；控制变量之中，户口类型、学校类型、职务类型、专业类型、企业规模、控股形式、行业为虚拟变量。

　　表 7-18 列示了运用 OLS 的基准回归的主要结果。列（1）固定了城市效应，标准误在城市层面聚类（cluster）的情况下，以 2011 年月均收入的对数形式作为因变量，专业错配为核心解释变量，进行多元回归分析；列（2）中加入个人控制变量，专业错配对劳动者收入的影响系数从 -0.126（在 1% 的显著性水平下显著）降到 -0.074（在 10% 的显著性水平下显著），调整后的拟合优度由 0.224 上升到 0.374；列（3）中控制相应的企业特征变量，专业错配系数进一步下降到 -0.065，调整后的拟合优度为 0.466。这说明控制个人、企业、城市特征后，在 10% 的显著性水平下，专业错配者的月均收入比专业匹配者低 6.5%。

表 7-18　专业错配对劳动者收入的影响（OLS）

因变量：收入（对数）	（1）	（2）	（3）
专业错配	-0.126^{***} （0.033）	-0.074^{*} （0.028）	-0.065^{*} （0.023）
个人特征	否	控制	控制
企业特征	否	否	控制
城市固定效应	是	是	是
调整的 R^2	0.224	0.374	0.466

表7-18(续)

因变量：收入（对数）	（1）	（2）	（3）
样本量	1 604	1 603	1 603

注：括号内为聚类稳健标准误（聚类于城市层级）；*** 表示 $p < 0.01$，** 表示 $p < 0.05$，* 表示 $p < 0.1$；控制变量同表7-17。

（二）分组回归

我们从年龄、是否更换过工作、性别三个方面将样本分组，分别研究学历、专业错配对个体收入的影响（见表7-19和表7-20）。根据变量的统计性描述，样本中大专及以上学历者的平均年龄为30岁，因此将样本分为30岁及以下与30岁以上两组。考虑到是否更换过工作会对学历、专业与工作的匹配情况以及目前的薪酬水平产生影响，故而按照是否更换过工作将样本分为两组。最后，按照性别将样本分为男、女两组。

表7-19 学历错配对收入的影响分组回归

因变量：收入（对数）	年龄		是否更换过工作		性别	
关键变量：学历错配	30岁及以下	30岁以上	是	否	男	女
OLS	-0.141*** (0.021).	-0.096 (0.069)	-0.122* (0.062)	-0.144*** (0.032)	-0.091** (0.034)	-0.138*** (0.026)
调整的 R^2	0.449	0.505	0.486	0.454	0.429	0.481
样本量	962	641	784	819	659	944

注：括号内为聚类稳健标准误（聚类于城市层级）；*** 表示 $p < 0.01$，** 表示 $p < 0.05$，* 表示 $p < 0.1$；回归中控制了个人、企业和城市特征，控制变量同表7-17。

表7-20 专业错配对收入的影响分组回归

因变量：收入（对数）	年龄		是否更换过工作		性别	
关键变量：专业错配	30岁及以下	30岁以上	是	否	男	女
OLS	-0.059* (0.027)	-0.072* (0.034)	-0.058 (0.035)	-0.069** (0.027)	-0.038 (0.035)	-0.076*** (0.022)

表7-20（续）

因变量：收入（对数）	年龄		是否更换过工作		性别	
调整的 R^2	0.444	0.505	0.484	0.449	0.421	0.478
样本量	962	641	784	819	659	944

注：括号内为聚类稳健标准误（聚类于城市层级）；*** 表示 $p < 0.01$，** 表示 $p < 0.05$，* 表示 $p < 0.1$；回归中控制了个人、企业和城市特征，控制变量同表7-17。

从分组回归结果看，学历错配对 30 岁及以下的个体、未更换过工作者、女性的影响更大，影响显著为负（见表7-19）。可以认为，未更换过工作者如果目前的专业与工作或者学历与工作不匹配，则会承受更大收入损失；当女性发生专业错配或者学历错配时，承受的收入损失更大。专业错配方面，表 7-20 展示的三组回归中，专业错配对 30 岁以上者、未更换过工作者、女性的影响更大，且系数显著为负。年龄在 30 岁以上的组中，专业错配者承受 7.2% 的收入损失；未更换过工作的组中，专业错配者相比专业匹配者承受 6.9% 的收入损失；在女性工作者中，专业错配者的收入比专业匹配者低 7.6%。总体上，学历错配、专业错配对劳动者的影响相似，一个区别在于，学历错配对 30 岁及以下组的收入负面影响更大，专业错配对 30 岁以上组的收入负面影响更大。

（三）倾向得分匹配估计

上述最小二乘估计没有考虑样本自选择以及个体异质性，专业错配或者学历错配可能与个体能力、获取工作的渠道等遗漏变量有关。协变量匹配的好处在于，匹配时由于需要检验共同区间要求是否满足，从而知道哪些样本进入匹配，这是倾向得分匹配方法相对于最小二乘回归方法的优势。参照已有文献对就业匹配影响因素的选择，我们从个体特征、企业特征、城市方面选取控制变量。其中，个人特征包括性别、工作经验、工作经验平方、户口、学校类型、职务类型；企业特征包括企业规模、控股形式、行业。对于这些控制变量，首先用 Logit 模型对专业错配、学历错配虚拟变量进行回归，得到大专以上学历者的专业错配、学历错配的倾向得分。第二阶段，进行得分匹配，并对匹配后的结果进行平稳性检验。

图 7-9 反映了学历错配和学历匹配者倾向得分的密度分布图（以邻近元等于 4 的最近邻元匹配法为例），可以看出匹配之后，对照组和处理组有较大的共同支持区域，匹配效果较好。专业错配与专业匹配者的倾向得

分的密度分布也类似，满足共同支持假设。

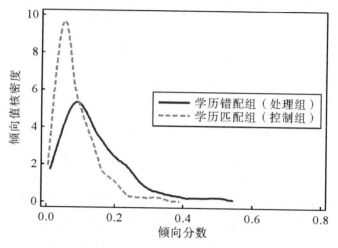

（a）匹配前的倾向得分分布

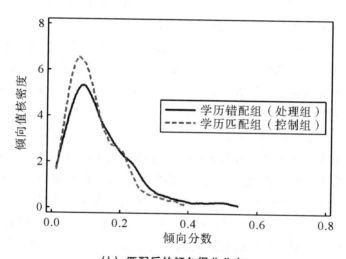

（b）匹配后的倾向得分分布

图 7-9　学历错配和学历匹配者倾向得分的分布

　　如表 7-21 所示，基于倾向得分匹配法得到的学历错配对收入影响的系数符号与 OLS 回归一致，系数值大约在 -9%~-12%，因匹配方法的不同而有所差异。其中，核匹配的估计系数最大为 -11.9%，略微小于 OLS 的估计系数（-12.2%），说明在考虑样本自选择问题后，学历错配依然对个人收入有显著的负面影响。平均而言，学历错配者大约比学历匹配者的收入低 10%。表 7-22 显示了专业错配对收入的负面影响，影响程度因匹配方法的不同而略有差异。选取城市、个人和单位特征作为协变量进行匹配后，专业错配对个人收入的平均影响效果（ATT）的系数在-5%~8%。倾向得分匹配得到的学历、专业错配的系数符号跟 OLS 回归基本一致，说明学历、专业错配对个人收入有显著负面影响，且学历错配对收入的影响更大。

表 7-21　学历错配对收入的影响（倾向得分匹配）

匹配方法	最近邻元匹配（n=1）	最近邻元匹配（n=4）	最近邻元匹配（n=10）	核匹配	半径匹配
ATT	-0.067 (0.072)	-0.094* (0.057)	-0.112** (0.045)	-0.119*** (0.037)	-0.105** (0.042)

注：*** 表示 $p<0.01$，** 表示 $p<0.05$，* 表示 $p<0.1$；括号内为通过自助法（bootstrapping）抽样 500 次获得的标准误；在最近邻元匹配中分别设定邻元数为 1、4、10，半径匹配中半径值设定为 0.01；回归中控制了个人、企业和城市特征，控制变量同表 7-17。

表 7-22　专业错配对收入的影响（倾向得分匹配）

匹配方法	最近邻元匹配（n=1）	最近邻元匹配（n=4）	最近邻元匹配（n=10）	核匹配	半径匹配
ATT	-0.075 (0.046)	-0.079** (0.034)	-0.052* (0.029)	-0.059*** (0.021)	-0.055* (0.029)

注：*** 表示 $p<0.01$，** 表示 $p<0.05$，* 表示 $p<0.1$；括号内为通过自助法（bootstrapping）抽样 500 次获得的标准误；在最近邻元匹配中分别设定邻元数为 1、4、10，半径匹配中半径值设定为 0.01；回归中控制了个人、企业和城市特征，控制变量同表 7-17。

使用倾向得分匹配需满足匹配后，匹配结果较好地平衡了数据，对照组和处理组无显著差异。也就是说，通过匹配，处理组和对照组在个人特征、单位特征和城市效应等方面不应该存在显著差异。根据平衡性检验结果，有相当一部分控制变量的偏误降低比例达到 50% 以上，比如性别、年龄、学校层次、企业所有制形式、企业规模。对比匹配前后两组差异 t 值，匹配后控制变量在处理组、对照组间没有显著差异。平衡性联合检验结果也显示匹配样本 p 值为 1（见表 7-23 和表 7-24），说明对照组、处理组已无显著差异，匹配良好。

表 7-23　学历错配：平衡性联合检验结果

样本类型	伪 R^2	似然比卡方	p	平均偏差	中值偏差
未匹配样本	0.077	71.34	0.003	7.9	5.5
匹配样本	0.043	16.09	1.000	5.5	4.7

表 7-24　专业错配：平衡性联合检验结果

样本类型	伪 R^2	似然比卡方	p	平均偏差	中值偏差
未匹配样本	0.082	137.04	0.000	8.0	6.3
匹配样本	0.010	9.38	1.000	2.6	2.2

（四）人力资本错配对工作满意度的影响

人力资本错配不仅会影响劳动者的收入水平，还会影响其工作满意度等非货币性福利。目前来看，大多数文献仅关注就业匹配对收入的影响，有意或无意地忽略了非货币性影响①。鉴于此，我们从"在工作中获得乐趣""乐意一直在这家单位工作""认为单位的问题就是自己的问题"三个方面来衡量工作满意程度（见表 7-25），探讨学历、专业错配对工作满意度的影响。对于工作满意度，采用有序 Probit 模型分析，因变量为 1~5，数字越大，工作满意度越高。

表 7-25　工作满意度的测度

变量	变量定义
获得工作乐趣	我在工作当中找到了真正的乐趣：1＝非常不同意，2＝比较不同意，3＝不确定，4＝比较同意，5＝非常同意
长期工作意愿	我很乐意一直待在这家单位：1＝非常不同意，2＝比较不同意，3＝不确定，4＝比较同意，5＝非常同意
工作积极性	我真的感觉单位的问题就是我自己的问题：1＝非常不同意，2＝比较不同意，3＝不确定，4＝比较同意，5＝非常同意

基于有序 Probit 模型和倾向得分匹配法，我们发现学历错配不仅影响个体收入，而且对工作满意度也有显著负面影响。学历匹配者更容易获得工作乐趣、更愿意在目前的单位长期工作、在工作中更具积极性（见表 7-26）。类似地，专业错配对工作满意度的影响也显著为负（见表 7-27）。

---

① ALLEN J, VELDEN R. Educational mismatches versus skill mismatches: Effects on wages, job satisfaction, and on-the-job search [J]. Oxford economic papers, 2001, 53（3）: 434-452. WOLBERS M. Job mismatches and their labour-market effects among school-leavers in Europe [J]. European sociological review, 2003, 19（3）: 249-266.

表 7-26   学历错配对工作满意度的影响

变量	有序 Probit	伪 R^2（样本量 = 1 603）	近邻匹配法（$n=4$）	核匹配法	半径匹配法
获得工作乐趣	-0.379***（0.057）	0.043 2	-0.344***（0.104）	-0.338***（0.097）	-0.338***（0.110）
长期工作意愿	-0.528***（0.063）	0.044 8	-0.529***（0.111）	-0.484***（0.104）	-0.495***（0.107）
工作积极性	-0.250**（0.118）	0.030 7	-0.217**（0.103）	-0.215**（0.094）	-0.229**（0.097）

注：*** 表示 $p<0.01$，** 表示 $p<0.05$，* 表示 $p<0.1$；最近邻元匹配中设定邻元数为 4；半径匹配中半径值设定为 0.01，三种匹配方法中得到的标准误是通过自助法（bootstrapping）抽样 500 次获得的标准误；回归中分别控制了个人、企业、城市特征，个人特征包括收入（对数形式）、性别、工作经验、工作经验平方、婚姻状况、户口、学校类型、专业类型、职务类型，企业特征包括企业规模、控股形式、行业；城市包括北京、齐齐哈尔、长春、济南、郑州、成都、福州、苏州、襄阳、咸阳。

表 7-27   专业错配对工作满意度的影响

变量	有序 Probit	伪 R^2（样本量 = 1 603）	近邻匹配法（$n=4$）	核匹配法	半径匹配法
获得工作乐趣	-0.305***（0.090）	0.044 4	-0.281***（0.066）	-0.251***（0.060）	-0.245***（0.062）
长期工作意愿	-0.231***（0.083）	0.040 6	-0.218***（0.070）	-0.205***（0.065）	-0.210***（0.066）
工作积极性	-0.177*（0.097）	0.030 7	-0.152**（0.068）	-0.135**（0.061）	-0.139**（0.063）

注：*** 表示 $p<0.01$，** 表示 $p<0.05$，* 表示 $p<0.1$；最近邻元匹配中设定邻元数为 4；半径匹配中半径值设定为 0.01，三种匹配方法中得到的标准误是通过自助法（bootstrapping）抽样 500 次获得的标准误；回归中控制了个人、企业和城市特征，控制变量同表 7-26。

（五）拓展性分析

对于学历是否匹配的衡量，表 7-28 中的列（1）根据问卷中"您对您现在工作的学历要求与您学历的匹配状态满意吗？1. 非常不满意 2. 不满意 3. 一般 4. 满意 5. 非常满意"来定义，将"非常不满意"和"不满意"定义为学历错配；列（2）比较单位要求学历与个人最高学历，根据问卷中的问题"公司对这个岗位的学历要求"与"您的最高教育程度"进行判断，若二者学历水平相等，则视为学历匹配，反之为学历不匹配；列（3）比较个人主观认为岗位所需学历水平与个人最高学历水平，根据问卷中的问题"您认为做好这份工作的学历要求"与"您的最高教育程度"判断，若二者学历水平相等则视为学历匹配，反之为学历不匹配。

表 7-28   高校毕业生就业匹配状况（拓展性定义）

类别	（1）		（2）		（3）	
	频数	百分比	频数	百分比	频数	百分比
学历、专业均匹配	1 202	74.94	685	42.71	894	55.74
仅学历错配	62	3.87	579	36.10	370	23.07
仅专业错配	263	16.40	158	9.85	222	13.84
学历、专业均错配	77	4.80	182	11.35	118	7.36

注：列（1）是根据个人主观对学历匹配的满意度衡量学历匹配；列（2）是根据单位要求学历水平与个人实际学历水平衡量学历匹配；列（3）是根据个人认为工作所需学历与个人实际学历水平衡量学历匹配。

表 7-28 显示，样本中主观认为自己的学历、专业均与工作匹配的人数为 1 202 人，占样本人数的 75.94%；仅专业错配人数为 263 人，占样本人数的 16.40%；仅学历错配人数为 62 人，占 3.87%；学历、专业均错配人数为 77 人，占 4.80%。主观认为自己专业错配的比例大于学历错配。表 8-28 还显示，根据"公司要求学历、个人认为所需学历与实际学历是否相符"定义学历错配后，"仅学历错配"的比例高于"仅专业错配"比例。

表 7-29 的回归结果表明，当我们将样本细分为"学历、专业均匹配""仅专业错配""仅学历错配""学历、专业均错配"四组，并采用三种方法来定义学历错配时，在列（1）、列（2）中，"仅学历错配"对收入的影响显著为负；在列（2）、列（3）中，"仅专业错配"对收入的影响不显著。具体而言，用主观评价法定义学历错配时，相对于"学历、专业均匹配"的个体，"仅学历错配"会使个体承受 13.5% 的收入损失；根据单位要求学历与个人实际学历水平是否相符定义学历错配时，与基准组相比，"仅学历错配"会使个体承受 6.0% 的收入损失；根据个人认为工作所需学历水平与个人实际学历水平是否相符来定义学历错配时，与基准组相比，"仅学历错配"对个体收入的影响不显著。相比之下，在列（1）和

列（2）中，学历错配相比专业错配对个体收入的负面影响更大。

表7-29 学历、专业错配对个体收入的影响（OLS）

因变量：收入（对数）	（1）	（2）	（3）
仅专业错配	−0.055** （0.022）	−0.046 （−0.034）	−0.066 （0.041）
仅学历错配	−0.135*** （0.037）	−0.060** （0.026）	−0.019 （0.032）
学历、专业均错配	−0.131*** （0.039）	−0.132*** （0.029）	−0.078** （0.024）
个人特征	控制	控制	控制
企业特征	控制	控制	控制
城市固定效应	是	是	是
调整的 R^2	0.469	0.470	0.466
样本量	1 603	1 603	1 603

注：括号内为聚类稳健标准误（聚类于城市层级）；*** 表示 $p<0.01$，** 表示 $p<0.05$，* 表示 $p<0.1$；列（1）根据个人主观感受衡量学历匹配，列（2）根据单位要求学历水平与个人实际学历水平衡量学历匹配，列（3）根据个人认为工作所需学历与个人实际学历水平衡量学历匹配；控制变量同表7-26；参照组为学历、专业匹配的大学毕业生。

第四节 主要结论和政策启示

本章首先探讨了就业质量的基本内涵，认为就业质量是一个内涵丰富的多维度综合性概念，可以从微观、中观和宏观层面进行具体测度。结合所要探讨的问题，本章重点关注微观层面的就业质量，并使用中国社会科学院人口与劳动经济研究所"家庭动态社会调查"数据，系统分析了教育、健康和技能水平这三类最主要的人力资本是如何影响劳动者就业质量的。我们不仅考察初次就业时人力资本对劳动者收入的影响，还分析了随着职业生涯的演进，这种影响是怎样变化的。研究发现，在初次就业时，劳动者收入分布较为集中，随着职业生涯的演进，劳动者收入逐渐分化，收入分布也逐渐分散。对此，实证分析表明，初次就业时主要是劳动者的教育程度和健康状况影响工资收入，随着工作经验增加，教育对收入的影响变小，职业技能对收入的影响变大。而且，随着职业生涯演进，教育、健康和技能水平对绝对收入的影响逐渐呈现出性别差异。具体而言，教育程度对男性绝对收入的影响下降速度要快于女性，职业技能对女性劳动收入的影响要高于男性，通过国家职业资格证书考试的女性比没有通过的女性收入要高。值得注意的是，在初次就业时，教育、健康和技能水平对劳动者的相对收入并没有显著影响，但随着职业生涯的演进，人力资本的作用逐渐凸显出来，在目前就业中，相对于低收入群体，教育程度越高和拥有职业技能的劳动者更有可能进入中上收入水平、从而实现收入阶层的跃迁。

从工作稳定性看，教育和技能水平对工作稳定性有显著影响，劳动者教育程度和技能水平越高，工作越稳定。在其他条件不变的情况下，初次就业的劳动者拥有职业资格证书可以使其进入国有企业的概率提高 9%，教育年限每增加一年，进入国有企业的概率则提高 2.1%；在当前就业中，拥有职业资格证书会使劳动者进入国有企业的概率提高 5.4%，拥有职业资格证书的劳动者单位为其购买失业保险的概率要高 6.4%，教育程度每增加一年，拥有失业保险的可能性则提高 3%。工作自由度方面，总体看，教育、健康和技能水平并不会对劳动者的工作自由度产生显著影响，这在一定程度上反映了劳动者在工作过程中会受到各种规章制度和职场文化的约束。所以，以教育、健康和技能水平为代表的人力资本，对就业质量变动的影响主要体现在工作收入和工作稳定性这两个层面。

本章还从机制上分析了人力资本影响就业质量变动的路径，归结起来主要是就业选择效应、工作晋升效应和工作转换效应。从就业选择效应看，在初次就业过程中，教育和技能水平皆会影响劳动者的行业和职业选择，教育程度和技能水平越高，劳动者进入工资收入较高行业的可能性越大，成为专业技术人员、办事人员和有关人员的可能性也越大。从工作晋升效应看，教育程度和技能水平皆会影响劳动者成为管理者的可能性，且不同性别表现出较大差异，而健康状况对工作晋升没有显著影响。从工作转换效应看，教育程度和技能水平对工作转换有一定的负向影响，且存在性别差异，而健康状况则对工作转换没有显著影响。总之，人力资本越高的劳动者工作往往越稳定，收入水平会保持相对稳定的增长。

在上述工作基础上，本章使用中国人民大学"中国雇主—雇员匹配调查"数据，以高校毕业生群体为分析对象，从人力资本配置视角探讨了高校毕业生学历、所学专业与工作匹配程度对其就业质量的影响。在控制城市效应、个人特征和单位特征后，我们发现学历错配、专业错配对高校毕业生的薪酬和工作满意度皆有显著负面影响。从性别看，女生的学历错配率、专业错配率要高于男生。分专业看，人文艺术类毕业生的专业错配率最高。为有效解决可能存在的内生性问题、进一步增强研究结论的稳健性，我们还通过倾向得分匹配法，对就业匹配的收入效应进行了再次估计，结果依然表明学历错配和专业错配对工资收入有显著负影响。具体而言，学历、专业错配的员工会获得更低的薪酬待遇、更少的工作乐趣，更不愿长期在现在的单位工作，对待工作的主人翁意识和职业规划的意愿也比较低。总之，"所学非所用"不利于充分发挥人力资本的潜在价值，劳动者的人力资本处于低效利用状态，难以实现学以致用的初衷。

实现比较充分和高质量的就业，是培育经济发展新动能、推动经济高质量发展的内在要求和题中之义，这对更好发挥人的创造力、契合人们对自身价值的追寻也具有十分重要的意义。结合本章研究结论，我们提出如下政策建议。

首先，要继续强化教育型、技能型和健康型人力资本积累，加快培育"人力资本红利"，正确引导并充分发挥教育、健康和技能在提升就业质量过程中的基础性作用。随着人口结构变化，人口老龄化和少子化趋势越发明显，中国经济发展面临着人力资源数量不足的硬约束，亟需通过"人力资本红利"来填补日渐消减的"人口红利"。高等院校作为培养优质人力资源的主要机构，在面对劳动力市场的需求和挑战时，应与时俱进，及时调整优化专业设置和培养方案，尽可能为学生提供更多更好的就业指导和就业信息。这不仅有利于促进毕业生就业，还有助于提高工作岗位与所学专业的匹配度、发挥高等院校专业教育的优势，使优质人力资本的价值得到充分开发利用。

其次，加快建设统一开放的劳动力市场，推动人力资源服务业高质量发展，切实提高劳动力市场匹配效能。建立健全劳动力市场宏观调控体系，加快劳动力市场数字化信息化平台化建设，提高就业搜寻和匹配效率。建立劳动力信息数据库和企业用工数据库，实现劳动力市场、用人单位、人力资源服务机构和政府就业管理服务部门、社会保障部门的数据集成，充分运用大数据手段为用人单位和求职者进行供求分析，实现用人单位和求职者有效对接，不断提升就业岗位匹配度和精准度。同时，立足人力资源新特点和行业发展基础，多措并举推动人力资源服务业高质量发展，更好地服务就业优先、人才强国等国家战略。从工作实践看，2014 年12 月人力资源和社会保障部、国家发展改革委、财政部联合印发了《关于加快发展人力资源服务业的意见》，2017 年 9 月人力资源和社会保障部印发《人力资源服务业发展行动计划》，广东、山东、安徽等省份也陆续制定实施《广东省人力资源服务业发展"十四五"规划》《山东省"十四五"人力资源服务业发展规划》《安徽省人力资源服务业发展专项规划（2021—2025）》等规划。可见，各级政府对这方面的工作越来越重视，要以此为契机，不断深化劳动力市场改革，充分发挥人力资源服务业对人力资本配置的积极作用。

再次，作为雇佣关系的重要主体，劳动者和用人单位需各尽其责，协同改善人力资本配置状况。对劳动者而言，在校期间应认真学习专业知识，积极参加实践活动，不断提高就业竞争力，为找到"学用匹配"的工作做好准备，参加工作后，要积极参加岗位技能提升培训，注重学习新知识、优化技能结构，使自身人力资本契合经济社会发展需求。对用人单位来说，可以通过职前测试、在职培训、内部岗位调整等方式，尽可能为员工提供能够发挥专业技能的工作岗位、拓展职业发展空间，提高员工的工作满意度和组织认同感。

最后，相关政策还需注意兼顾不同群体、不同领域的异质性。如前所述，以教育、健康和技能水平为代表的人力资本会通过就业选择、工作晋升、工作转换等机制影响就业质量变动。特别地，对女性来说，提高其教育程度和技能水平有利于提升女性的劳动参与率，有助于增加劳动供给、促进女性增收、实现更为充分更高质量的就业，因此要增强激励政策的针对性、提高政策效能。

第八章　人力资本供需缺口与提升路径

第一节　人力资本需求若干新特点

众所周知，不同社会经济条件对人力资本的要求是不一样的。一般而言，人口特征变化、劳动力受教育水平提高、产业结构升级和经济发展方式转变、技术进步与科技创新、商业模式和组织结构变迁、贸易自由化与经济全球化等因素皆会影响人力资本需求。当前，新型数字消费、数字生产、数字化网链、数字化产业生态、数字化资源配置都在快速发展，人类的生产方式、生活方式和治理方式无不在深刻变革。这些变革引致了对人力资本的新需求。毕竟，人们在享受技术变革和新一轮产业革命带来的红利的同时，技术变革和产业革命也对人力资本提出更高要求。一个基本事实是，中国劳动力市场面临着技能供需不匹配的困扰，这是制约产业转型升级和经济高质量发展的一个重要因素。

从人力资本构成看，职业教育和技能培训是人们获取生产生活所需知识技能的重要途径，由此形成的人力资本可称之为技能型人力资本（skilled human capital）。对农民工、下岗失业人员和就业困难人员等重点群体而言，技能型人力资本是其获取就业机会、提高就业质量最为重要的人力资本类型[①]。对经济增长和创新创业而言，技能型人力资本也至关重要。一项基于美国县域层面的研究显示，技能型人力资本有利于高增长的创新创业活动（high-growth entrepreneurship），本地技能型人力资本的可用

---

① 周灵灵. 改革开放以来职业培训研究的演进和嬗变 [C]. // 杨伟国、高文书. 中国劳动经济学 40 年（1978—2018）. 北京：中国社会科学出版社，2018.

性是当地高增长创新创业的关键决定因素①。那么，数字经济时代的人力资本需求又会有什么特点？显然，明晰这些特点有助于更好地提升人力资本、弥合供需缺口。

一、技术进步正在重新定义人力资本需求

工业和信息化部相关负责人在 2021 世界机器人大会上表示，中国已成为支撑世界机器人产业发展的中坚力量，是全球最大、增长最快的工业机器人市场，2020 年装机量占到了全球的 44%②。从经济发展和技术进步的历史看，机器人、人工智能是延续经济增长过程"自动化"驱动的新阶段，它们改变了技能需求，并且在重塑工作所需要的技能③。尤其是在那些可以实现自动化的领域，工业机器人、机器人分拣员、机器人服务员等智能装备的应用，使工作岗位的性质发生了颠覆性变革。理论上，智能替代在填补一些高空、高温、高辐射等高危艰苦作业的同时，也促使企业降低对低技能劳动力的需求，而更加重视专业技术人才的培养使用和招聘，也就是说，智能替代会加速企业内部人力资本结构的分化。我们通过分析 2017—2019 年青岛 3 000 户企业用工调查数据，发现人工智能的应用确实会促使企业更加重视专业技术人员的招聘，企业人力资本水平越高，经营状况向好的可能性往往也越大。

二、技能需求变化的速度在加快，对技能转换能力的要求越来越高

世界银行《2019 年世界发展报告：工作性质的变革》（*World develop-ment report 2019：The changing nature of work*），探讨了工作性质变革问题，指出机器人正在接手成千上万的重复性工作，不少低技能岗位将被消除④。典型的，自动化、智能化正导致一些领域的部分工作岗位流失，那些从事

① BALSMEIER B, FLEMING L, MARX M. et al. Skilled human capital and high-growth entre-preneurship：Evidence from inventor inflows [R]. NBER Working Paper No. 27605, 2020.

② 工信部：中国工业机器人市场连续 8 年稳居全球第一[EB/OL].http://china.cnr.cn/news/20210912/t20210912_525598890. shtml.

③ 屈小博. 机器人和人工智能对就业的影响及趋势[J]. 劳动经济研究，2019 (5)：133-143.

④ World Bank. World development report 2019：The changing nature of work [R]. Washington D. C.，2018.

"可被编码的"重复性工作的劳动者最容易被取代，比如电报业务员等职业[1]。这无疑会对劳动者的技能转换能力提出更高要求。如果技能转换缓慢或不成功，将在一定范围造成技术性失业。一项基于中国地区层面与行业层面机器人应用数据的研究显示，在低学历员工占比较高、劳动力保护较弱及市场化程度较高的地区，机器人应用所导致的技术性失业表现得更为明显[2]。本书第五章的研究也表明，智能替代人工可能会加速企业人力资本结构调整，降低对低技能劳动力的需求，提升企业对专业技术人员和技能人才的需求。

三、新职业不断涌现，数字技术重塑社会劳动分工

随着经济结构深入调整、产业转型升级持续推进和新业态、新商业模式不断萌发，新的就业岗位和职业也陆续涌现，不少低技能就业岗位正日益转化为具有较高技术含量的工作岗位。2020年，人力资源和社会保障部等三部门联合认定了包括全媒体运营师、网约配送员、互联网营销师、供应链管理师、在线学习服务师、人工智能训练师等在内的25种新职业。2022年7月，人力资源和社会保障部新修订的《中华人民共和国职业分类大典（2022年版）》，首次标注了数字职业（标注为S）[3]，数量高达97个，比如机器人工程技术人员、增材制造工程技术人员、商务数据分析师、农业数字化技术员。从这些新职业名称可以看出，新职业从业者已分布在社会生产、流通、分配和消费的各个环节，覆盖国民经济各大行业。总之，数字技术的不断进步和广泛应用，正在并将持续重塑社会劳动分工，人们的既有认知和技能已不能胜任新的工作要求，迫切需要更新从业技能、加强岗位培训。

四、合适的技能组合和终身学习越来越重要

经济社会的快速发展，尤其是自动化、智能化等加速取代重复的、简单的工作，使得合适的技能组合（skill sets）在劳动力市场上的重要性与

---

① 例如，《中华人民共和国职业分类大典（2022年版）》将报关专业人员和报检专业人员2个职业整合为报关人员1个职业，取消了电报业务员等职业。

② 孔高文，刘莎莎，孔东民. 机器人与就业：基于行业与地区异质性的探索性分析［J］. 中国工业经济，2020（8）：80-98.

③ 数字职业是从数字产业化和产业数字化两个视角，围绕数字语言表达、数字信息传输、数字内容生产三个维度及相关指标综合论证得出。标注数字职业是中国职业分类的重大创新，对推动数字经济、数字技术发展以及提升全民数字素养，具有重要意义。

日俱增，特别是高级认知技能（比如解决复杂问题的创新力与独创能力、批判性思维与分析能力）、社会行为技能（比如团队协作能力、韧性与适应力、可信赖感与自律能力）等。培育和提升这些技能及其组合，皆要求劳动者个体具有坚实的人力资本基础并持续地进行学习或接受培训，这也是构建网络化、数字化、个性化、终身化的教育体系，建设"人人皆学、处处能学、时时可学"的学习型社会的题中之义。

第二节　中国技能型人力资本供需缺口

21世纪以来，中国教育和技能培训事业发展迅速，技能型人力资本稳步提升。特别是党的十八大以后，中国着力构建面向全体劳动者的职业培训体系，既突出重点群体、又统筹兼顾，以企业职工为重点，大规模开展职业技能培训，推出百日免费线上技能培训行动、农民工稳就业职业技能培训计划、百万青年职业技能培训行动、康养职业技能培训计划等，培训的针对性和实效性不断提升。

数据显示，"十三五"期间，中国开展补贴性职业技能培训近1亿人次，贫困劳动力培训约1 000万人次，全国新增高技能人才逾1 000万人，技工院校每年向生产服务一线输送近百万名技能人才。截至2021年年底，全国技能劳动者总量超过2亿人，占7.5亿就业人员的26%，其中，高技能人才超过6 000万人，占技能劳动者的30%（见图8-1）。中国总体上已初步形成一支规模日益壮大、结构日益优化、素质逐步提高的技能人才队伍。当然，技能人才队伍与经济结构调整和高质量发展的目标要求还有较大差距，技能型人力资本建设任重道远。

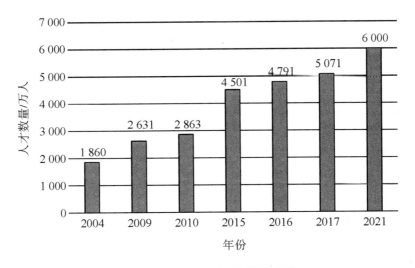

图 8-1　中国高技能人才数量变化情况

（数据来源：根据人力资源和社会保障部相关资料整理绘制）

一、劳动力市场对技术等级和专业技术职称的要求及缺口

人力资本需求的变化实际上反映了对劳动力质量的要求，劳动力质量一旦满足不了市场需求，就会出现人力资本缺口。在招聘活动中，招聘方和用人单位往往会在招聘广告或招聘通知中注明应聘的条件，通常会对求职者的年龄、学历、技术等级、专业技术职称等提出明确要求。人力资源和社会保障部劳动力市场监测数据将技能等级分为职业资格五级（初级技能人员）、职业资格四级（中级技能人员）、职业资格三级（高级技能人员）、职业资格二级（技师）和职业资格一级（高级技师），将专业技术职称分为初级专业技术职称、中级专业技术职称和高级专业技术职称①。这为分析劳动力市场技能需求变化及技能短缺提供了便利。

---

① 技能等级是指以国家职业资格证书为凭证的职业技能水平，专业技术职称则是指以国家认可的专业技术职务证书为凭证的专业技术水平。在调查中，技能等级和专业技术职称相互独立，以招聘要求或个人具有的最高等级或水平为准进行统计。按技能等级划分，劳动者的职业资格从高到低可分为一至五级，一级到三级属于高技能等级，四级和五级分别为中级、初级技能。专业技术职称等级则分为初级专业技术职称（包括研究实习员等）、中级专业技术职称（包括助理教授、助理研究员、讲师、工程师等）、高级专业技术职称（包括副教授、副研究员、高级工程师、教授、研究员等）。本研究所指的技能人才，既包括评定技能等级的劳动者，也包括具有专业技术职称的专业技术人员，是广义的技能人才。

从中国劳动力市场对技术等级的要求看，2001—2021年70多个季度的数据（部分季度数据缺失，故只有70多个季度的数据，下同）显示，除了个别季度外，具有一定技术等级的求职者比重大都低于招聘方对技术等级的要求。在中国当前劳动力市场上，求职者的技术等级依然以初级技能和中级技能为主，具备高级技能、技师、高级技师等职业资格的求职者比重还很低。例如，2017年第一季度全部求职者中，只有0.7%的求职者具有高级技师职业资格，到2017年第三季度该比例也仅为1.0%。总之，技术技能人才短缺是长期存在的一个客观事实，也是中国产业转型升级和经济高质量发展的一大软肋。

接下来，本章分技术等级考察中国劳动力市场的求人倍率①，以更全面地理解技能型人力资本短缺状况。图8-2直观展示了2001年第一季度至2021年第三季度中国劳动力市场初级和中级技能人员的求人倍率。从2002年开始，这两类技能人员的求人倍率便一直处于1以上，有不少季度处在2以上，个别季度甚至突破了2.5。例如，2020年第一季度初级技能人员的求人倍率为2.67，中级技能人员的求人倍率为2.68。在长达70多个季度的观测期内，初级技能人员求人倍率的均值为1.97，中级技能人员求人倍率的均值为1.90，意味着近二十年来中国初级、中级技能人员的需求—供给比例接近2∶1，技能型人力资本缺口较大。

从高级技师、高级技能人员这两类高等级技能人才的需求和供给情况看，2002年第一季度以来，这两类高等级技能人才的求人倍率便一直处于1以上，不少季度处在2以上，部分季度甚至突破了3（图8-3所示）。例如，2021年第二季度高级技师的求人倍率高达3.11。在长达70多个季度的观测期内，高级技师求人倍率的均值为2.01，高级技能人员求人倍率的均值为1.76，说明跟初级和中级技能人员的供求状况类似，高等级技能人才的短缺程度也很高。

---

① 求人倍率=需求人数/求职人数，是反映劳动力市场供求状况的重要指标。求人倍率大于1，说明职位供过于求；求人倍率小于1，说明职位供不应求。

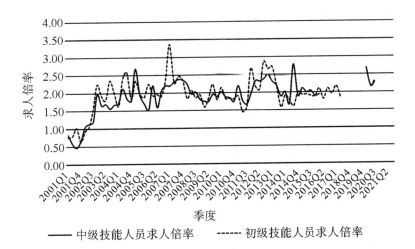

图 8-2　中国劳动力市场初级、中级技能人员的求人倍率

（数据来源：根据人力资源和社会保障部网站、中国人力资源市场网整理绘制。
部分数据有缺失，故图中线条部分不连贯。图 8-3、图 8-4 同，不再——说明）

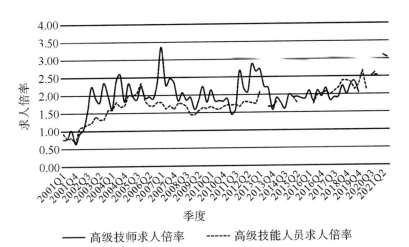

图 8-3　中国劳动力市场高级技师和高级技能人员的求人倍率

专业技术职称方面，劳动力市场供需情况表明，求职者具有一定专业技术职称的比重大都低于招聘方的要求，存在一定的缺口。跟技术等级有所区别的是，对专业技术职称的要求通常是出现在科研岗位的招聘中。从高级工程师这类高级专业技术职称人员的求人倍率看，2001 年第一季度至 2021 年第三季度，其求人倍率的均值高达 2.06，且有进一步提高的趋势

（见图8-4），比如2021年第一季度高级工程师的求人倍率高达3.53。显然，和技能人才的供求状况类似，专业技术人才的短缺程度也很高。

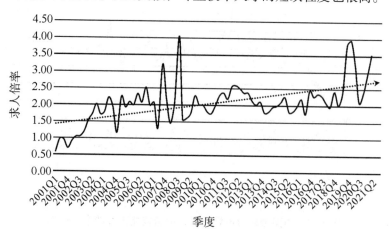

图8-4　中国劳动力市场高级工程师的求人倍率

总之，过去二十多年中国劳动力市场求人倍率的变化表明，劳动力市场对具有技术等级和专业技术职称劳动者的用人需求均大于供给，中国存在较大的技能型人力资本缺口，加之新一轮科技革命和产业变革促使人力资本需求呈现出一些新特点，这种缺口会在一定的历史时期内存在。

二、技能型人力资本供需缺口：企业用工调查

目前，关于中国人力资本需求与技能缺口方面的微观调查数据还不多。考虑到数据可得性，这里以青岛市企业用工调查数据为例，探讨在新旧动能转换过程中，已进行"智能替代"的企业亟需哪些技能人才。青岛市3 000户企业用工调查数据显示，2019年青岛市已进行智能替代人工的企业共报告了105类紧缺工种。按照《中华人民共和国职业分类大典（2015年版）》划分这些紧缺工种所属的职业大类和职业中类，可知青岛进行过"智能替代"的样本企业中，生产制造及有关人员的需求最高，其次是专业技术人员，以及社会生产服务和生活服务人员。在生产制造及有关人员中，焊工、装配钳工是企业紧缺的技能人才类型；专业技术人员中，安全生产管理工程技术人员、设备工程技术人员较为紧缺；社会生产服务和生活服务人员中，比较紧缺的是汽车维修工。

从招聘专业看，样本企业当前对机电一体化、数控技术、机械工程等传统工科型人才的需求很高，市场营销、工程管理等人才类别也日益受到企业的重视。分行业考察，制造业、教育业招工缺口人数较多，电力、热力、燃气及水生产和供应业招工缺口人数也较多，但主要集中在个别规模较大的企业。尽管农、林、牧、渔业，住宿和餐饮业以及文化、体育和娱乐业的用工需求量不如制造业，但企业招工缺口率较大，且较难满足用工需求。大多数企业认为招工不足与"求职人员达不到岗位要求""求职者少了选择余地小"等因素有关（见图8-5）。

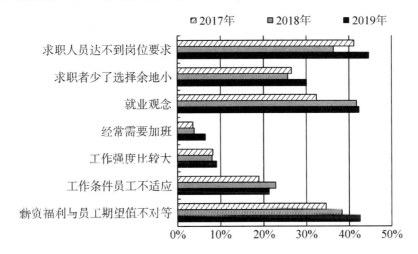

图8-5 青岛市企业"招工不足"原因解析

（数据来源：根据"青岛市3 000户企业用工调查"数据测算绘制）

此外，万宝盛华集团（Manpower Group）的企业调查显示，2021年中国大陆地区28%的企业面临人才短缺困扰，比2019年上升了12个百分点①。随着知识密集型的高科技产业和智能装备制造业快速发展，技能型人力资本需求大幅增加，使专业与创新领域的技能缺口不断加剧。2021年中国大陆地区最难填补职位的前五名分别是销售与市场人员、生产制造、IT/数据类、运营与物流、前台/客服，这意味着上述五类职位的技能型人力资本缺口最大。从更长时段看，2006年以来的调查显示，技术工匠（电工/焊工/机修工等）、技术人员（质量管控、技术员工）、销售与市场人员

---

① 参见：万宝盛华《2021年人才短缺调查》，网址：https://www.manpowergrc.com/。该调查已开展10多次，每次针对包括中国在内的42个国家和地区的40 000多家雇主调查人才短缺，深入解读职场人才短缺程度、原因、难以填补的职位，以及人才短缺应对策略。

等技术技能人才一直是中国企业最难填补的职位，而且这些领域的人力资本短缺问题很难自行解决。

三、技能型人力资本供需缺口：地区调研观感

深入调查研究是理论和政策创新有根有据、合情合理的基本前提。为进一步直观了解中国技能型人力资本供需情况、弥补抽样调查数据的不足，近年来笔者调研了广东、山东、山西、福建、江西、内蒙古、甘肃、海南等不同发展水平地区的技能人才队伍建设情况。下面是部分区域的调研观感。

（一）内蒙古自治区技能型人力资本供求状况

2018 年，我们陆续调研了内蒙古自治区呼和浩特、包头、鄂尔多斯、乌兰察布、通辽、赤峰等地。除政府相关部门外，还参与座谈讨论或实地调查 80 余家企业，这些企业分布在农产品加工、乳制品加工、非金属矿加工、农机制造、生物科技、医药制造、电力、煤化工、生态环保、商贸物流、文化服务等国民经济行业。调研过程中，我们发现多数企业认为人力资源匮乏制约了企业发展，不少企业存在"招工难""人才少"等问题。在对当地劳动力素质进行评价时，43.53%的企业家认为劳动力素质一般，41.18%的企业家认为劳动力存在较大的技能缺口，只有 15.29%的企业家认为劳动力素质较高。总体看，超过四成的企业家反映当地劳动力存在较大的技能缺口，难以完成招工计划。

分地区看，包头市高端技术人才和管理人才短缺、技术人才年龄结构偏大，由于工资待遇水平较低、教育医疗等设施不够完善，难以吸引和留住技能人才，生产一线的工作环境更不易吸引年轻人才。乌兰察布市技术人员短缺，主要缺乏电工焊工、家具产业工人和其他技术人员，产教融合不足，企业需要的人才与内蒙古高等院校的专业方向不一致。赤峰市人口流失严重，外出务工人口多，全市需培养和引进紧缺人才 2 万人，人才缺口较大。鄂尔多斯市创新型人才严重不足，企业科技创新能力薄弱，全市规模以上工业企业中近 90%的企业无研发活动，人才工作体制机制不完善，大专院校数量少、吸纳和承载高端人才的能力不足，高层次人才只占全市人才总量的十分之一。这些地区还普遍面临着技能型人力资本流失问题，长时间培养的技能人才很容易被挖走。

（二）山东省日照市技能型人力资本供求情况

2019 年，日照市拥有技能人才 24 万人，其中，高技能人才数量约 6.9

万人，占全市技能人才的 29.7%。从产业分布看，日照市的技能人才主要分布在第二产业中的机械制造业、港口及临港产业、汽车制造、钢铁等行业，约占全部技能人才的 52%，第三产业中的旅游、社会服务业、物流、餐饮等行业的技能人才比重也较高，占全部技能人才的 40% 左右。伴随着山东省深入推进新旧动能转换工作，日照市的人才需求总量、结构和素质呈现出不同于以往的新特征，不少低技能就业岗位正日益转化为高技术含量的岗位，人才结构亟待调整优化。据日照市人力资源和社会保障局估计，日照市每年大约需补充技能人才 1.5 万人，面临着技能人才总体数量少、技能人才与新旧动能转换和新兴产业对接不够等突出问题，技能人才在数量和质量两方面都不能满足全市经济社会发展的需要。

（三）山西省高平市技能型人力资本供求情况

高平市位于山西省东南部、太行山西南边缘，是中部地区县域经济的典型代表，其人才流动和供求状况也是中部地区总体情况的一个缩影。调研显示，高平市每年考入各类本科院校的高中毕业生有 2 000 多人，而毕业后回来就业的不足千人，从重点大学回来的更是凤毛麟角。回来就业的高校毕业生中，愿意去乡镇就业的则更是少之又少，全市青壮年专业技术人员和乡土实用人才严重短缺。除了常规的农业生产、企业管理人才短缺之外，电子商务、文化旅游、健康养老等方面的人才更是难找、难招、难留，其县域经济发展和乡村振兴迫切需要优质人力资源来支撑。尽管近年来通过事业单位公开招聘和引进高层次人才等途径，大量招聘乡村教师和医疗卫生系统专业技术人员，但教育和医疗卫生系统专业技术人员的缺口依然较大，不少乡村小学缺乏专职的英语、体育、音乐、美术教师，不利于教育、医疗等基本公共服务质量的提升。

（四）福建省莆田市技能型人力资本供求情况

莆田调研最直观的感受是，学历教育与技能人才需求存在结构性矛盾。莆田市 2019 年春节前后的企业用工摸底调查显示，中专、中技学历层次的用工需求为 80 296 人（占全部用工需求的 26.94%），而这一学历层次的求职者只有 21 240 人（占求职者的 15.57%），求人倍率高达 3.78。对 62 家制鞋行业重点企业做的用工调查显示，排名前三位的岗位是成型普工、针车工、裁断等技术人员，技术工种人员短缺明显。值得重视的是，产业转型升级对人才需求的迫切性与人才培养的周期性难以同步，企业转型升级后对一些特定专业或技能型人才的需求难以实时满足。例如，部分企业反映，通过近几年的多渠道招聘，企业中高层人才得到一定的满足，但转型升级后，设备精密度提高，需要大量有实际工作经验且文化程度较高的生产技术人员。

（五）海南省琼海市技能型人力资本供求情况

2019年，琼海市拥有专业技术人才7 800多人、技能人才5 400多人，另拥有农村实用人才1.8万人。总体看，琼海市技能人才规模小、结构不合理、质量偏低。琼海市人才总量只占全市人口总数的7.4%。研究生学历或高级职称的高质素人才比重偏低，人才队伍中学科、学术和技术带头人严重短缺。高级职称人才绝大部分集中在教育和医疗卫生系统，农业、科技、规划建设等行业高级职称人才偏少。技能人才发挥作用缺乏有效的平台和载体，全市非公有制经济企业大都规模较小，对创新创业人才的吸纳能力有限。受编制、经费、住房、子女教育等因素影响，人才引进培养成效不够显著，人才外流现象较为严重，人才市场化配置程度不高，培训针对性实效性不强等问题也比较突出。

第三节　高技能人才职业发展状况及问题

技能型人力资本供需缺口的普遍存在，是劳动力市场结构性矛盾凸显的直观体现，而明晰高技能人才群体的职业发展状况及存在的问题，无疑有助于破解这一结构性矛盾。接下来以"山东省高技能人才职业发展调查"为例，简要分析高技能人才职业发展的基本状况和问题。该调查由山东省人力资源和社会保障厅课题组组织实施，以山东省产业高技能人才为调研对象，随机抽取山东省16个地市的高技能人才，共回收有效问卷1 697份，需要说明的是，该调查所指的高技能人才实际上还包括专业技术人员，为简便计统称为高技能人才。

从山东省1 697份高技能人才调查问卷看，男性高技能人才1 238人，女性高技能人才459人，男性占高技能人才的绝大多数。从年龄结构看，高技能人才年龄偏大，主要集中在35~45岁（见图8-6），该年龄段约占总调查人数的41%。值得注意的是，男性高技能人才年龄在45岁以下的人数占比为67%，远低于女性同一年龄段的人数占比（81%）；男性高技能人才年龄段在45~55岁、55岁以上的人数占比则高于女性。这一现象可能跟女性退休年龄普遍低于男性、到达退休年龄后退出劳动力市场有关。

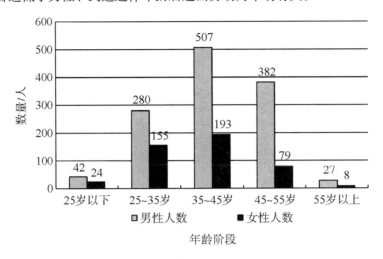

图 8-6　参与调查的高技能人才年龄与性别分布情况

（数据来源：根据"山东省高技能人才职业发展调查"数据测算
绘制。图 8-7、图 8-8 和图 8-9 同，不再一一注明）

高技能人才所学专业分布情况表明，人数最多的三个专业是机电一体化、电气工程及其自动化、电气自动化，分别占样本人数的 6.66%、3.18%、2.18%。在人数排名前十的专业中，仅经济管理、工商管理属于人文社科类，其他八个专业均为理工类专业（表 8-1 所示），说明高技能人才所学专业仍以理工类专业为主。从高技能人才工作年限分布看，大多数高技能人才工作年限在 10~20 年、20~30 年这两个区间，10 年以下的仅占 22.52%（见图 8-7），说明要成长为高技能人才，需要长期的培养和历练。

表 8-1　参与调查的高技能人才所学专业分布情况

所学专业	人数/人	占比/%	所学专业	人数/人	占比/%
机电一体化	113	6.66	工商管理	24	1.41
电气工程及其自动化	54	3.18	化学工程与工艺	23	1.36
电气自动化	37	2.18	机械制造	20	1.18
机械设计制造及其自动化	35	2.06	计算机科学与技术	15	0.88
经济管理	32	1.89	制浆造纸	14	0.82

数据来源：根据"山东省高技能人才职业发展调查"数据测算。

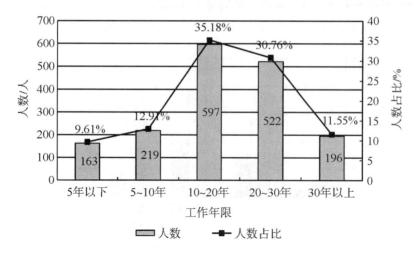

图 8-7　参与调查的高技能人才工作年限分布

职业信息显示，参与调查的高技能人才中，属于生产、运输设备操作人员及有关人员的人数最多，达 1 102 人，约占调查人数的 63%，说明山东省高技能人才主要分布在制造业。其次是专业技术人员，约占样本人数的 27%。相形之下，"办事人员和有关人员""农、林、牧、渔生产及辅助人员"数量较少，分别只占样本人数的 2.12% 和 0.71%。我们在其他省市的调研也表明，高技能人才的职业分布和所在地区产业结构密切相关，制造业通常是高技能人才集聚的产业类别。

从"所学专业与从事岗位是否对口"情况看，80% 的高技能人才正从事与所学专业对口的岗位，但是，调查样本中仍有近 20% 的高技能人才所从事的岗位与所学专业不对口，存在一定程度的技能错配（skill mismatch）。显而易见，"所学非所用"不仅会带来存量人力资本的浪费，对未来人力资本投资也会产生较大的负面影响，不利于人力资本积累和充分利用。这也再次表明第七章探讨的人力资本错配问题具有一定的普遍性，需引起重视并有效解决。

高技能人才社会保险缴纳情况表明，参与调查的 1 697 名高技能人才中，足额缴纳社会保险的有 1 185 人，占比 69.83%；按照较低基数缴纳社会保险的有 474 人，占比 27.93%；不缴纳社会保险的有 38 人，占比 2.24%。可见，高技能人才群体社会保险覆盖率总体上比较高。从工资待遇看，参与调查的高技能人才中，有 51.33% 的人表示自己所在企业有完善的薪酬绩效体系，工资收入高于同业水平；35.77%的人认为企业薪酬低于同业水平，且增长缓慢，另外还有近 13% 的人认为自己所在企业的工资无增长（见图 8-8）。总之，仍有近半数的高技能人才对工资待遇不满意，高技能人才的薪酬绩效体系和发展通道有待进一步完善。

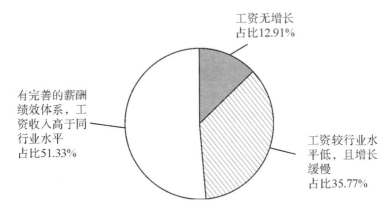

图 8-8　参与调查的高技能人才工资待遇分布

从希望"提升职业能力的方式或渠道"看，参与调查的高技能人才认为实际操作是提升职业能力的主要途径，说明"干中学"是非常重要的技能提升机制。其次是通过同行业学习或人才交流来提升职业能力，此外还有通过企业线下培训、职业技能认证升级、线上培训自学、脱产职业培训来提升职业技能。现实中往往是综合使用多种方式或渠道来提升职业技能。在评估在线培训平台的实际效果时，近 93% 的高技能人才认为在线培训平台对职业能力提升有帮助，说明随着互联网技术的发展和普及，线上培训方式日益受到高技能人才群体的广泛认可。

从企业内部技能提升培训频率看，参与调查的高技能人才所在企业以"不定期组织培训""每月一次"和"每季度一次"的培训频率最多（见图 8-9），分别占样本数的 51.05%、19.25% 和 9.66%，说明一半以上的企业会根据企业实际需要不定期组织内部技能提升培训。但在评判企业内部培训效果时，只有 60.87% 的高技能人才对培训效果表示满意，这意味着企业内部培训在培训内容、培训方式等方面，还有较大的改进空间。特别地，54.74% 的受访者表示希望通过职业培训，具备未来产业转型升级需要的技能，如数字化分析、新媒体运营技能等。

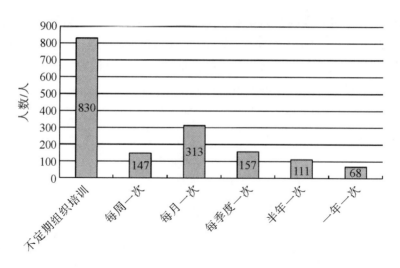

图 8-9　企业内部技能提升培训频率分布情况

第四节　如何提升技能型人力资本?

　　本章研究表明,技术进步正在重新定义人力资本需求,技能需求变化的速度在加快,对技能转换能力的要求也越来越高。与此同时,新职业不断涌现,数字技术重塑社会劳动分工,合适的技能组合和终身学习越来越重要。中国劳动力市场求人倍率的变化显示,近二十年来劳动力市场对具有技术等级和专业技术职称劳动者的用人需求均大于供给,企业用工调查和地区实地调研也都表明中国存在较大的技能型人力资本缺口。加之新一轮科技革命和产业变革促使人力资本需求呈现出一些新特点,这种缺口会在一定的历史时期内存在。从高技能人才职业发展状况看,当前依然存在着一定程度的技能错配问题,技能人才的薪酬绩效体系和发展通道有待进一步健全完善,职业培训效能也有待进一步提升。接下来本章将探讨如何通过提升技能型人力资本来弥合供需缺口,这里面既有积累问题也有配置问题①。本章总体上立足国内、更强调积累,与本书第九章各有侧重。

---

　　①　事实上,积累和配置是人力资本的一体两面。

一、总体战略：技能型人力资本跃升计划

"十四五"时期及今后一段时期是中国人力资本特别是技能型人力资本加速积累和稳步提升的关键期，要在巩固拓展前期工作基础上，进一步健全体制机制，立足经济社会发展需要，深入贯彻落实终身职业技能培训制度，对劳动者进行整体开发和重点培育，全方位培养适应经济社会发展的各类技术技能人才，加快建设知识型、技能型、创新型劳动者大军。可围绕重点产业、重点领域、重点区域、重点群体，研究和实施新的技能型人力资本跃升计划。政策设计上可按照新进入劳动力市场的应届毕业生、创新创业人员、青壮年农民工、制造业产业工人、新经济新业态从业人员、产业结构调整转岗人员、大龄劳动者等目标群体，差异化设计人力资本投资策略，坚持岗前培训与在职培训相结合、兼顾通用性与专用性技能。以深入贯彻实施 2022 年新修订的《中华人民共和国职业教育法》为契机，引导企业建立多层级的技能人才职业发展通道、完善体现技能价值激励导向的工资分配制度，更好地搭建人才成长"立交桥"。同时，推进紧缺职业目录的研究制定和发布，探索通过职业预测来开展技能需求预测，不断提高职业教育和技能培训的针对性、实效性。

二、政策工具：技能型人以力资本开发举措

《"十四五"职业技能培训规划》《"技能中国行动"实施方案》等文件已从健全完善终身职业技能培训体系、提升职业技能培训供给能力、提高职业技能培训质量、加强职业技能培训标准化建设、完善技能人才职业发展通道等层面作了系统部署，在此基础上，结合本章研究结论提出如下建议。

（一）坚持分类指导、统筹规划，始终以市场需求为导向

坚持分类指导、统筹规划主要是指充分发挥政府在技能型人力资本开发体系建设中的引导、规范和督促作用，深化重要领域和关键环节的改革。对中央政府而言，主要是加强技能型人力资本开发体系的顶层设计，完善体系建设、运行、管理、评估等法律法规和基本制度；地方层面主要是提升统筹能力，鼓励各地根据区域经济社会发展需要，探索职业技能培

训体系建设模式，推动职业技能培训多样化、多形式发展①。职业技能培训内容应以市场需求导向，不宜"有什么就培训什么"，而应"需要什么就培训什么"。据测算，目前接受就业技能培训的人员依然占着很大比例，接受岗位技能提升培训的人员只占全部培训人次的三成，接受创业培训的人员比重只有13%②。从趋势看，需强化岗位技能提升培训与创新创业培训的力度和范围，调整优化培训内容，让技能习得的"干中学"机制发挥得更充分。同时，要指导培训机构依据国家职业标准开展培训，不断提升技能型人力资本投资实效。

（二）正确认识技能型人力资本开发规律，提高劳动力市场人力资本配置效能

技能型人力资本开发应推动专业设置与社会需求、学习内容与职业标准、教学过程与生产过程对接，努力实现职业教育、技能培训与技术进步和生产方式变革以及社会公共服务相适应。我们基于山东省1 600多名高技能人才职业发展问卷调查数据，发现高技能人才的工作年限普遍在10年以上，说明普通劳动者要成长为高技能人才，需要长期的培养和历练，故而相关政策的制定实施及考核应着眼长远，尽可能避免短期化行为。技能人才职业发展调查中发现的"所学非所用"等技能错配问题，除了跟经济结构有关外，跟劳动力市场发育程度也有很大关系。破解这些问题，需加快建立统一开放、竞争有序的人力资源市场体系，完善市场规则，破除"数据烟囱""信息孤岛"，加强人力资源市场管理信息平台建设，推进人力资源市场信用体系和标准体系建设，提高劳动力市场供求匹配能力。

（三）做好职业分类工作，优化专业设置、深化产教融合

职业分类是制定职业标准的依据，是开展职业教育培训和人才评价的重要基础性工作。要紧密结合经济社会发展，定期修订国家职业分类大典，及时将新增职业信息纳入新版大典，并根据需要对部分原有职业信息描述进行更新，以增强从业人员的认同感、促进就业创业、引领职业教育培训改革。从专业分布看，高技能人才所学专业大多以机电一体化、电气工程及其自动化、电气自动化等理工类专业为主，说明需把握好新一轮科技革命和产业变革机遇，加强科学、技术、工程和数学（STEM）教育，

---

① 周灵灵. 中国职业培训体制改革40年回顾及展望［R］. 国务院发展研究中心调查研究报告专刊，No. 34，2018.

② 周灵灵. 契合高质量发展的职业技能培训制度［J］. 中国发展观察，2018（12）：38-40.

培育和增强产业工人的科学、技术、工程等素养。对此,我们要推动产教融合,促进校企对接,扩大校企合作,支持高校进一步优化专业设置,探索与企业或行业协会共办二级学院、联办相关专业。鉴于"干中学"是非常重要的技能习得和积累机制,需进一步强化企业和用人单位在职业技能培训中的主体作用、拓宽参与途径,促进人才链、产业链、创新链深度融合。

(四)推进技能调查与技能监测工作,增强职业教育和技能培训的针对性、实效性

技能调查与技能监测不仅有助于规避职业教育和技能培训的盲目性,同时也是分析技能供需差距和人力资本配置状况的基本前提。早在 2008 年,经济合作与发展组织(OECD)便开始探索实施国际成人能力评估(PIAAC),并于 2013 年和 2018 年启动了后续两轮调查。OECD 将劳动者工作中使用的技能指标概括为信息处理能力和其他通用技能,信息处理能力包括阅读、写作、计算、信息与通讯技能等,其他通用技能则包括对任务的辨别力、工作中的学习能力、影响力与合作技能等。可以借鉴 OECD 的成熟经验和做法,结合中国实际,研究设计成人基本技能调查与技能监测量表,探索推进相关调查和分析工作,为进一步"做对技能(getting skills right)"提供坚实的依据。

(五)融合公共就业服务机构和人力资源线上服务平台数据,优化紧缺职业目录和人才目录的制定发布

中国不少地区已在探索紧缺职业目录和人才目录的发布工作,部分城市还开展了一定规模的企业用工情况调查。从相关工作看,仍需进一步明确数据采集、清理、测算、评估等方面的具体要求,明确数据分析、成果发布等工作的基本流程。建议在使用公共就业服务机构登记数据的同时,加强与人力资源服务企业的交流合作,用线上数据补充线下数据的不足,增强不同数据源的数据融合与信息比对。在内容上,国家层面的目录可侧重于总体情况、重点行业和典型区域等,城市和地区目录则侧重于当地情况,增强目录的针对性和指导性,不同层级的目录框架力求基本一致,以便进行比较分析。

(六)着眼技能更新迭代,探索开展技能需求预测

技能需求预测是一个战略性系统性过程,通过这种方式,决策者、劳动者、雇主和培训提供者可以更好地识别并准备应对未来的技能需求,从

而有助于教育和培训选择，避免技能需求和技能供给之间的潜在差距，提高人力资本投资效能。从国际看，美国、德国、法国、加拿大等发达国家通过制定全面的职业标准或对每个职业所需的技能进行描述，将基于职业的评估与特定技能联系起来，取得了良好成效。下一步，可借鉴国外开展技能需求评估与预测的工作实践及经验，参考国家职业分类大典、职业标准目录等对相应职业和工种标准、操作规范和技能的描述，加强对新兴职业和未来职业的分析研判，积极探索开展技能需求预测。

（七）努力营造有利于涵养技能型人力资本的社会氛围

尽管国家采取了不少措施努力提高技能人才的薪资待遇和社会地位，但社会对职业院校毕业生和技能人才的学历学位歧视仍不同程度、不同范围的存在，这跟传统观念有较大关系。鉴于此，要进一步采取有效措施提高技能人才的社会地位和待遇，更好发挥政府、企业、行业、社会的协同作用，完善技能人才培养、评价、使用、激励、保障等措施，实现技高者多得，增强技能人才职业荣誉感、自豪感和获得感，努力营造"劳动光荣、技能宝贵、创造伟大"的社会氛围。针对这方面，人力资源和社会保障部办公厅 2021 年 1 月印发了《技能人才薪酬分配指引》，在引导企业建立多层级的技能人才职业发展通道、完善体现技能价值激励导向的工资分配制度等方面，提出了可参考的方式方法。下一步，可分行业、分领域进一步细化相关内容，发掘典型案例，强化示范引领。

第九章　百年未有之大变局下的国际人力资本战略

第一节　百年未有之大变局与全球人力资本竞争

当今世界正经历百年未有之大变局。在这大发展大变革大调整时期，我们不仅要具备战略眼光、树立全球视野，更要有风险忧患意识和历史机遇意识，增强工作的系统性、预见性、创造性，努力在这场百年未有之大变局中把握航向。面对这样的大变局，世界各国都在抢抓机遇，国际人才竞争日趋白热化，因为综合国力竞争说到底是人才竞争，人力资本是一个国家综合国力的重要方面。对我国而言，加快构建以国内大循环为主体、国内国际双循环相互促进的新发展格局，迫切需要高水平的人力资本支撑。对此，党的二十大报告强调，"建设规模宏大、结构合理、素质优良的人才队伍""着力形成人才国际竞争的比较优势"，并对深入实施新时代人才强国战略作出全面部署。总之，如何在百年未有之大变局下更好地在全球范围配置人力资本、强化现代化建设人才支撑，不仅关乎国际竞争力的持续提升，也是构建新发展格局的重要着力点。

从国际动向看，美国、德国、加拿大、韩国等发达国家对内持续调整和优化人力资本投资重点，越来越重视科学、技术、工程和数学（STEM）教育，认为这是提升竞争力的关键因素，对外则加大对全球优质人力资本的争夺力度。例如，美国政府近年来加大了对各个层次 STEM 教育的支持力度，颁布实施了一系列移民新政①，旨在吸纳来自世界各地的高端人才和高素质移民。又比如，为更好引进具有创新能力和企业家精神的国际人才，韩国政府近年来加大对海外人才的支持，将海外人才分为研究教育型、企业活动型、未来潜力型等类型，完善外籍人才入境和签证等"居留支援"方面的规定，建立"优秀人才永久居留及入籍快速通道制度"，推进开放包容的移民政策。

从历史进程看，随着我国进入全面建设社会主义现代化国家、向第二个百年奋斗目标进军的新征程，我们比历史上任何时期都更加接近实现中华民族伟大复兴的宏伟目标，也比历史上任何时期都更加渴求人才。从经济实践看，改革开放以来中国经济总量不断迈上新台阶，中国经济占世界经济的比重在稳步提升（见图9-1），国际影响力与日俱增。1978年，中国的GDP仅为3 678.7亿元，只占世界经济的1.7%，到1986年GDP突破1万亿元，2000年突破10万亿元，2010年突破40万亿元、超过日本成为世界第二大经济体。与此同时，中国经济占世界经济的比重也在一路上升，从2000年的3.6%大幅提高到了2021年的18.5%，增加了将近15个百分点，这是非常了不起的成就。这些辉煌成就为制定实施同综合国力和发展目标相匹配的国际人力资本战略奠定了非常好的物质基础。

在此背景下，本章基于联合国、经济合作与发展组织（OECD）、国际移民组织、世界经济论坛等机构的统计数据，在描述国际移民流动分布态势和构成状况的基础上，分析国际人才流动竞争的基本格局，并结合中国实际分析出国留学和国际人才引进情况，进而探讨百年未有之大变局下的国际人力资本战略。本章所称的国际移民是指人口的跨境迁徙，也即根据《联合国关于国际移民统计的建议》，将常住国发生改变的人定义为国际移民②。之所以要先分析国际移民流动分布的总体态势和构成状况，是因为国际移民的一些特质可以表征人力资本跨国流动的基本特点，尤其是留学生和技术移民等优质人力资本的跨国流动。

---

① 2006年公布的《美国竞争力计划》，提出培养具有STEM素养的人才是知识经济时代教育目标之一，并视为全球竞争力的关键；2015年，奥巴马签署的美国《STEM教育法案》正式生效，明确将计算机科学列入STEM教育类别，通过增强STEM教育确保其在科技创新领域的国际竞争力；2022年1月，美国国务院和国土安全部公布了一项新政策，放宽了STEM专业人才拿美国绿卡的要求，同时新增22个STEM专业。

② 国际移民可分为短期移民（常住国发生变化在三个月到一年之间）和长期移民（常住国改变至少一年）。但由于各国标准不尽一致，使得长短期的区分缺乏完备数据。

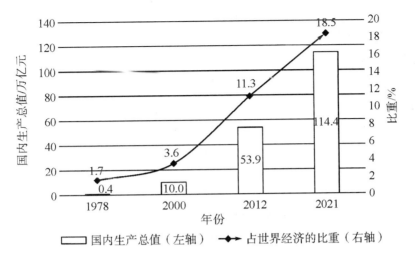

图 9-1　改革开放以来中国经济总量及占世界经济的比重

（数据来源：根据国家统计局相关资料整理绘制）

第二节　国际移民的流动分布及构成状况

一、国际移民流动分布的总体态势

自人类在地球上繁衍生息以来，迁移可以说是人力资本跨区域配置的重要方式。尤其是在现代社会，人们基本上能够从满足自身偏好出发，为改善经济状况或发展空间而自由地进行迁徙。当然，不同时期、不同社会经济条件下的迁移是有差异的。一般而言，在一个停滞、传统的经济体中，迁移的经济作用十分微小，但在经济和人口都不断增长的地方，其作用却非常重要[①]。这种作用既体现在个体身上，也表现在社会层面。譬如，移民往往能给个人带来更好的工作和生活条件，满足生存及发展的需要；对社会来说有助于减少贫困、提升人力资本、促进社会公平、推动城市

---

① 舒尔茨.论人力资本投资［M］.吴珠华，等译.北京：北京经济学院出版社，1990.

化，这些作用得到了广泛的经验证据支持①。

随着贸易自由化和经济全球化深入推进，全球范围内的移民和人才流动成为当前社会经济发展的一个突出现象。联合国经济和社会事务部、国际移民组织的数据显示，20世纪70年代以来国际移民总量在快速增长，移民数量从1970年的8 446万人增加到了2020年的2.81亿人，国际移民占世界人口的比重也由1970年2.3%上升到了2020年3.6%（见图9-2）。尽管近年来国际移民受新冠病毒感染疫情全球"大流行"影响，但也并未改变国际移民总量上升的趋势。即便在新冠病毒感染疫情暴发的2020年，当年的国际移民数量仍然比2019年增加了900万人。从国际移民年均增长率的变化看，最近20年的移民增速有所加快，例如，数据显示国际移民增长率从1995—2000年的1.4%提高到2015—2020年的2.5%。

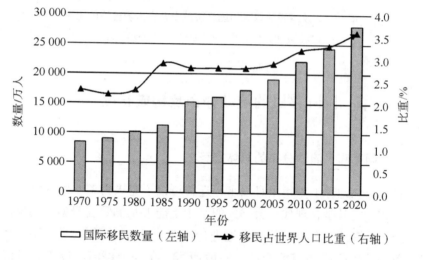

图9-2　国际移民数量及占世界人口比重

（数据来源：United Nations Department of Economic and

Social Affairs, Population Division (2020). International migrant stock 2020;

International Organization for Migration. World migration report 2022 [R]. 2021)

按发展水平划分，国际移民主要分布在高收入经济体，其存量由1990

---

① DINKELMAN T, MARIOTTI M. The long-run effects of labor migration on human capital forma-tion in communities of origin [J]. American economic journal：Applied economics, 2016, 8 (4)：1-35. CLEMENS M A. Migration is a form of development：The need for innovation to regulate migration for mutual benefit [R]. UN Population Division, Technical Paper, New York：United Nations, 2017.

年的 7 630 万人增加到了 2020 年的 1.82 亿人，增加了 1 亿多人。居住在高收入经济体的国际移民占到世界移民总量的 65%，也就是说，近三分之二的国际移民分布在高收入经济体。居住在中等收入经济体的国际移民则由 1990 年的 6 723 万人增加到 2020 年的 8 589 万人，增长比较缓慢。相形之下，居住在低收入经济体的国际移民从 1990 年的 919 万人增加到 2020 年的 1 223 万人，只增加了 300 万人。图 9-3 展示了 1990—2020 年国际移民在不同发展水平经济体的分布情况。

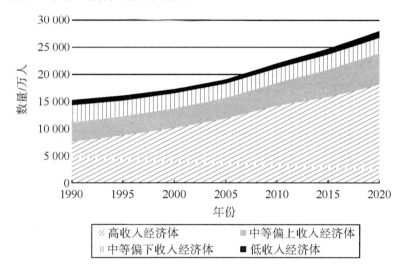

图 9-3 国际移民存量累积分布图（按发展水平）

（数据来源：United Nations Department of Economic and Social Affairs, Population Division (2020). International migrant stock 2020）

国际移民存量的地区分布表明（见表 9-1），2020 年欧洲拥有 8 671 万国际移民，亚洲拥有 8 562 万国际移民，北美洲的国际移民存量为 5 871 万人。欧洲、亚洲和北美洲的国际移民存量排在世界前三位，再往后是非洲、拉丁美洲与加勒比地区和大洋洲。大洋洲的国际移民存量最少，2020 年只有 938 万人。从趋势看，1990 年以来各地区的国际移民存量都在稳步增长，其中，亚洲、欧洲、北美洲 2020 年国际移民存量与 1990 年相比，各增加了 3 000 多万人，拉丁美洲与加勒比地区、大洋洲移民体量较小，只分别增加了 700 多万人和 400 多万人。

表 9-1　国际移民存量分布（按地区划分）　　单位：万人

地区	年份						
	1990 年	1995 年	2000 年	2005 年	2010 年	2015 年	2020 年
非洲	1 569	1 636	1 505	1 604	1 781	2 286	2 539
亚洲	4 821	4 642	4 907	5 325	6 612	7 719	8 562
欧洲	4 961	5 349	5 686	6 359	7 063	7 476	8 671
拉丁美洲与加勒比地区	714	666	654	718	833	944	1 479
北美洲	2 761	3 334	4 035	4 536	5 097	5 563	5 871
大洋洲	473	502	536	602	713	807	938

数据来源：United Nations Department of Economic and Social Affairs, Population Division (2020). International migrant stock 2020。

同每个地区的人口数量相比，2020 年国际移民比例最高的是澳大利亚和新西兰，其国际移民占到了当地人口总数的 29.9%，其次是欧洲和北美，其国际移民占当地人口总数的 13.0%。西亚和北非的国际移民比例比较高，2020 年其国际移民占当地总人口数 9.5%。长期以来，东亚和东南亚、中亚和南亚的国际移民比重都比较低，2020 年其比重分别只为 0.8% 和 1.0%。

从发展水平看，国际移民占所在地区人口比重最高的是高收入经济体，其比重从 1990 年的 7.4% 提高到了 2020 年的 14.7%，远高于世界平均水平。相形之下，中等偏上收入经济体的国际移民人口比重长期徘徊在 1.6% 左右，中等偏下收入经济体和低收入经济体的国际移民人口比重却呈现下滑趋势。具体而言，中等偏下收入经济体的国际移民人口比重由 1990 年的 1.8% 下降到了 2020 年的 1.0%，低收入经济体的国际移民人口比重则由 1990 年的 3.0% 下降到 2020 年的 1.8%。

从主要的移民来源国和目的国来看，自 1970 年起，美国一直是国际移民主要目的国。居住在美国的外国出生人数从 1970 年的 1 100 多万上升至 2017 年 4 977 万人，翻了两番。德国从 2005 年起便一直是世界第二大移民目的国，2015 年有 1 200 多万名国际移民住在该国。2017 年沙特阿拉伯超越德国成为第二大移民目的国，该年居住在沙特阿拉伯的国际移民达到

1 218万人。俄罗斯作为主要的移民目的国，劳务移民是其突出特色①，劳务移民已成为俄罗斯建筑业、交通运输业和公共住宅服务等行业经济发展的重要因素。近些年的数据还表明，英国、法国、加拿大、澳大利亚、西班牙、阿联酋也是主要的移民目的国。

中国和印度作为人口大国，是主要的移民来源国。联合国经济和社会事务部数据显示，2017年有996万名来自中国大陆的国际移民生活在世界各地，中国是世界第四大移民来源国；2017年有1 658万印度移民生活在世界各地，印度是世界第一大移民来源国。凭借地缘优势，每年有大量墨西哥移民前往美国、加拿大等地，墨西哥是世界第二大移民来源国。俄罗斯既是主要的移民目的国，也是重要的移民来源国，2017年有1 063万俄罗斯移民生活在世界各地。主要的移民来源国还有孟加拉国、叙利亚、巴基斯坦、菲律宾等，其中比较特殊的是叙利亚，其国际移民大都是战乱和冲突所致，难民和寻求庇护者是叙利亚移民的主体。

就常规移民而言，工作是人们进行国际移民的主要原因，而且，劳务移民占到了国际移民的绝大多数。《世界移民报告2022》显示，2019年劳务移民约占国际移民总数的62%，且67.4%的劳务移民生活在高收入经济体，29%生活在中等收入经济体，去往低收入经济体的劳务移民仅占总量的3.6%。图9-4展示了2019年国际劳务移民在不同发展水平经济体的分布情况。从地域看，超过60%的国际劳务移民分布在北美洲、阿拉伯国家以及北欧、南欧和西欧。在职业构成上，大多数劳务移民从事的是服务业工作。

从国际移民的年龄构成看，25~44岁的核心劳动年龄人口占移民总量的比重长期稳定在40%左右（2020年为39.8%），而0~14岁少年儿童移民的占比则从1990年的12.6%降到了2020年的10.1%，65岁及以上老年移民的比重则维持在12%左右（2020年为12.2%），说明国际移民的主体是青壮年劳动力。图9-5直观展示了1990—2020年国际移民的年龄构成情况。尽管随着时间推移，国际移民各年龄组的构成状况会发生一些变化，但其分布规律并没有实质性改变。

---

① 1991年苏联解体后，在2005年之前的大约15年里，俄罗斯是世界第二大国际移民目的国。劳务移民是俄罗斯的主要移民形式。

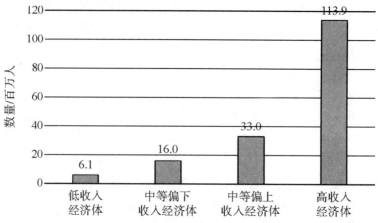

图 9-4　2019 年国际劳务移民分布情况（按发展水平）

（资料来源：International Organization for Migration.
World migration report 2022［R］. 2021）

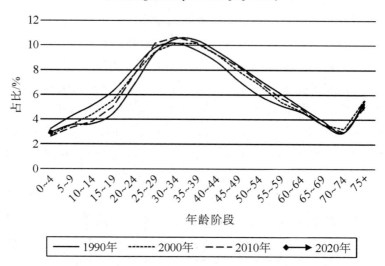

图 9-5　1990—2020 年国际移民的年龄构成情况

（数据来源：United Nations Department of Economic and Social Affairs,
Population Division（2020）. International migrant stock 2020）

　　总体而言，20 世纪 70 年代以来，国际移民的总量一直在上升，其占
世界人口的比重也在逐步攀升。与低收入经济体和中等偏下收入经济体相
比，居住在高收入经济体和中等偏上收入经济体的国际移民数量一直在攀

升，高收入经济体国际移民数量的增长最为明显，说明经济社会发展水平是吸引移民的重要因素。这种演变态势持续了数十年，具有一定的稳定性，短期内发生逆转的可能性不大。

二、国际留学生和技术移民的基本情况

随着经济全球化程度的加深、教育交流合作的繁荣，留学已成为国际移民的主要方式和有效途径。不少学生负笈海外、前往东道国求学进修，有助于深入了解东道国的社会经济状况，毕业后也相对容易留下工作并融入当地社会。联合国教科文组织数据显示，2012 年全球高等教育阶段的在读留学生人数是 406 万人，2017 年则超过了 508 万人，显然近些年来高等教育阶段的留学生增长较快。

从生源看，中国、印度、德国、韩国、法国、哈萨克斯坦、沙特阿拉伯、尼日利亚、越南、乌克兰是高等教育阶段留学生的主要生源国。2017年上述十国高等教育阶段的海外在读留学生合计 191.8 万人，占全球高等教育阶段留学生总数的 37.8%。中国和印度海外留学生数量长期处于世界前两名[①]，例如 2019 年，中国在海外高等教育机构留学的学生多达 106.15万人，印度在海外高等教育机构留学的学生总数为 46.18 万人。从发展水平看，中等收入和高收入经济体的留学需求较大，这两类经济体高等教育阶段的留学生数量占到了全球高等教育阶段留学生总数的 80% 以上。

通过分析 OECD 国际学生流动指标数据，可知高等教育阶段英国、澳大利亚、奥地利、新西兰、瑞士、卢森堡、比利时、加拿大、德国、捷克、丹麦、荷兰等国的外国学生比例较高，2019 年这些国家高等教育阶段的外国学生比重皆超过 10%，其中，卢森堡、澳大利亚、新西兰、英国、瑞士、奥地利、加拿大超过了 15%（见表 9-2）。美国留学生的规模虽然很大（是世界排名第一的留学目的国），但由于学生基数大，其高等教育阶段的外国学生比重近年来维持在 5% 左右，低于 OECD 的平均水平。值得注意的是，日本、韩国高等教育阶段外国学生比重曾长期保持在较低水平[②]，但自 2015 年以来其比重在大幅攀升，典型的如，日本高等教育阶段

---

① 美国、加拿大、澳大利亚、英国、日本、韩国、瑞典、新西兰等国的外国留学生中，来自中国的留学生数量长期排在第一位。

② 相对于欧洲、北美洲、大洋洲，东亚、东南亚、西亚、非洲、拉丁美洲等地区属于"冷门留学区域"。随着日本、韩国等国相关政策调整，这种状况近年来有所好转。

外国学生比重从 2015 年的 3.43%上升到了 2019 年的 5.24%。

表 9-2　2019 年主要经济体高等教育阶段外国学生比重

经济体	比重/%	经济体	比重/%	经济体	比重/%
澳大利亚	28.34	日本	5.24	美国	5.19
奥地利	17.64	韩国	3.26	英国	18.68
比利时	10.04	卢森堡	48.65	巴西	0.25
加拿大	16.22	墨西哥	0.71	智利	0.82
捷克	14.36	荷兰	11.77	中国	0.43
丹麦	10.49	新西兰	20.77	哥伦比亚	0.22
芬兰	8.05	挪威	4.28	爱沙尼亚	11.09
法国	9.12	波兰	3.86	印度	0.14
德国	10.11	葡萄牙	9.71	拉脱维亚	10.43
希腊	3.50	斯洛伐克	9.04	立陶宛	5.99
匈牙利	12.61	西班牙	3.70	俄罗斯	4.21
冰岛	8.45	瑞典	7.15	沙特阿拉伯	4.43
爱尔兰	10.72	瑞士	17.80	斯洛文尼亚	6.67
意大利	2.83	土耳其	1.99	OECD—欧洲	7.51

数据来源：OECD（2022），International student mobility（indicator）。其中，荷兰高等教育阶段外国学生比重系 2018 年数据。

从新兴经济体的高等教育看，尽管近年来外国学生比重有不同程度的提升，但与发达经济体相比，大多数新兴经济体的外国学生比重还处于较低水平。金砖国家中，南非和俄罗斯高等教育阶段的外国学生比重相对较高，2018 年南非高等教育阶段外国学生比重为 3.59%，俄罗斯高等教育阶段外国学生的比重则从 2005 年的 0.94%快速上升到 2019 年的 4.21%。近年来，中国政府通过奖学金和更加灵活的资助政策降低留学成本，吸引了越来越多的境外学生，中国高等教育阶段的境外学生比重从 2010 年的 0.23%提高到了 2019 年的 0.43%。印度、巴西高等教育阶段的外国学生比重则大致分别稳定在 0.12%和 0.24%左右。

总体而言，外国学生比重较高的国家仍以高收入经济体为主，且留学生的分布有进一步集聚趋势。据联合国教科文组织统计，2017 年全球 508

万名高等教育留学生中，有 380 万是在高收入经济体留学；2016 年美国高等教育阶段在读留学生人数为 97 万人，远远超过排在第二的英国。这样的集聚态势不仅会对全球高等教育发展带来深远影响，也会深刻影响未来的全球人力资本配置。

技术移民也是优质人力资本跨境流动的一个主要方式，通常是根据文化程度、职业技能、语言能力等综合情况来申请移民。但目前还缺乏全球范围的技术移民统计数据，只能从部分国家和地区的零星统计一窥堂奥。从实践看，技术移民目的地主要是经济发展水平高、人居环境好的发达经济体。美国、加拿大、澳大利亚等国家和地区是热门的技术移民目的地。例如澳大利亚移民局数据显示，2015—2016 财年，澳大利亚共为海外移民提供 19 万个永久居民名额，其中包括 12.85 万个技术移民（含雇主担保、普通技术移民及商务移民）；2016—2017 财年，澳大利亚共为海外移民发放 18.36 万个永久居民名额，其中包括 12.35 万个技术移民；2017—2018 财年，澳大利亚共为海外移民发放 16.24 万个永久居民名额，其中包括 11.11 万个技术移民；2018—2019 财年，澳大利亚共为海外移民发放 16.03 万个永久居民名额，其中包括 10.97 万个技术移民。显然，在永久居民名额的分配中，技术移民往往是最主要的部分（技术移民通常占澳大利亚国际永久居民名额的 70% 左右），是东道国所看重的群体。

三、国际难民等特殊移民的基本情况

尽管绝大多数人进行国际移民是出于工作、家庭和学习的需要，但也有许多人是出于其他迫不得已的原因，比如地区冲突、政治迫害、气候和地质灾难。因此，由冲突、战乱、灾害等因素引发的全球流离失所和非常规移民现象也是探讨国际移民问题不可回避的重要方面。联合国统计资料显示，世界难民和寻求庇护者（refugees and asylum seekers）数量已从 1990 年的 1 898 万人增加到 2020 年的 3 381 万人，增加了 1 400 多万人。从 1990—2020 年的变化趋势看，难民和寻求庇护者占国际移民总量的比重呈现出"U 型"演变特征。2005 年之前，随着常规移民数量大幅增长，难民和寻求庇护者占国际移民总量的比重总体上在下降，此后，地区冲突激化、极端灾害频发等因素，使得难民和寻求庇护者数量过快增长，其比重也有所抬升。2020 年难民和寻求庇护者占国际移民总数的比重为 12.0%，基本回到了 1990 年的水平（1990 年为 12.4%）。图 9-6 直观展示了这一演变历程。

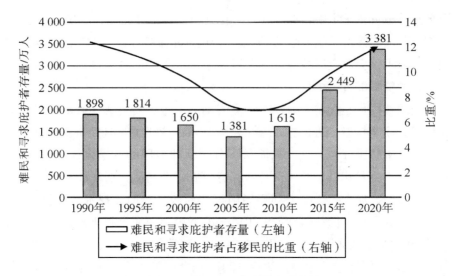

图 9-6　国际难民和寻求庇护者演变情况

（数据来源：United Nations Department of Economic and Social Affairs, Population Division (2020). International migrant stock 2020）

难以化解的、未被解决的和持续发生的冲突与暴力事件是导致世界难民人数增加的最主要原因。例如，2011 年爆发并持续至今的叙利亚冲突，已产生 700 多万名难民和寻求庇护者。从难民的构成看，妇女、儿童占了世界难民总数的大部分，她们是极其脆弱的群体，亟需重点救助。而且，难民和寻求庇护者这类特殊移民主要集中在中等收入和低收入经济体（见表 9-3），2020 年有 2 161 万名难民和寻求庇护者分布在中等收入经济体、有 606 万名分布在低收入经济体，二者合起来约占国际难民和寻求庇护者总量的 82%。这是因为难民往往缺乏远距离迁徙的能力和条件，通常只能前往毗邻冲突地区的国家或地区避难。联合国数据也表明绝大多数（约 73%）难民是被临近地区或国家收容的。

表 9-3　国际难民和寻求庇护者分布情况　　　单位：万人

发展水平	年份						
	1990 年	1995 年	2000 年	2005 年	2010 年	2015 年	2020 年
高收入经济体	212	321	302	288	236	338	614
中等偏上收入经济体	619	573	560	444	532	1 098	1 475
中等偏下收入经济体	594	491	554	463	551	590	686

表9-3（续）

发展水平	年份						
	1990 年	1995 年	2000 年	2005 年	2010 年	2015 年	2020 年
低收入经济体	473	4 291	234	185	297	422	606

数据来源：United Nations Department of Economic and Social Affairs, Population Division（2020）. International migrant stock 2020.

分国家和地区看，2020 年土耳其收容了 360 万名国际难民（主要来自叙利亚）、巴基斯坦收容了 140 万名国际难民（主要来自阿富汗）。非洲的乌干达、苏丹、埃塞俄比亚等国家收容的难民也比较多，且主要来自相邻地区。联合国难民署数据还显示，最不发达国家——如孟加拉国、乍得、刚果、卢旺达、南苏丹、坦桑尼亚等——收容了全球 27% 的难民。联合国难民署的一大任务是为难民寻求永久的解决方案，比如自愿返乡、就地融合和重新安置，但要解决好难民等特殊移民问题，需要国际社会付出更大更有效的努力。

第三节　国际人才的流动分布和竞争态势

经济增长理论表明，以人才为代表的优质人力资本是经济增长的重要源泉，是提升全要素生产率的重要依托。随着经济全球化的深入推进，国际人才的流动分布日益成为备受关注的话题，以人才资源为核心的全球价值链也正在形成。

从政策看，各国政府大都将人才视为核心战略资源，最突出的当属美国。美国不仅是国际人才的最大输入国，也是国际人才竞争的最大赢家，其国际人才战略的核心特质便是不拘一格、网罗世界各地人才。基于这一战略，从世界各国吸纳各领域人才便成为美国移民法的重要原则[1]。据统计，就职于硅谷的科研人员和工程师中大约有三分之一是国际移民；

---

① 美国移民法通过设立职业移民类别来吸纳国际人才，依技能高低将职业移民分为三类，并给予不同的优先程度，技能越高，优先程度越高。具体而言，第一类优先吸纳的对象是各领域的顶尖人才，第二类优先吸纳的对象是高技能人才，第三类优先吸纳的对象则是技能虽一般，但却是美国雇主急需的人员（刘宗坤、郑金连，2018）。

1901—2010 年，每四个获得诺贝尔奖的美国科学家中就有一人是外国移民①。

尽管可供使用的数据资源日渐丰富，但依然缺乏国际人才流动分布的确切统计，只好用相近指标来刻画相关事实。目前比较理想的资料主要是两个：一是世界经济论坛发布的《全球人力资本报告》（*The global human capital report*），二是欧洲工商管理学院（INSEAD，也译作"英士国际商学院"）发布的《全球人才竞争力指数》（*The global talent competitiveness index*）。世界经济论坛发布的《全球人力资本报告 2017》通过构建系列指标，测度了 130 个经济体的人力资本指数。该指数由 4 个一级指标、21 个二级指标加权而成。以一级指标"能力（Capacity）"为例，它基于四种常见的受教育程度，按劳动年龄组进行分类测度，这些数据分别反映了至少完成过初等、中等或高等教育的人口比例，以及达到基本识字和算术水平的人口比例②。

众所周知，人力资本体现了个人拥有的能够创造个人、社会和经济福祉的知识、技能、能力及素质，人力资本水平高的群体更容易适应新技术、创新和在全球范围内竞争。与此相关的人力资本指数则是劳动力素质、人才集聚及发展水平的综合测度，人力资本指数高，说明劳动力素质、人才集聚及发展水平也相对高。

表 9-4 列示了 2017 年人力资本指数排名前 40 位的经济体。可知，排在前面的都是美欧等发达经济体，挪威、芬兰、瑞士、美国、丹麦、德国、新西兰、瑞典、斯洛文尼亚和奥地利占据了人力资本指数排行榜的前 10 名，新兴经济体中只有俄罗斯（第 16 名）、马来西亚（第 33 名）、中国（第 34 名）和泰国（第 40 名）能跻身前 40 名榜单。其他主要新兴经济体中，越南人力资本指数为 62.19，排在第 64 位；墨西哥人力资本指数为 61.25，排第 69 位；土耳其人力资本指数 60.33，排名第 75 位；巴西人力资本指数 59.73，排在第 77 位；南非人力资本指数 58.09，排第 87 位；印度人力资本指数为 55.29，排在第 103 位。

---

① 刘宗坤，郑金连. 全球人才竞争与美国人才移民政策的新趋势 [C]. // 王辉耀，苗绿. 中国国际移民报告（2018）[A]. 北京：社会科学文献出版社，2018.

② World Economic Forum. The global human capital report 2017: Preparing people for the future of work [R]. 2017.

表 9-4　2017 年人力资本指数前 40 名经济体

经济体	人力资本指数	排名	经济体	人力资本指数	排名
挪威	77.12	1	冰岛	71.44	21
芬兰	77.07	2	捷克	71.41	22
瑞士	76.48	3	英国	71.31	23
美国	74.84	4	乌克兰	71.27	24
丹麦	74.40	5	立陶宛	70.81	25
德国	74.30	6	法国	69.94	26
新西兰	74.14	7	韩国	69.88	27
瑞典	73.95	8	拉脱维亚	69.85	28
斯洛文尼亚	73.33	9	哈萨克斯坦	69.78	29
奥地利	73.29	10	卢森堡	69.61	30
新加坡	73.28	11	波兰	69.61	31
爱沙尼亚	73.13	12	保加利亚	68.49	32
荷兰	73.07	13	马来西亚	68.29	33
加拿大	73.06	14	中国	67.72	34
比利时	72.46	15	意大利	67.23	35
俄罗斯	72.16	16	斯洛伐克	67.14	36
日本	72.05	17	克罗地亚	66.81	37
以色列	71.75	18	塞浦路斯	66.43	38
爱尔兰	71.67	19	匈牙利	66.40	39
澳大利亚	71.56	20	泰国	66.15	40

数据来源：World Economic Forum. The global human capital report 2017；Preparing people for the future of work ［R］. 2017。

　　可见，发达国家和地区是世界人才的主要集聚地和流入地，广大发展中经济体和落后地区则往往经历着人才匮乏、智力外流及其带来的影响。上文剖析国际移民的流动和分布态势时，移民队伍里其实已包含高人力资本的人才群体，人才流动及分布的特征事实也可以从大的移民态势中捕捉。这里以人工智能人才的分布情况作为具体例了。据估算，2017 年全球大约有 30 万名人工智能人才，主要分布在高校和科研院所、人工智能新兴企业、科技巨头及其他领域，从国别看，美国 1 078 家人工智能初创企业约有 7.87 万名人才，中国 592 家相关企业中约有 3.92 万名员工，中国人工智能人才数量只有美国的一半[①]。

相对于综合测度劳动力素质、人才集聚及人才发展水平的人力资本指数，欧洲工商管理学院发布的《全球人才竞争力指数（2019）》则是专注于人才竞争力的指标体系，它涵盖了 125 个经济体，可以较好地测度全球人才竞争的基本态势。国家层面的人才竞争力指数是由"禀赋条件（Enable）""吸引力（Attract）""成长性（Grow）""可留住（Retain）""职业与专业技术技能（Vocational and Technical Skills）""全球化知识技能（Global Knowledge Skills）"等 6 个一级指标加权而成[②]，城市层面的人才竞争力指数则是由"禀赋条件（Enable）""吸引力（Attract）""成长性（Grow）""可留住（Retain）""全球化（Be Global）"等 5 个一级指标加权而成[③]。一级指标权重的确定和二级指标的选取都经过严密论证，具有权威性和代表性。

测算结果表明（见表 9-5），2019 年全球人才竞争力排在前 40 名的国家和地区大都属于发达经济体，只有马来西亚（第 27 名）、哥斯达黎加（第 34 名）等极少数中等收入国家的人才竞争力能跻身世界前 40 名；瑞士、新加坡、美国、挪威、丹麦、芬兰、瑞典、荷兰、英国、卢森堡囊括了全球人才竞争力前 10 名。主要新兴经济体中，中国人才竞争力指数为 45.44，世界排名第 45 位；俄罗斯人才竞争力指数 43.47，排在第 49 名；墨西哥人才竞争力指数 38.00，排在第 70 位；南非人才竞争力指数 37.94，排在第 71 位；巴西人才竞争力指数为 37.57，排在第 72 位；土耳其人才竞争力指数 37.44，排在第 74 位；印度人才竞争力指数 35.98，排在第 80 位；越南人才竞争力指数为 33.41，排在第 92 位。显然，与发达经济体相比，新兴经济体总体上还不具备明显的人才竞争优势，人才队伍建设任重道远。分区域看，北美洲、欧洲的人才竞争优势仍在强化，亚洲、拉丁美洲和非洲国家的人才竞争基础有所弱化。

---

① 腾讯研究院. 2017 全球人工智能人才白皮书 [R]. 2017.

② 指标中的"禀赋条件（Enable）"包括监管环境、市场格局、商业与劳工状况等。

③ INSEAD. The global talent competitiveness index 2019 [R]. 2019.

表 9-5 2019 年全球人才竞争力前 40 名经济体

经济体	人才竞争力指数	排名	经济体	人才竞争力指数	排名
瑞士	81.82	1	法国	61.82	21
新加坡	77.27	2	日本	61.56	22
美国	76.64	3	爱沙尼亚	60.74	23
挪威	74.67	4	卡塔尔	60.50	24
丹麦	73.85	5	捷克	59.38	25
芬兰	73.78	6	马耳他	59.10	26
瑞典	73.53	7	马来西亚	58.62	27
荷兰	73.02	8	葡萄牙	55.66	28
英国	71.44	9	斯洛文尼亚	54.44	29
卢森堡	71.18	10	韩国	54.19	30
新西兰	71.12	11	西班牙	52.85	31
澳大利亚	71.08	12	智利	52.20	32
冰岛	71.03	13	塞浦路斯	52.20	33
德国	70.72	14	哥斯达黎加	51.47	34
加拿大	70.43	15	立陶宛	50.75	35
爱尔兰	70.15	16	文莱	49.91	36
比利时	68.48	17	拉脱维亚	49.39	37
奥地利	68.31	18	意大利	49.21	38
阿联酋	65.90	19	沙特阿拉伯	48.78	39
以色列	63.26	20	巴林	48.45	40

资料来源：INSEAD. The global talent competitiveness index 2019 [R]. 2019。

全球企业家人才竞争力指数的地区分布也表明，欧洲、北美洲、大洋洲的高收入经济体在该指标上的表现非常出色，非洲、拉丁美洲、南亚、中亚等地区多数经济体的企业家人才竞争力较弱，说明当涉及更广泛的创业人才角色（企业家精神）时，仅仅关注一个或几个方面是不够的。由于创新型人力资本很可能是跨境和跨部门的，故而围绕创新，培育发展强大而充满活力的经济系统，打造更加开放包容、宜居宜业的环境依然是各国提升国际人才竞争力的重要"抓手"。

作为世界经济增长的重要引擎，金砖国家自然备受关注。但从 2013—2019 年人才竞争力指数的演变情况看，金砖国家在人才队伍建设和人才制度设计等方面还有大量工作要做，特别是印度、巴西和南非，人才竞争力指数呈现出下滑迹象，中国和俄罗斯的人才竞争力指数虽有波动，但总体能维持在较高的水平（见图 9-7）。在人才竞争领域，中国和俄罗斯是最接近发达国家的新兴经济体。

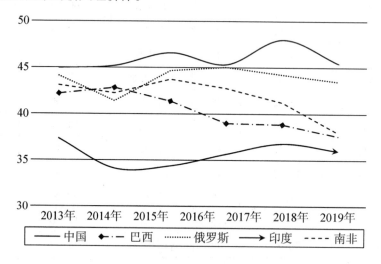

图 9-7 金砖国家人才竞争力指数的演变

（数据来源：INSEAD，The global talent competitiveness index 2019［R］. 2019）

当前，数字化和全球化正在增强创新型人力资本的作用。2019 年的人才竞争力报告特别侧重于创业人才，尤其是如何在全世界鼓励、培养和发展创业人才，以及这如何影响不同经济体的相对竞争力。为了激励企业家和企业内人才，新举措正在涌现，例如努力发展自下而上的创新、赋予雇员权力。这种变化在城市尤其明显。分城市看，2019 年全球人才竞争力 20 强城市全部位于发达经济体（见表 9-6），美国城市占了四分之一，华盛顿是全球人才竞争力最强的城市。华盛顿位居榜首可归因于其稳定的经济、充满活力的人口、卓越的基础设施以及高技能的劳动力和世界一流的教育。总体上，排名靠前的城市往往对人才最开放，而且"智慧城市"生态系统正越来越多地发挥"人才磁铁"作用。

从趋势看，城市正担负起更强大的人才中心角色，这对重塑全球人力资本竞争格局至关重要。可以说，城市是人类最伟大的发明与最美好的希望，它们使人类社会变得更加富有、智慧、绿色、健康和幸福①。这是因为，城市有更大的灵活性和适应新趋势、新模式的能力，城市能让观察、倾听和学习变得更加方便，是创新的发动机，其对人才、特别是企业家人才也更具吸引力。

表9-6 2019年全球人才竞争力20强城市

排名	城市	所属经济体	排名	城市	所属经济体
1	华盛顿	美国	11	斯德哥尔摩	瑞典
2	哥本哈根	丹麦	12	旧金山	美国
3	奥斯陆	挪威	13	西雅图	美国
4	维也纳	奥地利	14	伦敦	英国
5	苏黎世	瑞士	15	台北	中国台湾
6	波士顿	美国	16	日内瓦	瑞士
7	赫尔辛基	芬兰	17	新加坡	新加坡
8	纽约	美国	18	布鲁塞尔	比利时
9	巴黎	法国	19	东京	日本
10	首尔	韩国	20	慕尼黑	德国

数据来源：INSEAD, The global talent competitiveness index 2019 ［R］. 2019.

第四节 中国的出国留学和国际人才引进

某种意义而言，中国的改革开放进程也是中国日渐融入全球体系的过程，包括全球人力资本竞争体系。改革开放之初，中国就已注重派遣留学生前往发达国家深造。从每年的出国留学人数看，中国各类出国留学人员已从1978年860人大幅增加到2019年70.35万人②。和现在以自费留学为

---

① 格莱泽. 城市的胜利 ［M］. 刘润泉，译. 上海：上海社会科学院出版社，2012.
② 受新冠病毒感染疫情的影响，近年来中国学生赴美国、澳大利亚留学的意愿有所下降。例如，《中国留学发展报告（2022）》蓝皮书显示，2020—2021学年，中国在美留学生比2019—2020年减少了14.6%，出现十年来首次负增长。未来有留学计划的中国学生很可能将目光投向留学环境及签证政策更为友好的国家和地区。

主有所不同的是①，当时的留学基本上是国家和单位公派，自费留学的较少，留学生的规模也比较小。

21世纪以来，中国出国留学人员的增长非常明显，越来越多的中国青年通过出国留学，全方位、深层次了解世界、融入世界、拥抱世界，学习借鉴其他国家的有益经验和文明成果。从1978年到2019年年底，中国各类出国留学人员累计达641万人，其中，2000—2019年各类出国留学人员累计为622.56万人，占整个考察期的97.12%。图9-8直观展现了这一历程。

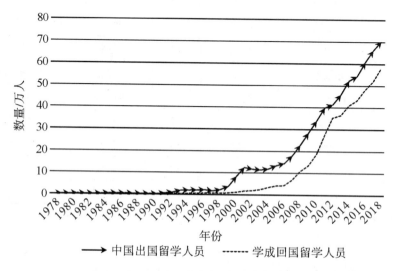

图9-8　1978—2019年中国出国留学和学成回国人员数量

（数据来源：根据国家统计局相关数据整理绘制）

中国改革开放40多年来的640多万名出国留学人员中，有将近420万人在完成学业后选择回国效力，为中国经济社会发展作出了积极贡献。近年来，中国留学人员回国就业发展的趋势越来越明显，学成回国留学人员从2012年27.29万人大幅增加到2019年58.03万人，正在形成"出国学习深造—回国就业发展"的国际优质人力资本环流趋势。

中国经济持续健康发展和社会长期总体稳定，吸引越来越多的境外人员前往中国大陆地区工作或生活。联合国经济和社会事务部数据显示，在

---

① 例如，2018年中国出国留学的66.21万人中，国家公派3.02万人，单位公派3.56万人，自费留学59.63万人，自费留学已占出国留学总数的90%。

中国大陆地区工作或生活的境外人员数量从 1990 年的 37.63 万人增加到
2020 年的 103.97 万人，占中国大陆地区人口的比重则从 1990 年的
0.032%上升至 2020 年的 0.074%（见图 9-9）。除了中国香港地区外，越
南和韩国是中国大陆地区最主要的移民来源地，2020 年二者合计达 44.79 万
人，巴西、菲律宾、印度尼西亚、美国等经济体也是中国大陆地区主要的移
民来源地（见表 9-7）。分区域看，东亚和东南亚是中国大陆地区外籍人员
的主要来源地，来自北美、西欧的外籍人员数量依然偏少。总体上，中国大
陆地区的外来移民无论规模还是比重都还很低，跟统筹利用国际优质人力资
本的现实需求并不相称，还有较大的提升和改进空间。

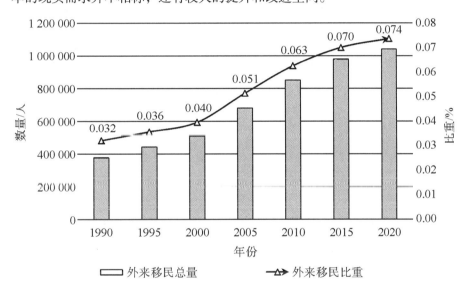

图 9-9　1990—2020 年中国外来移民数量及占人口比重

（数据来源：United Nations Department of Economic and Social Affairs，Population

Division（2020）．International migrant stock 2020）

表 9-7　2020 年中国大陆地区境外人员主要来源地

排序	来源地	移民人数/人	排序	来源地	移民人数/人
1	越南	303 095	11	英国	7 061
2	中国香港	209 555	12	印度	6 953
3	韩国	144 831	13	加拿大	6 691
4	巴西	57 602	14	日本	5 292
5	菲律宾	56 657	15	马来西亚	4 753

表9-7(续)

排序	来源地	移民人数/人	排序	来源地	移民人数/人
6	印度尼西亚	30 811	16	斯里兰卡	4 214
7	美国	20 762	17	澳大利亚	4 052
8	中国澳门	18 918	18	巴基斯坦	3 414
9	泰国	11 779	19	孟加拉国	3 115
10	秘鲁	10 455	20	俄罗斯	2 297

数据来源：United Nations Department of Economic and Social Affairs, Population Division (2020). International migrant stock 2020。

尽管在人才培养方面，中国某些领域可以比肩发达国家，这得益于中国完备高质的基础教育体系①，但总体而言，中国的国际人才竞争力还比较弱。欧洲工商管理学院《全球人才竞争力指数2019》评定的全球人才竞争力100强城市中，中国城市只有北京（第58名）、上海（第72名）、杭州（第82名）、广州（第87名）、西安（第92名）、成都（第93名）和深圳（第94名）上榜，只占全球百强城市的7%，且排名较为靠后。以人工智能领域为例，中国存在较大的人工智能人才缺口，亟需大力引进海外人工智能人才，美国、英国、澳大利亚、新加坡和日本是中国海外人工智能人才的主要供给地，来自这五个国家的人工智能人才占到了中国海外人工智能人才总量的83.80%②。毋庸置疑，借助"外脑"、大力引进国际人才是中国人力资本战略的重要方面。境外专家对中国发展的贡献也得到了经验证据支撑③。

国家外国专家局数据显示，境外来中国大陆工作专家总量已由2002年35万人次增加到2015年62.35万人次④，个别年份虽有波动，但总体上在增长（见图9-10）。从专家类型看，经济技术专家是境外专家的主体，2001—2015年中国大陆共引进经济技术专家513.30万人次，占引进境外

---

① 例如，2015年的PISA（Programme for International Student Assessment）结果显示，在阅读、数学和科学方面的平均分数，中国为82.46分（加权分数），排在世界第7名，超过了德国、荷兰、瑞士、新西兰、挪威、丹麦等发达国家。

② 腾讯研究院. 2017全球人工智能人才白皮书 [R]. 2017.

③ 高文书. 引进国外人才对中国经济增长影响的实证研究 [J]. 云南财经大学学报，2011 (5)：39-44.

④ 国家统计局、国家外国专家局联合发布的《境外来中国大陆工作专家统计调查资料汇编》显示的"境外来中国大陆工作专家"最新数据年份是2015年。

专家总量的 69.33%。尽管引进的经济技术专家数量随年度略有波动，但总体保持在年均 30 万~40 万人次。

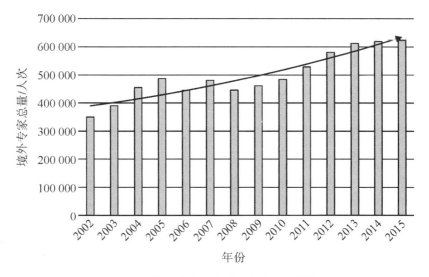

图 9-10　境外来中国大陆工作专家总量情况

（数据来源：根据历年《境外来中国大陆工作专家统计调查资料汇编》整理绘制。境外专家是指中国境内除国际组织以外的各种类型企业、事业、行政单位、社会团体以及大型建设项目聘用的外国和港澳台专家。根据境外专家聘用单位或所在单位的行业性质和国家外国专家局的有关规定，境外专家包括两种类型：一是境外经济、技术和管理专家（简称境外经济专家），二是境外教科文卫类专家（简称境外文教专家）

在中国大陆工作的境外专家仍以短期工作居留为主（3 个月以下），长期专家的比例只占总数的 46% 左右。大部分的境外专家来自亚洲（占52.24%），来自欧洲（22.04%）和北美洲（20.24%）的境外专家比重近年来有所提高。从来源地构成看，港澳台（19.73%）、美国（16.27%）、日本（11.49%）、韩国（10.90%）、德国（5.31%）、英国（4.50%）、加拿大（3.82%）、法国（3.12%）和澳大利亚（2.34%）是中国大陆主要的境外专家来源地。

从签证类型看，持工作签证入境的境外专家比重稳定在 53% 左右；持访问签证入境的境外专家有所增长，其比重占 27% 左右。但是，境外专家在中国大陆各地区和行业间的分布还很不均衡，80% 以上的境外专家分布在东部地区，广大中西部地区的境外专家人数较少。例如，2015 年中部地区聘请经济技术类境外专家总数为 0.83 万人次，仅占全国总量的 2.51%，西部地区聘请经济技术类境外专家1.11万人次，只占全国总量的3.37%。

分行业考察，国家外国专家局数据显示制造业和教育业的专家在境外专家总量中占据绝对优势，2015年二者分别占36.44%和38.00%，其他行业的境外专家数量和比重大都比较低。特别是从事高新技术产业和高端服务业的境外专家比重偏低。以2015年为例，从事信息传输、软件和信息技术服务业的境外专家数量为1.45万人次，只占经济技术类境外专家总量的4.40%，从事金融业的境外专家为0.39万人次，只占经济技术类境外专家总量的1.19%。

第五节　提高中国在全球配置人力资本的能力

本章通过对联合国、经济合作与发展组织（OECD）、世界经济论坛、中国国家统计局和国家外国专家局等机构数据的分析，得出以下基本结论和判断。

一是近五十年来，国际移民总量一直在上升，其占世界人口的比重也在逐步攀升，国际移民主要是流向高收入经济体，这种演变态势持续了数十年，短期内发生逆转的可能性不大；二是外来务工人员是国际移民的主体，且大部分集聚在高收入经济体，主要从事服务性工作，移民年龄结构仍保持着年轻化趋势；三是美国、加拿大、澳大利亚等高收入经济体是技术移民的热门目的国，技术移民是高收入经济体永久居留移民的主体；四是受战乱、冲突和自然灾害等因素影响，难民和寻求庇护者是国际移民中相对特殊的群体，他们主要集中在发展中国家和欠发达地区，非洲和中东地区尤其明显；五是发达国家和地区是国际优质人力资本的主要集聚地和流入地，广大发展中国家和落后地区则往往经历着人才匮乏、智力外流及其带来的弊端，人力资本积累任重道远；六是与发达经济体相比，新兴经济体的人才竞争力还不具备明显优势，北美洲、欧洲的人才竞争优势在强化，亚洲、拉丁美洲和非洲的人才竞争基础有所弱化；七是与英国、加拿大、澳大利亚、新西兰等发达经济体相比，包括中国、印度、巴西在内的大多数新兴经济体的外国学生比重还很低，教育国际化程度有较大提升空间；八是中国是主要发达经济体国际学生的最主要来源国，且越来越多的中国留学生选择回国发展，正在形成"出国学习深造—回国就业发展"的国际优质人力资本环流趋势；九是中国是世界主要移民来源国，但在中国工作或生活的境外人员规模还很小，其比重还不到中国总人口的 0.1%，跟统筹利用国内国际两种人力资源的需求还不相称；十是来中国大陆工作的境外专家以短期工作居留为主，经济技术类专家是主要的引进对象，但境外专家在行业和地区间的分布还很不均衡，80%以上的境外专家分布在东部地区，高新技术产业和高端服务业的境外专家比重偏低。这些是我们在全球配置人力资本面临的基本事实和客观环境，需持续关注和深入研究。

孙中山先生有言："天下大势，浩浩汤汤，顺之者昌，逆之者亡。"只有科学把握和顺应世界潮流发展大势，才能更好地推进伟大事业。在新的历史条件下，增强中国在全球配置人力资本的能力、加快建设同综合国力和发展目标相匹配的世界重要人才中心和创新高地，需进一步把握战略主动，做好顶层设计和战略谋划。结合本章的研究，可以考虑从以下六个方面推进相关工作。

第一，深刻理解和把握百年未有之大变局下的人力资本竞争态势，立足中国经济社会发展实际，适时改革涉外就业和移民的政策规定，研究制定国家人才需求指导目录，建立海外人才数据库，扩大国际人才引进规模。尽管劳务移民、就业与创新一直处于移民政策争论的中心，但对于高端人才和特殊人才，主要发达国家始终持欢迎态度。典型的如，美国的移民政策虽然以驱逐非法移民为主，兼顾提高了移民门槛，但却特别制定了吸引企业家移民的政策规则；加拿大移民政策在收紧的同时，增加了高素质移民的数量；日本近年来颁布了一系列移民新政，旨在吸纳来自中国等国家和地区的高端人才。对此，在认真贯彻落实中共中央办公厅、国务院办公厅《关于加强外国人永久居留服务管理的意见》的基础上，要注意结合新形势新变化新要求，及时健全完善相关机制、持续优化相关工作，实行更加积极有效的外国人永久居留服务管理政策。同时，立足国家发展战略和市场需求，研究制定重点领域、重点行业的人才需求指导目录，在全球范围内物色和发掘高端海外人才，探索建立海外人才数据库，切实提高人才引进效能。

第二，加强国际人才战略的顶层设计和国际人力资源的交流合作，加快推进中国人力资本全球化。按照中央人才工作会议战略部署，可以在北京、上海、粤港澳大湾区建设高水平人才高地，一些高层次人才集中的中心城市也要着力建设吸引和集聚人才的平台，开展人才发展体制机制综合改革试点，集中国家优质资源重点支持建设一批国家实验室和新型研发机构，发起国际大科学计划，为人才提供国际一流的创新平台，加快形成战略支点和雁阵格局①。当前，自由贸易试验区在上海、广东、天津、浙江、福建、海南等地全力推进，并取得了积极成效。建设自由贸易试验区是党中央、国务院在新时代推进改革开放的一项战略举措，在改革开放进程中具有里程碑意义。可以借助自由贸易试验区（自由贸易港）建设的契机，试点打造"国际人才先行区"，在理念、制度、框架等方面实现重大突破，吸引境外人员"来华逐梦""聚天下英才而用之"。例如，中国（北京）自由贸易试验区试点开展外籍人才配额管理制度，探索推荐制人才引进模式，优化外国人来华工作许可、居留许可审批流程。同时，更加重视留学生国际交往优势，支持留学生传播中国声音、讲好中国故事，增进各领域国际精英人士对中国的了解、增强其来华工作的意愿和积极性。着力构建包括人才推荐、人才能力提升与项目资助等在内的全方位的国际组织人才孵化体系，进一步加强与国际组织的交流合作，扩大中国在主要国际组织的影响力，提高中国参与全球治理的广度和深度，为破解人类发展难题贡献中国方案、中国智慧和中国力量。

第三，探索对境外人员的工作许可实行负面清单管理，推进实施高度便利化的境外专业人才执业制度。职业资格互认是互信基础上的制度共建，其适用范围取决于各方开放服务贸易市场的具体承诺。目前，职业资格互认领域尚未达成普遍性多边协议，双边或多边经贸协议中的倡导性条款或专门性资格互认协议是职业资格互认实践的主要法律表现形式。鉴于此，可率先与临近的香港地区、澳门地区、韩国、日本、新加坡等推进相关领域的职业资格互认，探索开展准入类国际职业资格认证试点等工作。这方面，深圳、杭州、三亚等地做了很好的探索。以深圳为例，2021年2月印发的《深圳市推进高度便利化的境外专业人才执业制度的实施方

①　参见新华社新闻报道《习近平出席中央人才工作会议并发表重要讲话》，网址：http://www.gov.cn/xinwen/2021-09/28/content_5639868.htm。

案》①，涉及金融、税务、建筑、规划及文化旅游、医疗卫生、律师、会计、海事、安全生产、教育等 11 个专业领域，标志着境外专业人才来深圳执业便利的授权事项进入加速推进阶段。据深圳市人力资源和社会保障局统计，截至 2021 年 12 月底，69 位港澳涉税专业人士办理执业登记，326 名香港建筑规划专业人士办理执业备案，认定首批 37 名香港大学深圳医院顾问医生为主任医师。2022 年初发布的《深圳市境外职业资格便利执业认可清单》，允许持有清单内境外职业资格的专业人员按照相关实施办法，在深圳备案登记后执业，提供专业服务。2022 年 7 月发布的《深圳市国际职业资格视同职称认可目录（2022 年）》，试点开展国际职业资格视同职称认可工作，允许持有目录内国际职业资格的专业人才（不限国籍、户籍），视同为取得相应职称，可按有关规定申报高一层级职称评审②。这些实践探索为进一步做好相关工作提供了很好的经验和借鉴。

第四，做好境外专家引进工作的同时，推动技术移民的立法工作，实现技术移民、工作管理、永久居留等制度的配套化，增强国际人力资本涵养能力。可以借鉴国际相关经验，根据移民的文化程度、职业技能、语言能力等综合因素来调配工作和居留名额，改变以往过于注重学历的政策取向，拓宽人才外延，对特殊技能人才开设绿色通道。探索对境外人才实施分类管理，加强对重点行业、高新技术领域境外人才的扶持，鼓励和支持境外人才前往中西部地区或欠发达地区开展服务和工作。比如，落实好国家关于来华留学生就业、居留的政策，加强与社区、企业和社会组织合作，进一步提升优秀来华留学生的留存率，在"外籍高校毕业生在华就业实行配额管理"前提下③，适当增加中西部地区和欠发达地区的配额数量。

第五，加强文化软实力建设，提高教育国际化程度，支持境外人才来华创新创业。中国是世界最大的留学生生源国，但来中国留学的境外学生

---

① 《深圳市推进高度便利化的境外专业人才执业制度的实施方案》以"分类有序、先易后难、分步实施"为基本原则，结合深圳各专业领域的特点，以港澳起步、辐射全球为发展方向，要求各行业主管部门结合本行业现状及行业特点，全面梳理国际通行职业资格，逐步放开境外专业人才来深圳的执业限制。具体可参见新闻报道《深圳推进 11 个专业领域境外人才执业便利》，网址：http://m.people.cn/n4/2021/0225/c3522-14858638.html。

② 具体可参见新闻报道《深圳出台国际职业资格认可目录》，网址：http://www.sz.gov.cn/cn/xxgk/zfxxgj/zwdt/content/post_9954791.html。

③ 具体规定可参见《关于允许优秀外籍高校毕业生在华就业有关事项的通知》（人社部发〔2017〕3 号）。

比重还比较低，教育国际化程度还有较大提升空间。中国拥有世界上规模最大的高等教育体系，有各项事业发展的广阔舞台，完全能够源源不断培养造就大批优秀人才，需进一步加强教育和文化等软实力建设，不断提升高等教育质量，在扩大出国留学规模的同时，也吸引更多的境外学生来华留学，缩小高等教育服务贸易逆差。同时，继续探索中外学生趋同化管理方式，建立健全来华留学全链条管理和服务机制，促进来华留学生更好发挥作用。在创新创业方面，需进一步打通"堵点"、解决"难点"、消除"痛点"，支持境外人才来华创新创业，鼓励企业建立离岸研究机构和合作项目，完善多元、开放、国际化的创新创业支撑平台。从工作实践看，三亚市正在探索推进符合条件的境外人员担任全市法定机构、事业单位、国有企业的法定代表人，简化境外人员创新创业有关手续，优化相关审批和审查服务。

第六，加快构建与高水平对外开放相适应的国际人才管理服务体系。影响优质人力资本跨境流动的因素有很多，最为重要的是政策提供的人才流动能力、经济发展前景和国家整体管理水平。在保持经济持续稳定健康发展的同时，要以标准化、便捷化、专业化、国际化为目标导向，整合国际人才管理服务资源，打造国际人才一站式服务窗口，建立健全人才项目申报、安居保障、子女入学、配偶就业、医疗卫生、社会保险、金融税务等服务通道，让有志于来华发展的国际人才来得了、待得住、用得好、流得动。同时，加强科技创新和成果保护力度，制定实施国际人才科技成果转让、科研成果奖励等政策，充分释放国际人力资本的潜在价值。近年来，有关部门和地方在这方面也积极地进行了一些有益探索。2021年4月，国家移民管理局开通12367服务平台中英双语便民热线，通过提供中英双语、"7×24"小时人工的标准化服务，统一受理移民管理领域业务咨询、意见建议等服务诉求和违法线索举报，及时为来华在华外籍人士和相关市场主体提供清单式信息指引、友好型网上服务和即时性互动交流。2022年3月，珠海市国际人才一站式服务窗口正式运行，共19个方面111个事项实现"一窗"受理、咨询，通过整合资源、优化流程、提升效能，为各类国际人才提供一站式综合服务，大力吸引集聚海内外高层次人才。下一步，要注意及时总结实践探索中的好经验和好做法，认真剖析存在的问题和不足，不断提高中国在全球配置人力资本的效能。

参考文献

蔡昉，2013. 理解中国经济发展的过去、现在和将来：基于一个贯通的增长理论框架 [J]. 经济研究（11）：4-16.

陈斌开，金箫，欧阳涤非，2015. 住房价格、资源错配与中国工业企业生产率 [J]. 世界经济（4）：77-98.

陈言，李欣泽，2018. 行业人力资本、资源错配与产出损失 [J]. 山东大学学报（哲学社会科学版）（4）：146-155.

程名望，JIN YANHONG，盖庆恩，等，2014. 农村减贫：应该更关注教育还是健康 [J]. 经济研究（11）：130-144.

代懋，王子成，杨伟国，2013. 中国大学生就业匹配质量的影响因素探析 [J]. 中国人口科学（6）：113-123.

董鹏，王毅杰，2019. 职业资格证书对劳动者工资的影响研究：基于学历、制度环境以及收入分层的考察 [J]. 中国劳动（1）：69-79.

都阳，2020. 新冠病毒肺炎"大流行"下的劳动力市场反应与政策 [J]. 劳动经济研究（2）：3-21.

樊茜，金晓彤，徐尉，2018. 教育培训对新生代农民工就业质量的影响研究：基于全国 11 个省（直辖市）4030 个样本的实证分析 [J]. 经济纵横（3）：39-45.

封世蓝，谭娅，黄楠，等，2017. 户籍制度视角下的大学生专业与就业行业匹配度异质性研究：基于北京大学 2008-2014 届毕业生就业数据的分析 [J]. 经济科学（5）：113-128.

格莱泽. 城市的胜利 [M]. 刘润泉，译. 上海：上海社会科学院出版社，2012.

葛晶，李勇，2019. 行政垄断视角下人力资本错配的成因及其解释 [J]. 中南财经政法大学学报（5）：43-52.

葛玉好，2007. 教育回报异质性问题研究 [J]. 南方经济（4）：11-21.

龚关，胡关亮，2013. 中国制造业资源配置效率与全要素生产率 [J]. 经济研究 (4)：4-15.

顾婷婷，杨德才，刘丽，2016. 人力资本结构与企业技术创新的关系研究：基于技术系统演化的视角 [J]. 技术经济与管理研究 (1)：28-34.

郭凯明，2019. 人工智能发展、产业结构转型升级与劳动收入份额变动 [J]. 管理世界 (7)：60-77.

郭凯明，颜色，2015. 劳动力市场性别不平等与反歧视政策研究 [J]. 经济研究 (7)：42-56.

郭睿，周灵灵，苏亚琴，等，2019. 学历、专业错配与高校毕业生就业质量 [J]. 劳动经济研究 (2)：78-100.

国福丽，2009. 国外就业质量评价指标研究概述 [J]. 中国劳动 (10)：29-32.

贺丹，2020. 人工智能对劳动就业的影响 [J]. 上海交通大学学报（哲学社会科学版）(4)：23-26.

侯风云，2004. 中国农村人力资本收益率研究 [J]. 经济研究 (12)：75-84.

黄少安，2009. 经济学为什么和怎样研究制度：关于制度经济学研究对象、目的和一般理论框架的梳理 [J]. 学术月刊 (5)：76-80.

纪雯雯，赖德胜，2018. 人力资本配置与中国创新绩效 [J]. 经济学动态 (11)：19-31.

孔高文，刘莎莎，孔东民，2020. 机器人与就业：基于行业与地区异质性的探索性分析 [J]. 中国工业经济 (8)：80-98.

赖德胜. 教育、劳动力市场与收入分配 [J]. 经济研究，1998 (5)：43-50.

李锋亮，陈晓宇，刘帆，2009. 工作找寻与学用匹配：对高校毕业生的实证检验 [J]. 北京师范大学学报（社会科学版）(5)：126-135.

李建伟，周灵灵，2018. 中国人口政策与人口结构及其未来发展趋势 [J]. 经济学动态 (12)：17-36.

李静，刘霞辉，楠玉，2019. 提高企业技术应用效率加强人力资本建设 [J]. 中国社会科学 (6)：63-84.

李静，楠玉，刘霞辉，2017. 中国经济稳增长难题：人力资本错配及其解决途径 [J]. 经济研究 (3)：18-31.

李莉，宋蕾放，2012. 性别社会资本对劳动力市场性别歧视的经济学

影响机制分析 [J]. 湖北社会科学（10）：67-69.

李世刚，尹恒，2017. 政府—企业间人才配置与经济增长：基于中国地级市数据的经验研究 [J]. 经济研究（4）：78-91.

李雪，钱晓烨，迟巍，2012. 职业资格认证能提高就业者的工资收入吗？：对职业资格认证收入效应的实证分析 [J]. 管理世界（9）：100-109.

林蓉蓉，2019. 人力资本如何影响官员晋升：基于 1990—2013 年省级领导晋升过程的研究 [J]. 政治学研究（1）：91-105.

刘扬，2010. 大学专业与工作匹配研究：基于大学毕业生就业调查的实证分析 [J]. 清华大学教育研究（6）：82-88.

刘宗坤，郑金连，2018. 全球人才竞争与美国人才移民政策的新趋势 [C]. // 王辉耀、苗绿. 中国国际移民报告（2018）[A]. 北京：社会科学文献出版社.

芦婷婷，祝志勇，2021. 人工智能是否会降低劳动收入份额：基于固定效应模型和面板分位数模型的检验 [J]. 山西财经大学学报（11）：29-41.

罗润东，张明宇，王素娟，2021. 2000 年以来人力资本研究领域国际前沿解读 [J]. 劳动经济评论（1）：1-20.

缪宇环，2013. 我国过度教育现状及其影响因素探究 [J]. 统计研究（7）：48-54.

聂辉华，贾瑞雪，2011. 中国制造业企业生产率与资源误置 [J]. 世界经济（7）：27-42.

钱学锋，毛海涛，徐小聪，2018. 中国贸易利益评估的新框架：基于双重偏向型政策引致的资源误置视角 [J]. 中国社会科学（12）：83-108.

屈小博，2019. 机器人和人工智能对就业的影响及趋势 [J]. 劳动经济研究（5）：133-143.

舒尔茨，1990. 论人力资本投资 [M]. 吴珠华，等，译，北京经济学院出版社.

谭莹，李昕，2019. 人才配置、创新与经济增长：理论与实证 [J]. 财贸研究（9）：29-42.

腾讯研究院，2017. 2017 全球人工智能人才白皮书 [R].

王珏，祝继高，2018. 劳动保护能促进企业高学历员工的创新吗？：基于 A 股上市公司的实证研究 [J]. 管理世界（3）：139-152.

王永钦，董雯，2020. 机器人的兴起如何影响中国劳动力市场？：来自制造业上市公司的证据 [J]. 经济研究 (10)：159-175.

王子成，杨伟国，2014. 就业匹配对大学生就业质量的影响效应 [J]. 教育与经济 (3)：44-52.

魏下海，曹晖，吴春秀，2018. 生产线升级与企业内性别工资差距的收敛 [J]. 经济研究 (2)：156-169.

吴清军，陈轩，王非，等，2019. 人工智能是否会带来大规模失业？：基于电商平台人工智能技术、经济效益与就业的测算 [J]. 山东社会科学 (3)：73-80.

武向荣，2007. 教育扩展中的过度教育现象及其收入效应：基于中国现状的经验研究 [J]. 北京师范大学学报（社会科学版）(3)：132-136.

习近平，2020. 习近平谈治国理政（第三卷）[M]. 北京：外文出版社.

习近平，2021. 论把握新发展阶段、贯彻新发展理念、构建新发展格局 [M]. 北京：中央文献出版社.

向晶，周灵灵，2021. 户籍制度改革、生育政策调整与城镇化进程 [J]. 开发研究 (5)：40-47.

邢春冰，李实，2011. 扩招"大跃进"、教育机会与大学毕业生就业 [J]. 经济学（季刊）(4)：1187-1208.

严善平，2007. 人力资本、制度与工资差别：对大城市二元劳动力市场的实证分析 [J]. 管理世界 (6)：4-13.

颜敏，王维国，2018. 教育错配对工资的惩罚效应：来自中国微观面板数据的证据 [J]. 财经研究 (3)：84-96.

姚先国，俞玲，2006. 农民工职业分层与人力资本约束 [J]. 浙江大学学报（人文社会科学版）(5)：16-22.

于洪霞，2010. 高校毕业生工作与学历匹配情况及其影响因素分析 [J]. 教育与经济 (4)：1-5.

余玲铮，魏下海，孙中伟，等，2021. 工业机器人、工作任务与非常规能力溢价：来自制造业"企业-工人"匹配调查的证据 [J]. 管理世界 (1)：47-59.

余玲铮，魏下海，吴春秀，2019. 机器人对劳动收入份额的影响研究：来自企业调查的微观证据 [J]. 中国人口科学 (4)：114-125.

张桂金，张东，2019. "机器换人"对工人工资影响的异质性效应：基于中国的经验 [J]. 学术论坛 (5)：18-25.

张建清，卜学欢，2016. 人力资本三维要素与城乡减贫成效差异：基于 CHNS 微观调查数据的实证研究 [J]. 软科学（10）：43-48.

张抗私，李善乐，2015. 我国就业质量评价研究：基于 2000-2012 年辽宁宏观数据的分析 [J]. 人口与经济（6）：62-72.

张伟，周耀东，2016. 人力资本与企业技术创新：一个文献综述 [J]. 产业经济评论（3）：112-126.

张晓云，辛兵海，杜丽群，2018. 市场化能够消除歧视吗?：来自"身高溢价"的证据 [J]. 财经研究（5）：140-152.

赵西亮，2017. 教育、户籍转换与城乡教育收益率差异 [J]. 经济研究（12）：164-178.

中国经济增长前沿课题组，2014. 中国经济增长的低效率冲击与减速治理 [J]. 经济研究（12）：4-17.

周黎安，赵鹰妍，李力雄，2013. 资源错配与政治周期 [J]. 金融研究（3）：15-29.

周丽萍，马莉萍，2016. 高校毕业生的就业匹配与工资起薪的关系研究 [J]. 教育学术月刊（4）：82-88.

周灵灵，2014. 劳动力市场中介研究回顾及展望 [J]. 劳动经济研究（5）：180-190.

周灵灵，2018. 改革开放以来职业培训研究的演进和嬗变 [C]. // 杨伟国、高文书. 中国劳动经济学 40 年（1978-2018）[A]. 北京：中国社会科学出版社.

周灵灵，2018. 契合高质量发展的职业技能培训制度 [J]. 中国发展观察（12）：38-40.

周灵灵，2018. 中国职业培训体制改革 40 年回顾及展望 [R]. 国务院发展研究中心调查研究报告专刊，No. 34.

周灵灵，2019. 爱德华·拉齐尔对劳动经济学的贡献 [J]. 经济学动态（9）：142-157.

周灵灵，2019. 我国人口流动的核心特质及政策启示 [J]. 开发研究（4）：46-54.

周灵灵，2022. 数量压力与结构矛盾：新发展阶段的就业特征、挑战与应对 [J]. 行政管理改革（4）：64-75.

周晔馨，涂勤，梁斌，等，2019. 农民工的社会资本如何形成：基于

社会网络的分析 [J]. 世界经济 (2)：170-192.

朱琪，赵艺婷，2015. 实验劳动经济学：外延拓展与内涵深化 [J]. 经济学动态 (11)：123-137.

朱喜，史清华，盖庆恩，2011. 要素配置扭曲与农业全要素生产率 [J]. 经济研究 (5)：86-98.

邹薇，张芬，2006. 农村地区收入差异与人力资本积累 [J]. 中国社会科学 (2)：67-79.

ACEMOGLU D, 1995. Reward structures and the allocation of talent [J]. European economic review, 39 (1)：17-33.

ACEMOGLU D, AUTOR D, 2012. What does human capital do? A review of Goldin and Katz's the race between education and technology [J]. Journal of economic literature, 50 (2)：426-463.

ACEMOGLU D, GALLEGO F, ROBINSON J, 2014. Institutions, human capital and development [J]. Annual reviews of economics, 6：875-912.

ACEMOGLU D, JOHNSON S, 2007. Disease and development：The effect of life expectancy on economic growth [J]. Journal of political economy, 115 (6)：925-985.

ACEMOGLU D, RESTREPO P, 2018. Artificial intelligence, automation and work [R]. NBER working papers, No. 24196.

AERDEN K V, MOORS G, LEVECQUE K, et al., 2015. The relationship between employment quality and work-related well-being in the European labor force [J]. Journal of vocational behavior, 86：66-76.

AGHION P, HOWITT P, 1992. A model of growth through creative destruction [J]. Econometrica, 60 (2)：323-351.

AGHION P, HOWITT P, 1998. Endogenous growth theory [M]. Cambridge：The MIT Press.

ALDRICH M, 2010. On the track of efficiency：Scientific management comes to railroad shops, 1900-1930 [J]. Business history review, 84 (3)：501-526.

ALLEN J, VELDEN R, 2001. Educational mismatches versus skill mismatches：Effects on wages, job satisfaction, and on-the-job search [J]. Oxford economic papers, 53 (3)：434-452.

ALTONJI J G, PIERRET C R, 2001. Employer learning and statistical discrimination [J]. Quarterly journal of economics, 116 (1): 313-350.

AOKI S, 2012. A simple accounting framework for the effect of resource misallocation on aggregate productivity [J]. Journal of the Japanese and international economies, 26 (4): 473-494.

AUTOR D, LEVY F, MURNANE J, 2003. The skill content of recent technological change: An empirical exploration [J]. Quarterly journal of economics, 118 (4): 1279-1333.

BALSMEIER B, FLEMING L, MARX M, et al., 2020. Skilled human capital and high-growth entrepreneurship: Evidence from inventor inflows [R]. NBER working paper, No. 27605.

BANDYOPADHYAY D, KING I, TANG X, 2019. Human capital misallocation, redistributive policies, and TFP [J]. Journal of macroeconomics, 60: 309-324.

BANERJEE A V, NEWMAN A F, 1993. Occupational choice and the process of development [J]. Journal of political economy, 101 (2): 274-298.

BARRO R J, 1991. Economic growth in a cross section of countries [J]. Quarterly journal of economics, 106 (2): 407-443.

BAUMOL W, 1990. Entrepreneurship: Productive, unproductive, and destructive [J]. Journal of political economy, 98 (5): 893-921.

BECKER G S, 1962. Investment in human capital: A theoretical analysis [J]. Journal of political economy, 70 (5): 9-49.

BECKER G S, 1964. Human capital [M]. Chicago: University of Chicago Press.

BECKER S, ICHINO A, 2002. Estimation of average treatment effects based on propensity scores [J]. The stata journal, 2 (4): 358-377.

BLOOM N, JONES C I, REENEN J V, et al., 2020. Are ideas getting harder to find? [J]. American economic review, 110 (4): 1104-1144.

BRANDT L, BIESEBROECK J V, ZHANG Y, 2012. Creative accounting or creative destruction? Firm-level productivity growth in Chinese manufacturing [J]. Journal of development economics, 97 (2): 339-351.

BRANDT L, TOMBE T, ZHU X, 2013. Factor market distortions across time, space and sectors in China [J]. Review of economic dynamics, 16: 39-58.

BUCCI A, KLAUS P, PRSKAWETZ A, 2019. Human capital and economic growth: The impact of health, education and demographic change [M]. New York: Palgrave Macmillan.

BUERA F J, KABOSKI J P, SHIN Y, 2011. Finance and development: A tale of two sectors [J]. American economic review, 101 (5): 1964-2002.

CARD D, 2001. Estimating the return to schooling: Progress on some persistent econometric problems [J]. Econometrica, 69 (5): 1127-1160.

CAZES S, HIJZEN A, SAINT-MARTIN A, 2015. Measuring and assessing job quality: The OECD job quality framework [R]. OECD social, employment and migration working papers, No. 174.

CÉLÉRIER C, VALLÉE B, 2019. Returns to talent and the finance wage premium [J]. Review of financial studies, 32 (10): 4005-4040.

CHEVALIER A. Measuring over-education [J]. Economica, 2003, 70 (279): 509-531.

CHUNG Y, 1990. Educated mis-employment in Hong Kong: Earnings effects of employment in unmatched fields of work [J]. Economics of education review, 9 (4): 343-350.

CLEMENS M A, 2017. Migration is a form of development: The need for innovation to regulate migration for mutual benefit [R]. UN population division, technical paper. New York: United Nations.

DEHEJIA R, WAHBA S, 2002. Propensity score-matching methods for nonexperimental causal studies [J]. Review of economics and statistics, 84 (1): 151-161.

DELAMOTTE Y, TAKEZAWA S, 1984. Quality of working life in international perspective [J]. Asia Pacific journal of management, 1: 67-69.

DIAMOND D W, 1984. Financial intermediation and delegated monitoring [J]. Review of economic studies, 51 (3): 393-414.

DINKELMAN T, MARIOTTI M, 2016. The long-run effects of labor migration on human capital formation in communities of origin [J]. American economic journal: Applied economics, 8 (4): 1-35.

DOUGHERTY C, 2005. Why are the returns to schooling higher for women than for men? [J]. Journal of human resources, 40 (4): 969-988.

DUNCAN G, HOFFMAN S, 1981. The incidence and wage effects of overeducation [J]. Economics of education review, 1 (1): 75-86.

EECKHOUT J, JOVANOVIC B, 2012. Occupational choice and development [J]. Journal of economic theory, 147 (2): 657-683.

FAGGIAN A, 2015. Human capital in encyclopedia of the city [M]. New York: Routledge.

FARBER H S, GIBBONS R, 1996. Learning and wage dynamics [J]. Quarterly journal of economics, 111 (4): 1007-1047.

FURMAN J L, PORTER M E, STERN S, 2002. The determinants of national innovative capacity [J]. Research policy, 31 (6): 899-933.

GARCÍA-PEÑALOSA C, WEN J, 2008. Redistribution and entrepreneurship with Schumpeterian growth [J]. Journal of economic growth, 13 (1): 57-80.

GLAESER E L, LAIBSON D, SACERDOTE B., 2002. An economic approach to social capital [J]. The economic journal, 112 (483): F437-F458.

GOLDIN C, KATZ L F, 2008. The race between education and technology [M]. Cambridge: Harvard University Press.

GRAETZ G, MICHAELS G, 2018. Robots at work [J]. Review of economics and statistics, 100 (5): 753-768.

GRANOVETTER M, 2018. Getting a job: A study of contacts and careers [M]. Chicago: University of Chicago Press.

GREENWOOD J, SANCHEZ J, WANG C, 2010. Financing development: the role of information costs [J]. American economic review, 100 (4): 1875-1891.

GROSSMAN G M, HELPMAN E, 1991. Quality ladders in the theory of growth [J]. Review of economic studies, 58 (1): 43-61.

HANNA R, OLIVA P, 2015. The effect of pollution on labor supply: Evidence from a natural experiment in Mexico City [J]. Journal of public economics, 122: 68-79.

HARBERGER A C, 1959. Using the resources at hand more effectively [J]. American economic review, 49 (2): 134-146.

HARTOG J, 2000. Over-education and earnings: Where are we, where should we go? [J]. Economics of education review, 19 (2): 131-147.

HE Z L, TONG T W, ZHANG Y C, et al., 2016. Construction of a database linking SIPO patents to firms in China's annual survey of industrial enterprises 1998-2009 [R]. Working Paper.

HOLMSTROM B, TIROLE J, 1998. Private and public supply of liquidity [J]. Journal of political economy, 106 (1): 1-40.

HSIEH C T, HURST E, JONES C I, et al., 2013. The allocation of talent and U. S. economic growth [R]. NBER working paper, No. 18693.

HSIEH C T, KLENOW P J, 2009. Misallocation and manufacturing TFP in China and India [J]. Quarterly journal of economics, 124 (4): 1403-1448.

HURST E, LUSARDI A., 2004. Liquidity constraints, household wealth, and entrepreneurship [J]. Journal of political economy, 112 (2): 319-347.

INSEAD, 2019. The global talent competitiveness index 2019 [R].

INTERNATIONAL ORGANIZATION FOR MIGRATION, 2022. World migration report 2022 [R].

ITSKHOKI O, MOLL B, 2019. Optimal development policies with financial frictions [J]. Econometrica 87 (1): 139-173.

JAIMOVICH N, REBELO S, 2017. Nonlinear effects of taxation on growth [J]. Journal of political economy, 125 (1): 265-291.

JIANG N, WANG P, WU H, 2010. Ability-heterogeneity, entrepreneurship, and economic growth [J]. Journal of economic dynamics and control, 34 (3): 522-541.

JONES C, 1995. R&D-based models of economic growth [J]. Journal of political economy, 103 (4): 759-784.

JONES R W, 1971. Distortions in factor markets and the general equilibrium model of production [J]. Journal of political economy, 79 (3): 437-459.

KALRA S K, GHOSH S, 1984. Quality of work life: A study of associated factors [J]. Indian journal of social work, 5: 45-54.

KIM C H, TAMBORINI C R, 2019. Are they still worth it? The long-run earnings benefits of an associate degree, vocational diploma or certificate, and some college [J]. The russell sage foundation journal of the social sciences, 5 (3): 64-85.

KNEER C, 2013. The absorption of talent into finance: Evidence from U.

S. banking deregulation [R]. Netherlands Bank DNB working papers.

KWON J K, PAIK H, 1992. Factor price distortions, resource allocation, and growth: A computable general equilibrium analysis [J]. Korean economic review, 8: 191-213.

LEVELS M, VELDEN R, STASIO V, 2014. From school to fitting work: How education-to-job matching of European school leavers is related to educational system characteristics [J]. Acta sociologica, 57 (4): 341-361.

LLOYD-ELLIS H, BERNHARDT D, 2000. Enterprise, inequality and economic development [J]. Review of economic studies, 67 (1): 147-168.

LUCAS R, 1978. On the size distribution of business firms [J]. Bell journal of economics, 9 (2): 508-523.

LUCAS R, 1988. On the mechanics of economic development [J]. Journal of monetary economics, 22 (1): 3-42.

MACEFIELD R, 2007. Usability studies and the hawthorne effect [J]. Journal of usability, 2 (3): 145-154.

MALAMUD O, 2011. Discovering one's talent: Learning from academic specialization [J]. Industrial & labor relations review, 64 (2): 375-405.

MANKIW G, 1995. The growth of nations [J]. Brookings papers on economic activity, 26 (1): 275-326.

MANKIW G, ROMER D, WEIL D N, 1992. A contribution to the empirics of economic growth [J]. Quarterly journal of economics, 107 (2): 407-437.

MCGUINNESS S, BENNETT J, 2007. Overeducation in the graduate labour market: A quantile regression approach [J]. Economics of education review, 26 (5): 521-531.

MCGUINNESS S, SLOANE P, 2011. Labour market mismatch among UK graduates: An analysis using REFLEX data [J]. Economics of education review, 30 (1): 130-145.

MIDRIGIN V, XU D Y, 2014. Finance and misallocation: Evidence from plant-level data [J]. American economic review, 104 (2): 422-458.

MINCER J, 1958. Investment in human capital and personal income distribution [J]. Journal of political economy, 66 (4): 281-302.

MORIMOTO T, 2018. Occupational choice and entrepreneurship: effects of

R&D subsidies on economic growth [J]. Journal of economics, 123: 161-185.

MURPHY K M, SHLEIFER A, VISHNY R W, 1991. The allocation of talent: Implications for growth [J]. Quarterly journal of economics, 106 (2): 503-530.

NEARY J P, 1978. Dynamic stability and the theory of factor-market distortions [J]. American economic review, 68 (4): 671-682.

NORDIN M, PERSSON I, ROOTH D, 2010. Education-occupation mismatch: Is there an income penalty? [J]. Economics of education review, 29 (6): 1047-1059.

PETER R, 2014. Job mismatch in early career of graduates under post-communism [J]. International journal of manpower, 35 (4): 500-513.

PETERS M, 2020. Heterogeneous markups, growth, and endogenous misallocation [J]. Econometrica, 88 (5): 2037-2073.

PHILIPPON T, 2010. Financiers versus engineers: Should the financial sector be taxed or subsidized [J]. American economic journal: Macroeconomics, 2 (3): 158-182.

PHILIPPON T, RESHEF A, 2012. Wages and human capital in the U. S. finance industry: 1909-2006 [J]. Quarterly journal of economics, 127 (4): 1551-1609.

POSCHKE M, 2013. Who becomes an entrepreneur? Labor market prospects and occupational choice [J]. Journal of economic dynamics and control, 37 (3): 693-710.

REBELO S, 1991. Long-run policy analysis and long-run growth [J]. Journal of political economy, 99 (3): 500-521.

RESTUCCIA D, ROGERSON R, 2008. Policy distortions aggregate productivity with heterogeneous establishments [J]. Review of economic dynamics, 11 (4): 707-720.

ROBST J, 2007. Education and job match: The relatedness of college major and work [J]. Economics of education review, 26 (4): 397-407.

ROMER P M, 1990. Endogenous technological change [J]. Journal of political economy, 98 (5): 71-102.

ROMER P M, 1986 Increasing returns and long-run growth [J]. Journal of political economy, 94 (5): 1002-1037.

ROSENBAUM P R, RUBIN D B, 1983. The central role of the propensity score in observational studies for causal effects [J]. Biometrika, 70 (1): 41-55.

SAVVIDES A, STENGOS T, 2009. Human capital and economic growth [M]. Stanford: Stanford University Press.

SCHMITZ J, 1989. Imitation, entrepreneurship, and long-run growth [J]. Journal of political economy, 97 (3): 721-739.

SCHULTZ T W, 1960. Capital formation by education [J]. Journal of political economy, 68 (6): 571-583.

SCHULTZ T W, 1961. Investments in human capital [J]. American economic review, 51 (1): 1-17.

SCHUMPETER J A, 1934. The theory of economic development [M]. Cambridge: Harvard University Press.

SHAKHNOV K, 2022. The allocation of talent: Finance versus entrepreneurship [J]. Review of economic dynamics, 46: 161-195.

SHEVCHUK A, STREBKOV D, DAVIS S, 2015. Educational mismatch, gender, and satisfaction in self-employment: The case of Russian-language internet freelancers [J]. Research in social stratification and mobility, 40: 16-28.

TAMURA R, 1991. Income convergence in an endogenous growth model [J]. Journal of political economy, 99 (3): 522-540.

TOWNSEND R M, 1979. Optimal contracts and competitive markets with costly state verification [J]. Journal of economic theory, 21 (2): 265-293.

VERDUGO R, VERDUGO N T, 1989. The impact of surplus schooling on earnings: Some additional findings [J]. Journal of human resources, 24 (4): 629-643.

WOLBERS M, 2003. Job mismatches and their labour-market effects among school-leavers in Europe [J]. European sociological review, 19 (3): 249-266.

WORLD BANK, 2018. World development report 2019: The changing nature of work [R]. Washington D. C.

WORLD ECONOMIC FORUM, 2017. The global human capital report 2017: Preparing people for the future of work [R].

WORLD ECONOMIC FORUM, 2020. The future of jobs report 2020 [R].

YAN C, 2019. Misallocation of human capital and productivity: Evidence from China [J]. Economic research-Ekonomska istraživanja, 32 (1): 3342-3359.

ZHANG Y, 2007. Employer learning under asymmetric information: The role of job mobility [EB/OL]. Available at SSRN: https://ssrn.com/abstract =1058801.

ZHU R, 2014. The impact of major-job mismatch on college graduates' early career earnings: Evidence from China [J]. Education economics, 22 (5): 511-528.